어질고 덕이 있는 자만이,
사람들을 따르게 할 수 있는 법이다.
惟賢惟德,
能服於人。

삼국지 촉서 선주전
三国志·蜀书·先主传

설민석의 삼국지

일러두기 ────────────

1. 본 책은 나관중의 『삼국지통속연의』 소설을 원전으로 하여, 그 스토리를 바탕으로 집필되었으며, 저자의 의도에 따라 원전과 다르게 구성한 부분들이 있음을 알려드립니다. 원전과 다른 부분들은 책의 뒷부분, 〈삼국지 자세히 들여다보기〉에 서술되어 있습니다.

2. 소챕터의 본문은 두 가지 문단 형태로 구성하였습니다. 삼국지 내용을 보여 주는 부분과 저자의 설명 및 사론 부분이 구별되어 어우러져 있습니다.

3. 본 책에 실려 있는 지도들은 신뢰할 만한 자료들을 참고하였으나, 2,000년 전 지형인 만큼 부정확할 수도 있으니 양해 부탁드립니다.

4. 본 책에 실린 일러스트들은 내용의 상상력을 돕기 위한 저자의 의도일 뿐, 단정적인 자료는 아님을 밝힙니다.

5. 큰 따옴표 안에 들어가는 인물들의 대사는, 생동감을 살리기 위해서 표준 한글 맞춤법과 다른 표현을 일부 사용하였습니다.

6. 본 책은 표준 외래어 표기법을 대체적으로 따랐으나, 몇 가지 중국 인명과 지명은 대중적으로 익숙한 발음으로 표기하였습니다.

7. 길이나 무게를 나타내는 단위, 그리고 시간 표현 등은 독자의 이해를 돕기 위하여 삼국지 시대와 현대의 표현 방법을 혼용하여 표기했습니다.

8. 3쇄에 일부 적합하지 않은 대사들과 내용이 수정 반영되었습니다.

설민석의
삼국지
三國志

누구나
쉽게
시작하고
모두가
빠져드는
이야기

1

세 계 사

왜 '설민석의 삼국지' 인가요?

Q. 조선왕조실록의 저자 설민석 선생님 맞지요? 우리나라 역사를 쉽고 재밌게 풀어주시는 분요. 근데 삼국지 책을 쓰시다니, 좀 의외인데요?

A. 총 2,077책의 방대한 분량을 한 권에 담은 『설민석의 조선왕조실록』, 다들 잘 아시지요? 사실 그 책을 단숨에 쓴 건 아니랍니다. 역사야말로 살아 숨쉬는 흥미진진한 인생의 교과서임을 알리겠단 소명의식으로 시작한 강사 생활 24년 동안 써졌다고 해도 과언이 아니지요. 약 500여 년의 조선 시대에서, 오늘을 살아가는 우리가 꼭 알아야 할 교훈 중심의 이야기만 간추려, 쉽고 재밌게 쓰려고 노력했지요. 그 덕에 여러분의 과분한 사랑을 받았습니다. 이 책은 그 소명의식의 연장선상에 있다고 볼 수 있어요.

삼국지 하면 여러분들은 제일 먼저 어떤 생각이 들까요?

'익히 들어온 고전 필독서. 하지만! 유비, 관우, 장비 등등 등장인물의 이름은 익숙해도, 자세한 내용은 알쏭달쏭 잘 모르겠고, 한 번도 끝까지 정독한 적은 없는 책.'

아마도 이런 답변이 가장 많을 겁니다.

중국의 사대 기서라고 하면 삼국지, 수호지, 서유기, 금병매를 들 수 있는데요. 그중에서도 가장 내용이 방대하고 깊이가 남다른 대서사시가 바로 삼국지랍니다. 삼국지에는 여러 리더들의 고민과 처세, 그리고 인생을 살

아가면서 맞부딪히게 되는 문제들에 대한 해결 방식이 담겨 있어요. 뿐만
아니라, 인생사 새옹지마 등 중국의 고대 역사 속에서 배울 수 있는 모든
이야기들이 세세하게 다뤄져 있지요. 즉, 이 시대의 젊은이들은 물론 대한
민국 모든 국민이 익혀 응용할 수 있는 슬기와 지략이 담긴 바이블이라고
할까요? 게다가 중국이란 나라의 역사와 문화를 쉽게 이해할 수 있는 책이
기도 합니다. 현재 중국이 어떤 나라인가요? 여러 분야에서 어느덧 미국과
어깨를 나란히 견줄 만큼 초강대국으로 성장했습니다. 우리가 영어와 함
께 꼭 배워야 할 외국어로 중국어를 꼽고, 중국을 공부하는 이유가 바로 여
기 있지요. 앞으로 중국을 알지 못하고 제대로 이해하지 못한다면, 우물 안
개구리 신세가 되어 세계 정세를 가늠하는데 어려움이 있을 거예요. 그렇
기에 삼국지를 꼭 여러분에게 쉽게 설명해드리고 싶었답니다.

Q. 삼국지는 책, 드라마, 웹툰, 영화 등 장르도 다양하고 종류도 많던데,
『설민석의 삼국지』는 뭐가 달라요?

A. 요즘은 삼국지를 접할 매체가 정말 다양하죠? 제가 어렸을 때만 해도
종이로 된 책밖에 없었거든요. 그런데 어찌나 두꺼운지, 그 분량에 기가
질려요. 책장을 넘겨 보면요, 인물이 무려 1,000명 넘게 등장하는데, 한 인
물의 이름조차 어떨 땐 유비라고 했다가 어떨 땐 현덕이라고 불러요. 또
누군가는 황실의 숙부라는 의미로 유 황숙이라고도 부르지요.

　지명 역시 헷갈립니다. 중국 땅이 좀 넓어야 말이지요. 읽다 보면 지명인
지 사람 이름인지조차 구분이 안 될 때가 많지요. 참고로 중학교 시절 제
친구 이름이 김형주예요. 삼국지에도 형주가 나오는데, 반가워서 '어? 내

친구 이름이네?'하고 봤더니, 사람 이름이 아니라 지역명이더라고요. 중학교 때 삼국지를 처음 접하고 친구의 이름과 헷갈렸던 곤혹스러운 기억이 또렷합니다.

결국 삼국지는 죽기 전에 꼭 읽어야 할 필독서이긴 하나, 솔직히 제대로 읽기엔 너무 어렵다는 걸 통감하게 되지요. 그럼에도 불구하고, "삼국지를 세 번 이상 읽지 않은 사람과는 말도 섞지 말라."라는 말도 있답니다. 아니, 이렇게나 어렵게 써놓고 세 번이나 읽으라니요! 솔직히 제가 봤을 때, 10명의 독자 중 6명은 중도 포기할 것 같아요. 끝까지 읽은 4명은 다 이해했을까요? 그렇지 않을 겁니다. 그중 3명은 꾸역꾸역 끝까지 보긴 했지만 계속 내용이 헷갈리고 오리무중일 겁니다. 아마도 1명 정도만 흐름을 깨쳤을 거예요. 결국 세 번을 읽은 사람과만 말을 섞으라는 말은, 삼국지는 적어도 세 번은 읽어야 흐름이 잡히고 캐릭터가 머리에 남는다는 이야기입니다. 그만큼 복잡하고, 읽기 어려운 책이라는 얘기죠.

그래서! 저는 친절한 음성 지원으로, 무엇보다도 술술 읽힐 수 있게 쓰고자 노력했습니다. 일단 설민석의 삼국지는 헷갈리지 않아요. 자, 유비를 현덕이라고도 부른다고 했지요? 현덕은 자(字)인데요, 중국의 경전인 예기(禮記)에 의하면, 자는 남자 나이 스무 살, 여자 나이 열다섯 살이 되면 붙여주는 두 번째 이름이랍니다. 성인이 된 사람을 주로 '자'로 부르는 거지요. 제 이름이 설민석인데, 보통 여러분은 설쌤이라고 부르지요. 이게 바로 저의 '자'라고도 할 수 있겠네요. 이름은 민석, 공식적으로 사람들에게 많이 불리는 자는 쌤, 호는 태건. 이것이 저를 부르는 다양한 호칭이듯이, 삼국지에도 한 사람을 부르는 다양한 호칭이 있는 겁니다.

설민석의 삼국지에서는 호칭을 최대한 통일하려고 노력했습니다. 저는 유비의 자가 현덕이란 건 처음에만 언급하고, 그 이후론 대체로 유비로 통일했어요. 우리에게 유비는 익숙하지만 현덕은 생소하잖아요. 또 조자룡의 이름은 운이고, 자룡은 '자'랍니다. 하지만 우리에게 익숙한 건 조자룡이지요. 그래서 계속 조자룡으로 칭했습니다. 괜히 사람 이름 때문에 머리 아플 이유 없으니까요. 지명도 주요 지역만 간추렸고, 반복되는 전투 상황 역시 과감히 생략했어요. 대신 우리가 얻어야 할 알토란같은 교훈과 메시지에 중점을 두고 스토리라인을 따라가는 재미를 더해, 극적인 효과를 높였답니다. 자고로 내용이 흥미진진해야 몰입이 잘 되니까요. 술술 읽히는 설민석의 삼국지는 딱 한 번만 읽어도 전체 내용을 쉽게 파악할 수 있게끔 노력했습니다. 분명 독자분들이 즐겁게 빠져들 수 있을 것이라 확신합니다.

Q. 삼국지는 역사서도 있고, 소설도 있다던데, 설민석의 삼국지는 어느 쪽인가요?

A. 결론부터 말하자면 소설입니다. 원래 원조 삼국지는 진수라는 역사학자가 쓴 역사서랍니다. 진수는 삼국지에 등장하는 위, 촉, 오 삼국이 팽팽하게 대치하던 바로 그때, A.D. 233년 촉나라에서 태어난 사람이에요. 진수는 조국인 촉나라가 위나라에 정복되는 과정을 지켜보았습니다. 이후 위나라에서 나온 진나라가 세워지고, 관리들이 진수의 학문이 깊음을 알고 천거하여 진수는 벼슬을 얻었지요. 역사서인 삼국지는 진수가 진나라에서 벼슬을 하던 280~289년 사이에 편찬되었습니다.

여기에 민담이 덧대어지고 지루한 내용은 빠지면서 입에서 입으로 몇 백 년 동안 전해졌지요. 중국인들의 상상력과 염원도 더해졌고요. 그렇게 1,000여 년이 훨씬 지나 명나라가 건국되는데요. 이 시절 나관중이란 소설가가 역사서와 구전을 잘 버무려 삼국지 시대를 엮어냈습니다. 이것이 바로 1494년에 간행된 『삼국지통속연의』, 줄여서 삼국지연의랍니다.

진수의 역사서부터 시작해서 명나라의 소설까지 얼마나 깊은 중국의 대서사가 담겨져 있는지 느껴지시나요? 이 삼국지연의는 당시 사람들이 밤을 새며 읽을 만큼 흥미진진한 책이었답니다. 하지만 그게 언제 적 일인가요? 우리로 따지면 조선 시대에 연산군이 막 즉위하던 시절에 중국에서 간행된 책인데, 오늘날 독자들에겐 너무 고릿적 이야기잖아요. 그래서 나관중의 삼국지연의를 바탕으로 지금까지 여러 버전의 삼국지가 탄생한 거예요. 큰 줄기는 같지만, 작가들마다 각기 다른 상상력과 견해가 더해진 거지요.

그렇다면 저 설민석은 어떻게 썼을까요? 저 역시 나관중의 삼국지연의를 바탕으로 썼답니다. 과거 중국인들의 상상력으로 탄생한 흥미진진한 이야기 전개와 공감을 자아내는 인물상은 삼국지연의가 아니면 만나보기 힘들거든요. 이 뒤부터 '원전'이라 칭하는 것은 삼국지연의를 말합니다.

하지만 아무래도 현대인의 시각에서 봤을 때 개연성이 떨어지는 부분들이 보입니다. '어떻게 이런 흐름이 가능하지?'란 의문이 들 만큼요. 그럴 때 현대에 나와 있는 여러 작가분들의 삼국지 해석과 심지어 드라마까지 다양한 시각을 종합적으로 살펴보았고, 저만의 상상력도 덧붙이면서 이야기를 엮어 봤습니다. 어떻게 하면 독자분들이 읽기 쉽고, 이해하기 쉬울까만을 생각하면서요. 어디까지가 원전이며, 어느 부분이 설민석 특유의 상상력과 사론인지는 각 권의 맨 뒤편 〈삼국지 자세히 들여다보기〉에 따로 정리해두었으니 비교해보시면 더 흥미롭겠지요?

Q. 정사 삼국지랑 소설 삼국지의 주인공이 다르다던데요. 『설민석의 삼국지』에서 주인공은 누구예요?

A. 아주 좋은 질문이에요. 주인공은 당대의 역사관과 시대적 상황에 따라 바뀐답니다. 먼저 정사 삼국지를 살펴볼게요. 위, 촉, 오 세 나라 중 위나라는 조조가 세웠어요. 위나라의 정통성을 계승한 나라가 바로 서진이고요. 앞서 말씀드렸듯이 역사학자 진수는 이 진나라에서 벼슬을 하면서 삼국지를 집필했답니다. 그러니 당연히 누구에게 황제의 정통성을 부여했을까요? 조조겠지요! 우리나라 삼국시대를 생각해 보세요. 고려시대 유학자로서 고구려, 백제, 신라 삼국의 역사를 기록한 『삼국사기』의 저자 김부식은 신라 계통의 경주 김 씨였어요. 『삼국사기』는 어느 나라를 중심으로 서술이 될까요? 네, 신라입니다. 신라가 삼국을 통일했음을 높이 평가하며, 신라의 역사를 가장 자세히 담아냈지요. 물론 삼국의 역사를 서술하는 것에 객관적인 태도를 보이려고 노력했으나, 신라의 후손으로서 신라 중심의 역사관을 계승했다는 사실은 학계에서도 공공연히 이야기되고 있습니다. 결국 팔은 안으로 굽는 법이지요.

그렇다면 명나라 사람이었던 나관중이라는 소설가는 누구를 주인공으로 삼았을까요? 바로 유비입니다. 그 이유는 명나라가 유학의 최고점인 성리학을 주교로 삼을 만큼 명분과 의리를 중시했기 때문이랍니다. 삼국지에서 의리하면 떠오르는 삼인방이 있어요. 도원결의의 주인공, 유비, 관우, 장비요. 왜 이들이 의리와 명분의 아이콘이 되었는지는 책을 읽다 보면 이해가 될 겁니다. 반면, 유비를 대적했던 조조는 간사한 꾀와 권모술수에 능한 희대의 간웅으로 추락했죠.

저 역시 이 부분에서 고민이 참 많았답니다. 그 결과, 그 누구에게도 치우치지 않으려 노력했습니다. 인간은 누구나 완벽할 수 없으며 모순된 일면이 있잖아요. 그럼에도 불구하고 저마다의 장점이 있고요. 유비와 조조만 봐도 감탄이 절로 나올 만한 매력이 있어요. 유비는 덕망이 두텁고, 조조는 꾀와 지략에 능함은 물론 뛰어난 달변가지요. 각자의 기질과 상황, 입장이 어우러져 그들만의 리더십이 탄생한 것이랍니다. 저는 이 부분을 최대한 살리고 싶었습니다. 우리 역시 각자 다른 성격과 환경 그리고 역할을 갖고 살아갑니다. 그러한 특정 상황과 입장에서 필요한 답을 삼국지 속 인물들에게서 찾을 수 있답니다. 그러니 제 입장에서는 한 명도 소홀하고 싶지 않더라고요.

물론 모든 이야기에는 주연과 조연이 있기 마련이지요. 저 역시 유비 삼형제와 제갈공명을 주인공으로 내세운 나관중의 틀에서 완전히 벗어났다고 말할 수는 없답니다. 하지만 조조는 인재를 얻기 위해 자존심과 허세 따위는 과감히 버린 인물이고, 손권은 어린 나이에도 불구하고 중용의 미덕을 갖춘 리더였다는 점도 확실히 짚었어요. 설민석의 삼국지에서 이들 면면의 매력에 푹 빠져보시기 바랍니다.

Q. 설민석의 삼국지에서 얻을 수 있는 교훈은 뭔가요?

A. 다양한 리더들의 리더십을 배울 수 있습니다. 영웅호걸들의 삶을 통

해 삶의 지혜와 통찰을 깨칠 수 있고요. 인간은 태어난 이상 리더이자 팔로워인 숙명에서 벗어날 수 없답니다. 먼저 우리는 각자 자기 인생의 리더지요. 누구나 자기 인생을 스스로 설계해 나가야 하니까요. 더불어 주어진 역할에 따라 리더이자 팔로워가 되는데요. 가정만 봐도 아버지, 어머니도 누군가의 아들, 딸이지요? 즉, 누군가에게는 리더이고 누군가에게는 팔로워입니다. 나라의 최고 리더인 대통령조차 민주주의 사회에서는 국민들을 섬기는 사람, 즉 국민들의 팔로워인 셈이지요. 그러니까 모든 사람들이 삼국지의 리더와 팔로워들을 보고 공감되는 부분들이 있을 거예요.

그렇다면 삼국지 리더들의 특징은 어떨까요? 흔히 장수를 용맹스러운 용장, 지략이 뛰어난 지장, 덕성으로 팔로워를 끌어안는 덕장, 이렇게 셋으로 나눌 수 있는데요. 사실 유능한 리더들은 이 셋을 두루 갖추고 있어야 한답니다.

예를 들어볼까요? 임진왜란 때 활약한 조선의 이순신 장군 역시 용장, 지장, 덕장의 면모를 다 갖춘 리더였답니다. 이순신 장군은 한산도 대첩, 명량 대첩 등 일본과의 총 23번 전투를 모두 승리로 이끈 명장이죠. 그런데 사람들에게 이순신 장군은 133척 대 12척의 무모한 전쟁도 불사한 대단한 용장으로 많이 기억돼요. 명량 해전에서 모두 겁을 먹고 선뜻 나서지 못할 때 홀로 앞장 서 싸운 모습은 분명히 용장의 모습이지요. 이 모습에 뒤에 처져 있던 병사들도 전력을 다해 싸우게 되었습니다. 하지만 사실 이 전쟁은 불가피한 상황에서 치러진 것이고, 이순신 장군은 이길 수 있는 가능성을 다 예비해 놓고 나갔었습니다. 바닷길의 좁은 길목으로 유인해서 궤멸시켰잖아요. 이순신 장군이 늘 입버릇처럼 했던 말이 "병법에 이르기를…"이었답니다. 그는 병법으로 이길 수 있는 전투 즉, 선승구전(先勝求戰), 먼저 승리를 확신할 수 있는 싸움에 참전했기에 백전불패가 가능했던 겁니다. 이런 면에선 이순신 장군은 명백한 지장입니다. 그렇다면 덕장의 자질은 언제 드러났냐고요? 갑옷이 아닌 평상복을 입은 후엔 이순신 장군도 마음씨 좋은 리더였답니다. 백성들과 같이 소매를 걷어붙이고 거북선을 만들었고요. 병사들과는 허리띠 풀고 밤새 술 마시며 전우애를 다지는 소탈한 모습을 보였거든요.

물론 이 세 가지를 모두 가지고 있더라도 그중 가장 도드라지는 면모에 따라 리더십의 특징이 결정되긴 하지요. 삼국지연의는 역사를 바탕으로 하긴 했어도, 소설이어서인지 세 가지 리더의 모습이 확연히 구분되는데요. 이게 또 삼국지를 읽는 묘미랍니다. 같은 상황, 같은 위기에서 세 리더들이 전혀 다른 방식의 대처법을 보이거든요. 그 장면들을 보면서, 나라면 어땠을까? 어떤 게 가장 합리적인 리더십일까? 등을 고민해 볼 수 있겠죠.

삼국지의 대표적 덕장인 유비는 덕을 내세우다가 자신을 위기 상황으로 내몰기도 하는데, 반대로 덕을 끝까지 지킴으로 인해 위기 상황을 탈출하기도 합니다. 조조는 뛰어난 지략으로 지장의 명성을 떨치며 승리를 하지만, 또 너무 계산적이고 간사하다는 평을 받기도 하죠. 그들의 선택이 과연 옳았는지는 독자 여러분들이 책을 읽어 나가며 생각해 보시길 바랍니다. 이처럼 다양한 리더십과 팔로워십, 그들 관계 속에서 벌어지는 인생의 참뜻을 간접 체험하면서 자신은 물론 조직과 사회를 성찰할 수 있다면, 저로서는 더할 나위 없는 기쁨이겠습니다. 자 그럼 지금부터 본격적으로 저와 함께 1700년 전, 중국으로 시간 여행을 떠나보겠습니다!

3장. 용의 지혜, 지략에 속고 꾀에 울고

4장. 용의 발현, 주사위는 던져졌다

"169년 4월 보름날,
황제 옥좌에 푸른 구렁이가 똬리를 틀었다.
171년 2월, 낙양에 지진이 일어나고 바닷물이 넘쳐흘러
근처에 사는 백성들이 모두 파도에 휩쓸려 죽었다.
우박이 쏟아져 전각들이 무너지고
지진과 해일로 산이 무너졌다.
암탉이 변해 수탉이 되었고
이밖에도 상서롭지 않은 일들이 계속해서 일어났다."

1장
용의 눈물, 무너지는 한 나라

유비 황실의 후손으로 한나라의 부흥을 꿈꿉니다.
타고난 인품과 이상향을 향한 끝없는 실천으로 당대 최고의 영웅들을
끌어모으죠. 한 번 빠지면 절대 빠져나올 수 없는 '덕장 유비'의 늪이랍니다.

 관우 의리의 아이콘이죠. 유비 삼 형제 중 둘째로,
거대한 청룡언월도를 들고 다닙니다. 삼국지에 등장하는 모든 제후들이
탐낼 정도로 백전백승 장수이며 충직하기까지 합니다.

 장비 용맹으로 똘똘 뭉친 용장의 결정체죠. 전장에선 호랑이 같은 기세로
적들을 떨게 하지만, 형들에겐 귀여운 유비 삼 형제의 막내예요.
생각보다 행동이 앞서 실수를 저지르기도 한답니다.

 조조 남들보다 한 발씩 앞선 상황 판단으로 '조조 천하'를 만들어 갑니다.
능력 있는 인재를 좋아하면서도 사람을 전적으로 믿지는 않아요.
이기기 위해선 무엇 하나 아까워하지 않는 냉철한 승리의 화신입니다.

 원소 대대로 명망 있는 집안의 아들이지만, 어머니가 첩인 반쪽짜리
도련님이에요. 명문가 배경, 타고난 외모, 품격 있는 연설 등으로 사람들을
끌어모아요. 하지만 알고 보면 그의 판단에는 허점이 많답니다.

 동탁 오로지 힘으로 권력을 잡은 독재자입니다. 명분 없이 천자를 폐위하고,
헌제를 새로 옹립한 후 최고 권력자가 되었어요. 마음에 들지 않으면
곧바로 목을 베어 버리는 야만적인 통치로 공포심을 심어 줍니다.

 초선 삼국지 최고의 미녀예요. 충성스런 한나라의 신하인 양아버지를 도와
나라를 살리고자, 사랑도 연기해야만 했습니다. 사랑하는 사람과
삼국지 최악의 독재자를 이간질해야만 했던 비운의 히로인입니다.

 여포 단순 무공으로는 이길 사람이 없는 최강의 장수입니다.
그러나 반복해서 자신을 받아준 사람의 뒤통수를 쳐서 삼국지 대표
배신자라는 꼬리표가 붙었죠. 그는 오로지 사랑 앞에서만 한결같습니다.

황건적의 난, 전설의 시작

　삼국지의 배경은 2~3세기입니다. 서양에서는 예수님 탄생 200여 년이 지난 시점, 우리나라도 삼국 시대를 형성할 무렵, 그러니까 고구려, 백제, 신라가 각자 한창 세를 넓혀 가고 있을 때지요. 삼국지의 배경을 살펴보기 전에, 우선 중국의 역사를 가볍게 훑어보고 가겠습니다.

　중국을 최초로 통일한 사람이 진시황이라는 건 다들 잘 알지요? B.C. 221년, 진이란 나라를 세웠으며 황제라는 말을 최초로 사용했다 해서 진 시황이라고 부른답니다. 자신이 이 땅의 유일한 통치자임을 나타내는 칭 호였는데, 그러나 진나라는 곧 분열의 수순을 밟았지요. 이후 중국은 초나 라와 한나라로 나뉘어져, 서로 으르렁댔는데요. 과연 두 나라 중 어디가 승리했을까요? 장기판을 보면 그 답을 알 수 있답니다. 장기에서 고수가 빨간색 알을 잡지요. 빨간색으로 써진 한자는 '한'인데요, 한나라가 초나라를 무찌르고 승리했기 때문이라고 하네요.

　한나라는 초나라를 제압하고 400여 년간 찬란하게 꽃을 피웠습니다. 중국의 문자를 한자, 중국 민족을 한족이라 부르는 이유가 바로 여기에 있다고 볼 수 있습니다. 한나라야말로 중국의 위대한 전성기였던 거지요. 하지만 위대한 한나라도 흥망성쇠라는 역사의 공식을 피해갈 순 없었나 봅니다. 혼란기가 찾아왔으니까요. 모든 삼국지 소설에 등장하는 이 첫 문장을 저 역시 짚고 넘어가고 싶은 이유랍니다.

　"천하의 대세는 나누어져 오래 지나면 반드시 합쳐지고, 합쳐진지 오래면 반드시 나누어진다. 세상에는 영원한 강자도 영원한 패자도 없다."

　왕권 말기인 한나라 영제 시절, 한나라는 쇠락의 길로 접어들었습니다. 지도자의 힘이 약해지고 기득권 세력이 사치와 향락에 빠지는 모습은 망국의 공통적인 모습인데요. 한나라도 역시 이런 상황을 답습해 갔답니다. 이때 황제의 권력을 등에 업고 국정을 농단하는 세력이 등장하는데, 이들이 누구였냐? 바로 환관이랍니다.

　"황제 폐하! 나라 곳곳에 흉흉한 얘기들이 끊이질 않습니다. 어제는 암탉이 수탉으로 변하는 기이한 현상이 있었다고 합니다. 이런 불길한 일들로 백성들이 불안에 떨고 있습니다."

　한 꾸러미의 상소문들을 들고 온 한 관리가 영제 앞에 엎드려 말했다.

　"아니 그게 뭐 어떻다는 거냐. 닭이 변하는 게 나랑 무슨 상관이냐. 안 그렇습니까, 아버지?"

영제는 심드렁한 표정으로 관리를 내려다보다가, 옆에 서 있던 환관 장양을 '아버지'라 부르며 물었다.

"네, 황제 폐하. 위대하신 하늘의 아들, 천자이신 폐하께서 들을 이야기는 아닌 것 같습니다."

장양의 대답을 듣고 영제는 흡족한 듯 고개를 끄덕이더니 관리에게 말했다.

"중히 할 말이 있다더니 그것이 다냐? 끝났다면 나가 보거라. 후원에서 나를 기다리는 잔치가 있느니라."

"그 외에도 지진과 물난리, 끊임없는 재해들이……."

말을 하다가 언뜻 영제를 올려다본 관리는 영제의 무관심한 표정에 그만 말문이 막혀 버렸다. 한동안 아무 말도 없이 엎드려 있는 그를 영제는 지루하다는 듯이 내려다보다가 곧 자리에서 일어났다. 그때 관리가 소리쳤다.

"하늘의 아들이시라면! 제발 이 나라를 돌봐 주소서! 폐하의 아버지는 저 간사한 환관 놈이 아니라 하늘이십니다! 하늘이 땅을 굽어살피듯, 천자께서 백성들을 굽어살피는 것이 순리이지 않습니까! 가난과 수탈에 허덕이는 이 한나라가 보이지 않으십니까?"

처절한 목소리로 눈물을 흘리며 애기하던 관리는 급기야 땅에 자기 머리를 박기 시작했다.

"제발 환관들을 멀리 하시고 들어야 할 것을 들어 주소서, 폐하!"

머리에서 피를 흘리며 절절히 외치고 있었건만, 막상 그 상소의 장본인인 장양은 흔들림이 없었다.

"폐하, 또 다른 역적의 무리일 뿐입니다. 저들은 폐하가 행복한 것을 눈 뜨고 보질 못 합니다. 처벌하시지요."

"아버지가 알아서 해주세요."

이렇게 말을 남긴 영제는 빠르게 전각을 빠져나갔고, 장양의 지시에 따라 관리는 끌려 나가 참수당했다.

어디서 많이 본 장면 같지 않나요? 나라가 망해갈 땐 꼭 이런 장면들이 연출되지요. 황제인 영제는 자기 곁에서 좋은 말만 해주는 환관 장양을 아버지라 부르며 절대적으로 신뢰했고, 그를 반대하는 무리는 줄줄이 참수를 당했어요. 환관들의 횡포는 여기서 끝나지 않았죠.

장양의 집 앞, 가마의 행렬이 길게 줄을 서 있었다. 때로 가마 없이 서 있는 사람들도 있었는데, 그들은 저마다 바리바리 보따리들을 들고 있었다.

"그래, 너는 무엇을 가져왔느냐?"

장양이 방안에 앉아서, 찾아온 사내에게 물었다.

"약소하지만……."

사내가 머리를 조아리며 가져온 상자를 열자, 그 안에는 금덩이들과 온갖 진귀한 보석들이 가득했다.

"에이, 이 정도 가지고는 지방 행정직밖에 못 주지. 아니, 한 번 관직에 오르기만 하면 백성들에게서 얻어낼 수 있는 것은 이것을 한참 갚고도 남을 텐데, 자네 아버지는 이 정두밖에 힘을 못 쓴다던가?"

"장양 어르신⋯⋯. 집에 있는 모든 귀한 것은 다 가지고 나왔습니다만⋯⋯."

가만히 고개를 가로젓던 장양이 갑자기 무엇이 생각났다는 듯 사내를 빤히 쳐다보았다. 그러더니 목소리를 낮춰 말했다.

"내가 자네 관상이 마음에 들어서 말이야. 정말 아무에게나 주지 않는 기회이지만 하나 방법을 마련해 주겠네."

"무엇입니까, 어르신?"

사내가 눈을 빛내며 말했다.

"외상으로 관직을 사게. 물론 갚을 때는 원래 값보다 두 배로 갚아야 하지만, 걱정 마. 그 정도는 백성들에게서 충분히 빨아낼 수 있네. 어때 할 수 있겠나? 낙양에 자리 하나 줌세."

"감사합니다, 어르신! 이 은혜는 잊지 않겠습니다!"

이게 말이 됩니까? 이렇게 대놓고 환관들은 '관직 장사'를 했고, 심지어 외상으로 관직을 내주기도 했습니다. 그리고 관리가 된 사람들은 그 돈을 훨씬 웃돌 만큼 백성들을 수탈했어요. 그러니 민초(일반 백성을 의미하는 단어. 다수의 백성을 풀에 비유하는 것에서 유래)들의 삶은 지옥과도 같았죠. 결국 민초들이 봉기하는데, 이것이 바로 삼국지의 모든 발판을 마련했다고 볼 수도 있는, 황건적의 난이랍니다.

황건적의 난은 삼국지의 시작을 알리는데 매우 중요한 의미가 있답니다. 왜 그런지 지금부터 알아볼까요? 먼저 이 황건적의 난을 일으킨 사람, 장각부터 소개할게요. 장각은 과거 시험에 떨어진 선비 출신으로, 약초를

캐러 산에 갔다 우연히 남화노선이라는 산신령을 만났답니다.

"날 따라오거라."

장각이 뭔가에 홀린 듯 동굴 속으로 따라 들어갔다. 그러자 그곳에서 산신령이 책 한 권을 건넸다. 장각이 받아 보니, 표지에 이렇게 쓰여 있었다.

'태평요술'

"이 책으로 도술과 신통력을 익혀 좋은 곳에 써라. 만약 나쁜 쪽으로 쓴다면 세상이 뒤집어질 것이니 반드시 명심하거라."

장각은 태평요술을 익혀 바람과 무술을 관장하는 도력을 갖게 되었다. 그를 따르는 무리가 점점 늘어나자 태평도란 종교를 만들어 교세를 확장시켜나갔다. 그들의 교리는 분명했다.

"환관들의 꼭두각시가 된 황제에 맞서 반드시 신세계를 열어 보리."

어떤가요? 장각이 만든 태평도를 보고 있자니 우리나라의 동학이 떠오르지 않나요? 격동의 조선 말, 천도교의 교주로 알려져 있는 최제우도 깊은 산 암자에서 명상과 독서, 기도를 하다가 깨달음을 얻었지요. 그렇게 탄생한 동학은 귀천에 관계없이 인간을 누구나 평등하게, 하늘처럼 공경해야 한다는 가르침 덕분에 사람들 사이로 빠르게 퍼져 나갔어요.

사실 장각이 물려받았던 태평요술에서도 특히 '평'이 의미하는 것은 균평함이었어요. 균평함은 민본 사상과 연결되고 당시 혼란했던 시대에 힘든 백성들의 상황과 맞물려 태평도는 빠른 속도로 퍼져 전파됐답니다.

물론 조정에서 봤을 때는 그냥 도적떼였어요. 하지만 굶어 죽기 일보지

전인 민초들에게는 유일한 희망이었지요. 그들은 머리에 누런색 띠를 두르고 누런 깃발을 들었습니다. 농민 중심의 종교였으니 누런색을 선택했을 겁니다. 황토색은 땅을 상징하잖아요. 누런색 띠를 두른 도적이란 뜻으로, 이들을 황건적이라 부른 거고요. 황건적의 숫자는 무려 30~40만이나 되었으니, 가히 수도인 낙양을 위협할 만했지요. 참고로 낙양은 현재 중국 하남성 서부의 도시로, 뤄양이라고도 불린답니다. 황건적이 진격하며 곳곳에서 난을 일으키니, 이것이 그 유명한 황건적의 난입니다.

▎Q. 환관이 무슨 직책이에요?

▎**A.** 거세된 남자로 궁에서 일하는 직책이지요. 우리나라로 따지면 내시입니다. 원래 궁에서 수발을 드는 이는 궁녀지요. 하지만 황제가 남성이다 보니 여성이 수발 드는데 한계가 있었을 거예요. 그래서 남성이 필요했는데, 궁에 있는 여자들과 서로 눈 맞으면 안 되니까 남성의 기능을 잃은 사람들이 환관으로 들어왔어요. 어려운 집안에서 태어나 일부러 거세하여 궁궐로 팔려온 경우도 있었답니다. 그런 환관 세력이 당시 황제와 가까운 관계를 이용해 기고만장해진 거지요. 십상시란 말을 뉴스에서 들어본 적 있을 거예요. 요새는 권력자의 주변 세력을 상징하는 의미로 쓰이기도 하는데요. 권세가의 측근 혹은 그들과 연결시켜 주는 부패한 세력을 일컫는 말로 쓰이게 된 것이지요. 본래 십상시(十常侍)는 한나라 말의 환관들 중 핵심이 되는 열 명의 인물을 가리키는 말입니다. 이들이 국정을 농단하고 부패를 일삼으며, 황제를 꼭두각시로 만든 시절이 바로 한나라 말기 영제 때입니다.

도원결의,
유비 삼 형제의 운수 좋은 날

그런데, 황건적의 난은 처음엔 좋은 의도로 시작했을지 몰라도 세력이 확장되면서 자신들 외의 다른 백성들에겐 폭력과 가혹한 수탈을 자행했습니다. 권력을 가지게 되면서 결국 그들이 그토록 싫어했던 지배층과 다를 것이 없게, 아니 어쩌면 그보다 더 심하게 변해 버린 것이죠. 결국 이를 제압할 세력들이 궐기했겠지요? 난세에 영웅 난다고, 여러 지역에서 영웅호걸들이 탄생했습니다. 이들 중에 바로 유비, 관우, 장비가 있지요. 그 외에도 조조, 원소 등 삼국지의 주인공들이 각기 다른 지역에서 의병을 조직해, 황건적을 토벌하고 한나라를 강건하게 만들 뜻을 펼칩니다. 여기서부터 본격적으로 삼국지의 이야기가 시작되는 거고요. 황건적의 난이 왜 삼국지에서 의미 있는 사건인지 이해가 되지요?

이렇게 궐기한 황건적의 무리는 유주의 경계까지 침범해 오고 있었습

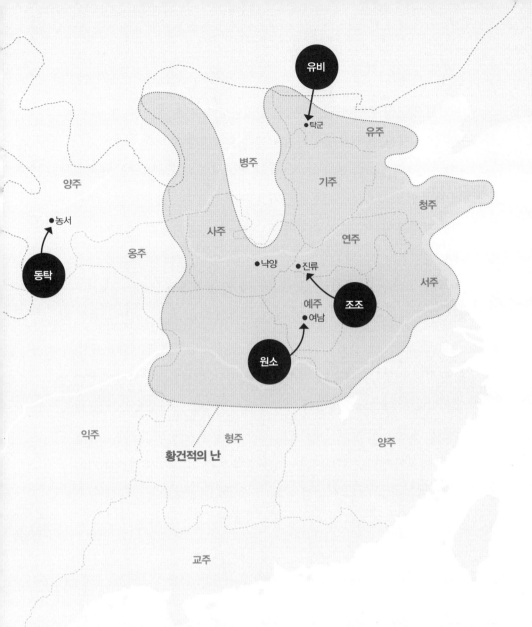

유비

탁군

유주

병주

기주

양주

청주

농서

사주

연주

서주

동탁

옹주

낙양 • 진류

예주

조조

여남

원소

익주

형주

양주

황건적의 난

교주

니다. 유주를 지키고 있던 태수는 황건적의 난을 대적하기 위해 방을 붙여
의병을 모집했어요. 그런데 이 방문이 탁군 깊숙한 탁현에까지 흘러들어
가 그곳의 한 영웅을 이끌어내니, 앞으로 서사의 구심점이 될 유비가 등장
합니다.

유비는 탁군의 탁현이라는 곳에서 살았답니다. 성은 유, 이름은 비. 자는 현덕이었고요. 황실의 종친이지만 권력에서 밀려난 방계(형제나 사촌지간) 황족으로써 집안이 몹시 가난하여, 홀어머니를 모시며 짚신을 팔고 돗자리 짜는 일로 생계를 꾸리고 있었지요. 이렇게 유비는 매우 어려운 초년 생활을 지내게 됩니다. 그의 외모가 원전에는 이렇게 기록되어 있어요.

"두 귀가 어깨까지 늘어졌고, 입술은 연지를 칠한 듯 붉고 얼굴은 옥처럼 깨끗했다. 팔은 어찌나 긴지 무릎에 닿고 키는 일곱 자 다섯 치 정도였다."

이게 사람의 형상이냐고요? 제가 지어낸 이야기가 아니라, 원전에 실린 내용이랍니다. 아마도 중국인의 염원이 담긴 인물상 아닐까요? 사람들의 말을 귀담아 들어 달란 의미에서 귀를 기이할 만큼 크게, 어려운 민초들의 두 손을 이끌어 달라는 의미에서 비정상적일 만큼 긴 팔로 형상화한 것이지요. 또 때묻지 않은 맑은 심성을 흰 얼굴이라고 표현했고요. 어쨌든 초야에 묻혀 돗자리를 짜던 유비의 일생에 전환점이 될 그날이 찾아옵니다.

"하아."

유비가 땅이 꺼져라 한숨을 내쉬었다. 따사로운 봄, 아지랑이가 피어올라 유비의 이마를 살랑살랑 간지럽혔다. 어지럽고 탁한 기운이 온 나라를 먹구름처럼 뒤덮고 있는데, 날씨는 눈치 없이 어쩜 이리도 화사하고 따사로운지. 유비는 이 비현실적인 모순 앞에서 비애를 느껴야 했다. 마침 나라에서 붙인 방 앞에 서 있던 참이라 더욱 그랬다.

'황건적 토벌을 위한 의군 모집'

"400년 전통의 한나라 황실이 처참히 무너지고 있는데, 황실의 후손인 내가 할 수 있는 게 아무 것도 없구나. 돈도, 기회도, 뜻을 모을 벗도 없으니 이 어찌 한스럽지 아니한가."

나지막이 중얼거린 후엔 다시 긴 한숨이 이어졌다.

"아니, 사나이 대장부가 이런 시국에 행동부터 해야지, 한숨만 쉰다고 뭐가 달라질 거라 믿는 거요? 한심하기 짝이 없네, 아주. 퉤."

큰 귀를 쩌렁 울리는 소리에 유비는 깜짝 놀라 뒤돌아봤다. 마침 역광이라 눈이 부셔 앞이 잘 보이지 않았다. 눈을 질끈 감았다 살포시 떠보니, 세상에 이럴 수가! 덩치와 키로 사람을 압도하는 사내가 떡하니 서 있는 게 아닌가. 유비의 키가 일곱 자 다섯 치로 어림잡아 172cm(한 자는 23cm)이었으니, 그 당시 작지 않은 신장이었건만, 사내는 유비가 고개를 들어 올려다봐야 할 정도로 컸다. 양 콧구멍에서 뿜어내는 기운이 어찌나 야수 같던지, 금방이라도 자신의 목덜미를 물어뜯을 것 같아 유비는 그만 몸이 움츠러들었다. 목소리는 또 어찌나 크던지, 고막이 찢어지는 것 같았고.

"이자는 필시 호랑이다."

유비가 작게 중얼거렸다. 그러나 짐짓 태연한 척, 그에게 물었다.

"뉘시오?"

"성은 장이고 이름은 비오. 퉤."

"왜 자꾸 침을 뱉으시오?"

"아니, 나라꼴이 이 모양이라 며칠을 화병으로 끙끙 앓았더니 감기에 걸렸지 뭐유. 자꾸 가래가 나와서. 이런 염병할, 왜 이렇게 가래가 안 끊겨. 퉤."

나라 걱정에 몸져누웠다니, 이 자는 자신과 뜻이 맞을지도 모르겠다 싶어 유비는 속으로 기뻤다. 몽글몽글 피어오르는 희망에 그의 입가에 살짝 미소가 지어졌다. 그런 유비의 마음을 아는 듯이 장비는 이어서 말했다.

"나는 옆 마을에서 소, 돼지 때려잡고 있소. 원래 우리 집도 곳간에 곡식이 넘칠 만큼 잘 살았는데 어쩌다보니 가세가 기울어 이리 되었소. 허나 언젠가는 영웅호걸을 만나 나라를 살려야겠다는 결심만은 잊지 않고 있었는데. 탄식하는 당신을 보니 말이 통할 것 같기도 하고, 아닐 것 같기도 하고!"

기쁜 마음에 두꺼비 같은 그의 두 손을 유비가 덥석 잡았다.

"나도 같은 마음이오. 허나 우리가 뜻만 있지 병사도 무기도 하나 없으니, 어찌하면 좋겠소?"

장비의 험상궂은 얼굴이 순간 환히 밝아졌다.

"그런 걱정일랑 마시오. 사실 내가 밭이 좀 있소. 까짓거 이참에 고기랑 싹 같이 팔아 버리지 뭐. 그러면 의병을 위한 군자금 정도는 마련할 수 있지 않겠소?"

"허, 나라를 사랑하는 마음이 어찌 이리도 크오. 일단 주막으로 가 얘기나 나눠 봅시다."

주막으로 들어선 두 사람은 술을 시킨 후 앉았다. 그때서야 유비는 장비란 자의 얼굴을 자세히 들여다보았다.

'흠, 우락부락하고 매서운 게 꼭 호랑이 같았는데, 볼수록 귀여운 면이 있네. 허허.'

장비는 목소리가 걸걸하고 덩치가 산만 해서 그렇지 눈빛만은 아이처럼 순수하게 불타오르고 있었다. 게다가 술이 들어가자 살짝 코맹맹이 소리를 내며 이렇게 말하는 게 아닌가.

"형님! 나보다 나이가 많으니 그럼 내가 이제부터 형님으로 모시겠소!"

느닷없는 장비의 애교에 유비가 웃음이 빵 터진 바로 그때, 거구의 한 사람이 주막으로 들어왔다.

"주모, 술 한 병 갖고 오시오."

하늘이 쩍 갈라지는 목소리에, 유비가 또 흠칫 놀랐다.

'오늘 참 희한한 날이네. 내 심장이 토끼처럼 이렇게 깜짝깜짝 놀란 적이 없거늘.'

유비가 그를 바라보니, 장비보다 키가 더 큰 아홉 자, 무려 2미터가 넘는 한 사람이 서 있는 게 아닌가. 외모 또한 장비 못지않게 비상했다. 구레나룻이 가슴팍까지 내려와 있고, 눈은 봉황 같았으며 눈썹은 누에가 누운 듯했다. 게다가 수염이 어찌나 긴지 배꼽까지 늘어져 있고, 얼굴은 잘 익은 대추처럼 불타오르고 있었다.

"주인장 술 빨리 갖고 오시오, 내 마시고 가야 할 데가 있으니."

"아이고, 뭐가 그리 급해요."

주모의 콧소리에 아랑곳 않고 그가 비장하게 말했다.

"술 마시고 의군에 지원하려 하오."

순간, 장비와 유비의 두 눈이 딱 마주쳤다.

'이건 필시!'

두 사람이 동시에 사나이를 쳐다보니, 이번엔 세 사람의 눈빛이 찌릿찌릿 오갔다.

"혹시 존함이……?"

유비가 존칭을 쓰며 정중히 묻자, 그도 무언가 느꼈는지 솔직히 대답했다.

"관우라고 합니다. 하동 사람인데, 그 지역에 호족(지역의 토착세력)놈이 도를 넘어서게 수탈을 해대니 내가 손을 좀 봐준다는 게 그만, 의도치 않게 그를 죽이고 말았습니다. 어쩔 수 없이 도망 중인데, 방금 황건적 잡을 의군을 모집한다는 방을 보았습니다. 어차피 죽을 몸, 나라를 위해 죽자 싶어 의군에 지원하러 가는 길입니다."

순간 유비의 표정에 실낱 같은 희망이 스쳐갔다.

"아마도 오늘은 저에게 매우 운수 좋은 날이 될 것 같군요. 우리도 같은 뜻이니, 한 잔 합시다."

이렇게 셋이 한자리에 앉아 권커니 잣거니 하니, 유비의 기분이 어찌나 좋던지 술을 마셔도 취하는 줄 몰랐다. 게다가 관우는 장비보다 나이가 많았지만 유비보다는 어렸으니, 유비는 단번에 두 명의 동생이 생긴 것이다. 서로 죽은 또 왜 이리 잘 맞는지. 관우, 장비 둘 다 말술을 마시며 말끝마다 껄껄 웃으니, 보기만 해도 배가 불렀다. 복받치는 마음에 유비는 저도 모르게 두 사람의 손을 덥석 잡았다.

"여보게들, 내가 지금껏 돗자리 짜며 이때만을 기다렸네. 은나라를 세운 탕왕이 조력자 이윤을 만나고, 주나라 무왕이 곁에 강태공을 두었을 때 바로 이런 기분 아니었을까. 우리 셋이 뜻을 합하면 이루지 못할 게 뭐 있겠는가."

이때 장비가 큰 목소리로 다시 한 번 유비의 고막을 찢어 놓았다.

"형님, 나 장비가 이제부터 큰형님으로 깍듯하게 모시겠소. 우리집 뒤에 복숭아 동산이 있는데, 복숭아꽃이 한창이오. 거기서 의형제 결의도 맺고 하늘에 맹세도 올리고 싶은데, 어떻게 생각하쇼?"

이때 관우가 "그거 좋은 생각이오."하며 상을 탁하고 치자, 쩍 하며 상이 두 동강 나 버렸다. 세 사람은 고개를 뒤로 젖히며 호탕하게 웃었다. 유비는 이날 평생을 함께할 동지를 만난, 인생에서 가장 운수가 좋은 날이라고 생각했다. 하지만 이들 삼형제에게 앞으로 닥쳐올 이루 말할 수 없이 험난한 역경의 세월을 세 사람 중 그 누구도 짐작조차 하지 못하고 있었다.

평생을 함께 지지고 볶아도 통하는 느낌이 전혀 없는 사람이 있는가 하면, 잠깐을 만나도 설레면서 가슴이 뜨거워지는 사람이 있기 마련이지요. 이들 셋은 서로에게 처음부터 이 느낌을 받았답니다. 다음날, 장비가 말한 복숭아 동산에서 그들은 다시 만났습니다. 장비는 이미 정성껏 준비를 다 끝내 놓은 상태였고요. 검은 소와 흰 말을 제물로 바쳐 제사지낼 준비 말입니다. 그날은 복숭아꽃이 만발하고, 꽃향기가 코를 찔러 기분 좋게 취할 것 같은 날이었지요.

"천지신명이시여, 비록 우리 셋이 성은 다르나, 이미 형제가 되었습니다. 위로는 나라의 은혜에 보답하고 아래로는 백성을 평안케 할 것을 맹세합니다. 비록 같은 해, 같은 달, 같은 날, 같은 시에 태어나지 못했지만, 한 날한시에 함께 죽길 바라니, 천지신명께서 굽어살펴 주소서. 만일 우리 중에 은혜를 입고 의리를 저버리는 사람이 있다면 하늘과 사람으로 하여금 죽이도록 하여 주소서!"

이렇게 맹세하고, 소의 피를 나눠 마신 세 사람. 이것이 바로 그 유명한 도원결의(桃園結義)랍니다. 장비는 기분파답게 술판을 거하게 벌려 마을의 장정 300명을 불렀지요.

"오늘 내가 화끈하게 쏘겠소. 다들 맘 푹 놓고, 씹고 뜯고 맛보고 즐기쇼."

그렇게 흐드러져 날리는 복숭아 꽃잎과 함께 밤까지 술자리가 무르익어 갔지요.

Q. 왜 하필 복숭아 동산이었어요? 사과 동산도 있고 다른 과일 동산도 있잖아요?

A. 어디에도 없는 이상향을 복숭아꽃이 만발한 무릉도원이라 하는 것 들어 보셨나요? 복숭아꽃은 희망을 상징한답니다. 꽃말 자체가 그래요. 당시 중국인들이

만들고 싶은 나라가 그런 곳 아니었을까요? 역사 속에는 등장하지 않는 이 장면이 유독 의미 있게 그려진 걸 보면 말이지요.

중국에서 복숭아가 특별한 의미를 가진다는 사실은 중국의 문학 작품 곳곳에 등장합니다. 도연명이라는 시인이 쓴 『도화원기』에 무릉도원이 나오는데, 이렇게 묘사됩니다. '무릉의 어떤 어부가 길을 잃었다가 복숭아나무 숲을 만났다. 끝없이 펼쳐진 복숭아나무 외에는 다른 나무가 없었고 향이 나는 풀들만이 펼쳐지고 아름다운 꽃잎들이 공중에 휘날리고 있었다.'

손오공으로 유명한 〈서유기〉에도 복숭아가 나옵니다. 손오공이 몰래 훔쳐 먹은 복숭아는 먹으면 3,000년을 살 수 있는 신들만의 과일입니다. 이렇듯 중국 사람들의 상상 속 신선들이나 신들이 사는 곳에는 복숭아나무가 꼭 등장합니다.

복숭아나무의 신비한 힘과 연관된 중국의 풍속도 있습니다. 복숭아는 귀신을 쫓는 액땜의 상징물로 여겨져서 우리나라와 마찬가지로 중국에서는 제사상에 복숭아를 놓지 않았어요. 조상님이 복숭아가 무서워 찾아오지 못할 수 있기 때문이죠.

또한 복숭아는 장수의 상징이기도 합니다. 중국인들은 아이의 생일 선물로 복숭아 모양의 만두나 과자를 주고, 환갑잔치의 떡도 복숭아 모양이죠. 더 나아가 복숭아가 다산의 뜻으로도 해석되어 전통 결혼식장에 복숭아 모양 데코가 있기도 한답니다.

유비의 스타트업, 투자자를 만나다

몇 달이 흘러, 뜨거운 여름이 찾아왔다. 셋은 이제 본격적인 의병 활동을 시작할 참이었다.

“셋째야, 밭도 있고 돈도 있다고 했지?”

큰형 유비가 희망에 찬 눈빛으로 장비를 바라봤다.

“잉? 형님, 저번 잔치 때 다 써 버렸는데, 어쩌면 좋소?”

순간 둘째 관우의 눈썹이 씰룩거렸다.

‘내가 이 두 사람을 믿고, 하늘에 맹세까지 했는데 이를 어쩌나.’

관우가 무거운 표정을 짓고 있을 때, 장정 한 명이 헐레벌떡 달려왔다.

“한 무리의 사람들이 몰려옵니다. 서둘러 가 보셔야 할 것 같습니다.”

세 사람이 서둘러 마을 초입으로 달려나갔다. 과연 자욱한 흙먼지를 일으키며 말 탄 무리들이 달려오고 있었다.

유비가 말했다.

"혹시 저들을 아는 사람이 있는가?"

마을 어귀에 함께 모여 있던 주민 한 사람이 말했다.

"저들은 이 근처 지역의 상인 무리로서 말을 파는 이들입니다. 워낙 돈과 재물이 많아 저희 마을까지 소문이 자자한 분들이지요."

"형님, 잘 됐수다. 이건 필시 하늘이 우리에게 주는 선물이오. 저놈들을 밧줄로 꽁꽁 묶은 다음 말이랑 금화만 싹 빼앗으면 되지 않겠수?"

"아니 될 말이다. 그러면 우리가 황건적과 뭐가 다르겠느냐?"

"죄송하게 됐수다, 형님."

비록 입은 쭉 내밀었으나 장비의 얼굴이 붉어졌다.

"누구신지요?"

어느덧 바로 앞에 온 상인들에게 유비가 정중히 물으니, 우두머리가 대답했다.

"우린 인근 지역의 상인인데, 나는 장세평, 옆의 친구는 소쌍이라 하오. 평소에 사육하던 말을 팔러 가다가 황건적 때문에 길이 막혀 돌아오는 길이오. 에잇."

"맘이 많이 상하셨겠습니다. 일단 저희 마을에 오신 손님이니, 한 잔 대접해드리지요."

그렇게 삼 형제는 그들을 주막으로 모셨다. 유비가 제법 근엄하게 동생들에게 말했다.

"관우, 장비 너희 둘은 겸상하지 말고 거기 서 있어라. 손님들 와 계시는데, 혹여 폐 끼칠라."

"여부가 있겠습니까, 형님."

두 아우가 두 손을 공손히 모은 채 뒤로 물러섰다. 상인들이 속으로 '헉' 하고 놀랐다. 몸집이나 인상만 봐서는 동네 깡패가 따로 없는데, 저리도 예의바를 줄이야! 사실 그들은 삼 형제의 소문을 익히 들어 알고 있었다. 젊은 세 사람이 의군을 일으킨다니, 이왕 팔지도 못하게 된 말을 기부할까 생각하던 참이었다. 하지만 무려 수십 필의 말인데, 당사자들을 직접 보고 결정해야지 않겠는가. 그런데, 유비란 자가 겸손하고 공손한데다 인자하기까지 하니 그들도 놀란 것이다. 게다가 아우라는 이들도 요즘 젊은이들답지 않게 개념 있어 보였다. 술도 마신 참에 기분 좋아진 그들이 관우와 장비에게 손짓했다.

"거기 동생들도 와서 한 잔 하시오."

"아닙니다, 어르신들 말씀에 저희가 어찌 끼겠습니까? 괘념치 말고 편히 드시지요."

이들은 주막에서 반나절을 이야기 나눴다. 그런데 유비의 말 한마디 한마디에서 진정성이 묻어났으며, 모든 말은 조리가 있어 허투루 하는 법이 없었다. 상인 장세평과 소쌍은 그의 이야기에 몰입하다 보니, 밥 한 숟갈 안 떴는데도 배가 부르고, 말술을 마셨는데 취하질 않았다. 사실 유비는 돗자리만 짠 게 아니라 나라를 구하기 위한 준비를 오랫동안 해왔다. '만일 내게 군자금만 있다면, 황건적을 이렇게 토벌하겠다.'란 계획서를 치밀하게 짜두었으니 기회를 만났을 때 막힘이 없었던 것이다.

"난이 벌어진 이후 단 하루도 계획을 세우는데 소홀해 본 적이 없습니다."

상인들 앞에서 이렇게 말을 할 정도였다.

　바로 그때 장세평과 소쌍은 결심한 듯 말했다.

　"우리에게 말 50필과 금과 은 500냥, 철 1,000근이 있습니다. 이걸 드릴
테니 부디 이 나라를 구해주시오."

　감격의 눈물로 유비 삼형제는 그들을 배웅했답니다. 그후 제일 먼저 한
일이 각자의 무기를 만든 거였지요. 장세평과 소쌍이 준 천 근의 철이 있
었으니까요. 마을에서 가장 유명한 대장장이를 찾아가 평소 쓰고 싶었던
무기를 제작 의뢰했지요. 가벼운 검 두 자루가 한 쌍을 이루는 유비의 쌍
고검, 관우만이 자유자재로 휘두를 수 있다는 16킬로그램이 넘는 무게의
청룡언월도, 길이가 약 4미터에 달하고 창날이 뱀의 형상과도 같은 장비
의 장팔사모기 드디어 탄생했습니다.

그리고 삼 형제의 기개를 보고 병사 500명이 자진해 모였어요. 자, 종잣 돈으로 군량미도 충분히 마련하였고, 이제 의군으로 활약할 준비가 제법 된 거지요. 이들은 지체 없이 유주성으로 내달렸습니다. 이들을 모이게 한 의군 모집 방을 붙인 사람이 유주 태수거든요. 태수는 '군'이라고 분류된 지역의 대표인데요, 오늘날 구청장 정도의 직위랍니다.

한나라가 어떻게 나누어져 있었는지 짚고 넘어갈까요? 후한의 지방 행정 구역은 주, 군, 현으로 이뤄져 있었습니다. 전체 13주가 있고, 각 주 아래에 98군이 나뉘어져 있고, 그리고 각 군 아래에 수십의 현들이 있는 거지요. 주의 장관은 '자사', 군의 장관은 '태수', 현의 장관은 '현령'입니다. 지금의 우리나라와 비교해서 설명하면, 도, 시, 구나 군 정도이겠네요.

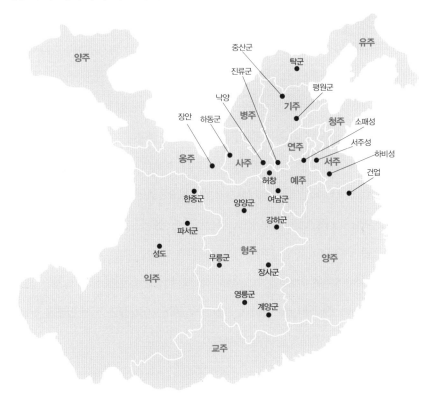

그러니까 탁현이라는 작은 곳에서 의기투합을 한 유비 삼 형제가 더 넓은 세상으로 나아가기 위해서 군으로 갔던 것입니다. 지방 관리의 임명을 받아야 동네 무리가 아닌 정식 의군으로 활약할 수 있으니까요.

Q. 삼국지에 대해 얘기는 몇 번 들어봤는데 장세평이나 소쌍은 처음 들어본 것 같아요. 중요한 사람들인가요?

A. 네, 중요합니다. 왜냐하면 이들이 유비라는 세력에게 첫 종잣돈을 만들어줬거든요. 요즘으로 치면 삼 형제는 막 창업한 기업에 비유할 수 있겠죠. 그런 그들에게 투자하겠다는 이들이 나타났으니, 그들이 바로 장세평과 소쌍이었던 겁니다. 막 시작한 스타트업 회사에 투자를 한 사람들이라고 볼 수 있겠네요. 투자자들은 상당히 신중하잖아요? 상대를 만나 됨됨이와 미래 가치를 보고 판단하고요. 그런데 유비와 이야기를 나누어 보니, 유비가 일으키려는 의병 계획은 임기응변이 아니라 오랜 시간 동안 잘 다듬어진 청사진이라는 것을 그들도 믿게 되었지요. 게다가 황실의 후손이라니! 자세를 고쳐 잡을 수밖에요. 또 같이 있을수록 참하고 선함이 느껴졌습니다. 한마디로 투자자들이 유비 삼 형제에게 뿅 반한 겁니다.

지금도 수많은 젊은이들이 창업을 꿈꾸지요. 이들이 혜안을 가진 어른들을 만나 투자를 받는다면, 세상이 더 위대해지지 않을까요? 르네상스 시대에 학문과 예술을 후원한 메디치 가문 덕에 레오나르도 다빈치가 탄생했듯, 바르셀로나의 젊은 예술가를 후원한 구엘 덕에 안토니 가우디란 건축가가 나왔듯 말입니다. 창업을 준비하는 이 땅의 젊은이들은 이상적인 비전뿐만 아니라 현실에 바탕을 둔 치밀하고 꼼꼼한 투자 계획서를 준비해야 할 것이고, 그들을 후원하는 어른들은 진짜 인물을 찾을 수 있는 혜안을 가져야 하지 않나 생각해봅니다.

대흥산 전투, 삼 형제의 데뷔전

삼 형제를 보고 유주 태수는 무척 기뻤답니다. 게다가 그 역시 유 씨로, 유비가 한나라 종실이라는 말을 꺼내자 자기 조카뻘이 된다면서 더욱 기뻐하며 유비를 가족처럼 가까이 두었지요. 며칠이 안 가서 드디어 기회가 옵니다. 황건적의 장수가 군사 5만 명을 이끌고 유주성을 공격해온 겁니다. 유주 태수가 말했어요.

"유비 삼 형제, 싸워주시오!"

5만 대 500명이라니! 사실 시험대에 오르라는 게 아니고 무엇이겠어요? 말도 안 된단 생각에 헛웃음이 나지요? 과연 싸움의 결과는 어땠을까요?

처음으로 적과 마주한 유비는 살짝 오금이 저렸다. 누런 두건을 쓴 사람들이 끝도 없이 몰려오는데, 말 그대로 인산인해 아닌가. 더럭 겁이 난 그가 뒤를 돌아보니, 장비는 금방이라도 달려들 기세로 콧김을 뿜어내고 있었다. 관우는 항상 그렇듯 무표정이었고. 내심 유비는 동생들에게 부끄럽단 생각이 들었다. '에라, 모르겠다!' 유비가 젖 먹던 힘까지 짜내 소리쳤다.

"황건적 이놈들! 너희 역적의 무리들아, 지금이라도 항복한다면 목숨만은 살려주마!"

그러자 황건적의 적장이 피식 웃었다.

"겨우 500명 갖고 어디서 까부느냐?"

"뭣이라?"

누가 말릴 틈도 없이 장비가 뛰쳐나갔다. 몸집은 산만한 사람이 어찌 그리 빠른지, 순간 유비도 어찌할 바를 몰랐다. 적진에서도 장수로 보이는 자가 앞으로 나왔다. 그 역시 덩치가 장비와 맞먹을 정도로 거대했다. 그 모습을 본 유비는 심장이 오그라드는 것 같았다.

"이노오옴!"

장비가 장팔사모를 한 번 "떵"하고 휘두르자 "크억"하는 소리가 울려 퍼졌다. 상대의 칼이 두 동강 나면서 적장의 머리가 날아간 것이다. 일합에 모든 게 끝나다니! 유비와 관우는 물론, 모든 병사들이 깜짝 놀랄 수밖에. 황건적의 우두머리는 화가 잔뜩 났는지 알 수 없는 괴성을 지르며 말을 몰아 유비 진영으로 달려왔다. 그때 관우가 소리쳤다.

"이번엔 내가 상대해주마."

붉은 얼굴에 긴 수염을 휘날리며 관우가 뛰쳐나가는데 그 모습이 마치 용이 하늘로 승천하는 것과 같았다. 청룡언월도를 부여잡은 관우의 어깨

가 유연한 허리와 합을 이루는 순간, "크억" 외마디 소리와 함께 적장의 목
이 몸통과 분리되어 하늘로 솟구쳤다. 순간 양쪽 진영의 군사들은 얼어버
렸다. 잠시 후 "와!!!"하는 탄성 소리와 함께 유비를 비롯한 유비 진영의
군사들은 적진을 향해 진격했고, 이미 기세가 꺾인 적군들은 항복하거나
줄행랑치느라 바빴다.

　이게 바로 유비 삼 형제의 첫 전투인 대흥산 전투랍니다. 다른 삼국지 소
설에서는 별로 자세하게 안 다루고 있기도 하지만, 저는 장비와 관우가 얼
마나 뛰어난 무공을 지닌 장수들인지 보여준 첫 전투라는 점에서 반드시
짚고 넘어가야 할 대목이라고 봅니다. 유비도 처음으로 두 아우의 실력을
보고 감탄한 순간이었고요. 하늘도 놀라고 적진도 놀라고 유비도 놀란 대
승이었습니다.

Q. 황건적의 수가 훨씬 많았다면, 한꺼번에 달려들어 이길 수 있지 않았을까요?

A. 아무래도 비현실적이라 느끼실 수 있을 것 같네요. 하지만 그들의 승리도, 그 비결도 분명했습니다. 일단 관우, 장비의 월등한 무공이 당연히 한몫했을 거구요. 그 외에도 원전에는 나오지 않은 이유가 있었을 거라 봅니다. 함께 이끈 의병들을 제대로 훈련시키고, 든든한 군량미와 탄탄한 보급 체계 등을 갖춘 것이죠. 상식이 통용되지 않았던 한나라 말기, 유비 삼 형제는 당연한 기본들을 다시 되찾으려 했던 사람들입니다. 그중 하나가 군사들은 항시 훈련하고 그들에게 군량미를 제대로 지급해야 한다는 기본이었죠. 썩을 대로 썩어 훈련도 제대로 하지 않았고, 그렇기에 황건적에게 쩔쩔맸던 후한의 정부군과는 달랐던 거죠. 기본부터 지키는 것, 그것이 유비 삼 형제의 승리 비결이었습니다.

유비의 승리,
싸움은 힘으로만 하는 게 아니다

기적의 전투를 본 유주 태수는 어땠을까요? 입이 쩍 벌어졌겠지요? 그 덕에 유비 삼 형제는 실전에 계속 투입될 수 있게 되었어요. 유비는 두 아우가 있는 이상 전쟁이 무섭지 않았습니다. 사실 무공에는 좀 약했지만 유비는 상대적으로 병법에 능하였습니다. 병법서를 바탕으로 한 전략과 전술로 열악한 전투 상황에서 역전승을 거두곤 했거든요.

첫 번째 전투가 관우와 장비의 무공을 증명해 보이는 싸움이었다면, 두 번째 전투는 유비의 병법이 빛을 발했는데요. 유비 삼 형제의 두 번째 전투를 살펴볼까요?

대흥산 전투 이후 황건적들 사이에서는 소문이 하나 돌았다.

"얼굴은 하얗고 귀가 어깨까지 내려온 자, 수염이 길고 얼굴이 타오르듯

빨간 자, 우락부락한 얼굴에 머리가 덥수룩한 자, 이 셋을 필히 조심하라."

100 대 1의 전투에서 된통 당했으니, 유비 삼 형제의 명성이 대단해진 것이다. 그럼에도 불구하고 황건적의 횡포는 계속됐다. 청주에서도 난을 일으켜 성까지 포위된 것이다. 다급해진 청주의 태수가 유주 태수에게 도와달라는 서신을 보내왔다. 유주 태수가 유비를 불렀다.

"지금 청주성이 황건적에게 포위됐네. 그들을 제압할 수 있겠는가?"

"여부가 있겠습니까? 저와 두 아우가 반드시 성을 탈환하겠습니다."

유비는 서슴지 않고 대답했다.

"나 역시 자네들을 믿네. 군사 5,000명을 지원해줄 테니, 꼭 성을 지켜주게."

유비 삼 형제는 군사 5,000명을 이끌고 청주로 갔다. 그런데 이게 웬걸, 군사 수가 충분하리라 믿었건만, 황건적에 비해선 턱없이 부족했다. 단순히 무공으로는 어렵겠다 판단한 유비가 근처에 영채(전투 시에 임시로 세우는 처소)를 세운 후 두 아우에게 말했다.

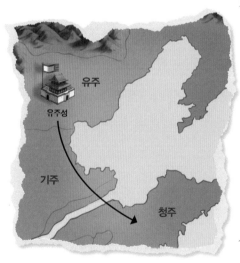

"도적의 수가 우리보다 월등히 많으니, 무작정 덤볐다간 당할 수 있겠네. 옛 손무가 쓴 손자병법에서는 적군에 비해 아군의 수가 적을 때에는 좁은 협곡으로 깊숙이 끌어들여 산 위에서 활을 쏘고 바위를 굴

려 적을 섬멸하라 하였으니……."

이때 두 아우는 깜짝 놀랐다. 무공만 앞세우던 이들로선 병법을 논하며 지략을 내놓는 유비가 대단해보인 것이다.

"역시 황실의 후손이라 그런지, 우리 큰형님 머리도 좋구먼!"

장비가 헤벌레 웃으며 엄지를 척 들어 보였다. 관우도 고개를 조아리며 존경의 뜻을 표했다. 그리고 재빨리 5,000명의 군사들에게 같은 명을 내렸다.

다음날, 군사를 거느린 유비가 북을 두드리고 고함을 지르며 적진을 향해 달려갔다. 이를 본 황건적 무리 역시 맞서 싸웠다. 한참을 싸우다 기세가 밀리는 듯하자, 유비가 외쳤다.

"후퇴하라!"

유비가 군사를 돌려 재빨리 달아나니, 황건적들이 비아냥거리며 말했다.

"뭐? 귀가 어깨까지 내려온 자를 조심해? 저리 꽁무니나 빼는 자식을? 다 헛소문이었군."

처음엔 유비를 보고 내심 겁냈던 이들이 기고만장해진 것이다. 그들이 말을 빠르게 달려 유비 군사를 바짝 뒤쫓아 골짜기 깊숙이까지 왔을 때였다. 전세를 살피던 유비가 갑자기 요란하게 징을 울리자, 골짜기 양쪽에 매복해 있던 군사들이 우르르 쏟아져 나왔다. 이들이 양쪽에서 황건적을 내리치자 유비 군사 역시 방향을 돌려 공격에 가세했다. 산에서 휘몰아치는 군사들이 흡사 가파른 경사를 굽이쳐 흘러오는 폭포와 같으니, 유비가 말한 병법의 모양새였다. 급습당한 황건적 무리는 어지러이 흩어져 달아나기 바빴다. 그 기세를 몰아 유비 삼 형제가 그들을 때려잡았다. 유비 삼 형제의 통쾌한 완승이었다.

왠지 임진왜란의 한산도 대첩이 떠오르지 않나요? 한산도 앞바다에서 이순신 장군이 이끌던 조선의 수군이 일본 수군을 크게 물리친 싸움 말입니다. 이때 이순신 장군은 우리가 유리한 때에 우리가 유리한 지역으로 적군을 유인하는 탁월한 전략을 구사했는데요. 집결해 있던 적군을 한산 앞바다로 유인하여 진영을 펼쳐 적을 섬멸한 것입니다. 『조선왕조실록』의 「선조실록」 2년(1568) 6월의 기사를 살펴보면 임금 선조가 소설 삼국지를 읽는 것을 당시 시독관이었던 관리(기대승)가 못마땅하게 여겼다던 기록도 살펴볼 수 있으니, 이순신 장군도 삼국지를 읽고 유비의 전술을 실전에 사용한 것이 아닐까 하는 재밌는 상상을 해 봅니다.

유비 삼 형제가 참여했던 세 번째 전투에서는 숲속으로 들어가 진을 치고 있던 적군을 화공으로 물리쳤답니다. 불로 적을 공격하는 방법이 바로 화공인데요. 이 병법은 바람이 어느 쪽으로 부느냐가 상당히 중요하답니다. 바람의 방향에 따라 불길이 번질 테니까요. 이처럼 재래식 무기로 싸우던 육박전에서는 기후, 계절, 지리와 같은 환경 요소가 절대적으로 중요하지요. 그래서 천문과 지리 등을 잘 알아야 전쟁에서 승리할 수 있었답니다. 이순신 장군이 전쟁 중에 기록한 『난중일기』를 보면, 날씨 이야기가 빠지지 않는데요. 이 역시 같은 이유랍니다.

도망의 시작,
장비의 특수폭행

    연속된 승리로 유비 삼 형제의 이름은 점차 유명해졌답니다. 팀에 새로 입단한 루키 같은 존재였던 거지요. 국가로부터 당연히 벼슬을 받아야 마땅했습니다. 그런데 당시 궁궐의 실세가 십상시(영제 때에 권력을 휘두르던 10명의 환관)라고 했지요? 적폐 세력이 좋아하는 게 뭔가요? 뇌물입니다. 당시에 환관들은 아무리 공을 세운 자들이라고 해도 자신들에게 뇌물을 바치지 않으면 높은 벼슬을 주지 않았어요. 유비는 여러 차례 전투에서 큰 공을 세우고도 뇌물을 바치지 않아 결국 작은 마을에 '현위' 자리를 얻게 됩니다.

    지방 행정 구역 중 가장 작은 단위가 현인데요, 지금의 구나 군이라고 볼 수 있어요. 오늘날의 구청장이나 군수가 현의 현령이고, 부군수 정도가 현승이었지요. 유비에게 내려진 벼슬은 현위였는데, 현승 바로 아래에서 치안을 담당하는 하급 관리였습니다. 유비 삼 형제의 공에 비하면 턱없이 부족한 인사였지요.

"아니, 나라 지킨 공이 겨우 이거란 말이오?"

장비가 발끈하며 목소리를 높였다. 그러자 유비가 그를 조용히 달랬다.

"천자께서 주신 첫 벼슬 아니더냐. 고맙게 받자꾸나."

유비는 현위가 되었음에도 항상 두 동생과 한 침상에서 자고, 한 상에서 밥을 먹었다. 특히 세 사람이 늘 함께 자는 모습이 인상적이었다. 관우는 잘 때 긴 수염을 척 늘어놓는 습관이 있었는데, 간지럽거나 성가셔 하지 않고 두 사람은 잘도 잤다. 천장을 뚫을 것 같은 장비의 코 고는 소리에 깨거나 불평하는 이 역시 없었다.

독자 여러분은 살면서 도원결의 같은 뜨거운 만남을 가져본 적 있나요? 사회에서 맺은 인간관계에선 서로 이득 되면 형님이고, 맘 돌아서면 그놈 되는 게 일상사지요. 그런데 어떻게 이 셋은 첫 맹세한 의리를 끝까지 지켜낼 수 있었을까요? 그 비결이 궁금해지지 않나요?

유비가 현위로 부임한 마을은 그야말로 태평성세를 이뤘답니다. 썩을 대로 썩은 나라에서 그 지역만큼은 그렇게 아늑하고 살기 좋을 수가 없었던 거지요. 관우와 장비도 형님의 덕성과 현명함에 감동했고요.

"우리가 진짜 형님 하나는 잘 만났수다. 안 그래요, 형님?"

"말해 무엇하냐, 우리가 형님 복은 있구나."

큰형 유비가 어떤 사람이었냐 하면요. 늘 백성들이 일하는 공사 현장에 나가 솔선수범하여 장작 패는 일을 했고요. 관에 곡식이 생기면 민초들에게 나눠주었답니다. 자신은 간장 하나에 밥을 비벼 먹어도 백성들이 배부르면 마냥 기쁜, 그런 리더였던 거지요. 사람들은 자신에게 없는 매력을 가진 사람에게 끌리기 마련이잖아요? 음양이 서로 끌리듯이요. 유비는 두 동생들의 힘과 무공에 매료되었고, 두 동생은 형님의 지략과 덕성에 매료된 겁니다.

그러던 어느 날, 조서가 내려왔다. 황건적의 난에서 공을 세워 관리가 된 자들을 감찰하겠다는 내용이었다. 분명 뇌물을 바라는 속셈이었던 것을 알아차린 유비는 회의감에 사로잡혀 있었다. 이때 고을을 순회하며 감독하는 벼슬인 독우가 유비를 찾아왔다.

"거, 가뭄 때문에 기근이 심한데 이 마을은 먹을 게 많아 보이네? 좀 나눕시다, 내가 요즘 살림살이가 쪼들려서."

유비는 단호한 표정으로 말했다.

"저에겐 드릴 곡식도 없거니와, 그럴 곡식이 있다면 쌀 한 톨까지도 백성들을 위해 쓰겠습니다."

'어라 이놈 보게? 내가 누군 줄 알고.'

기분이 팍 상한 독우는 "에헴"하며 뒷짐지고 문을 박차고 나갔다. 마침 마당에 유비를 모시는 하급 관리가 눈에 띄었다.

"이봐 나랑 이야기 좀 하게. 솔직히 말해봐, 저 유비라는 놈도 비리가 있지? 어서 말해보게. 어떤 비리를 저질렀어?"

"비리라뇨, 저희 현위께서는 말 그대로 청렴결백한 분입니다."

"그럴 리가. 털어서 먼지 안 나는 놈 있더냐?"

"유비 현위께는 정말 먼지만한 비리도 없습니다."

관리를 괴롭히는 독우의 어이없는 모습을, 지나가던 장비가 보게 되었다. 장비는 두 눈을 동그랗게 뜨고, 입을 앙 다문 뒤 아무 말 없이 성큼 다가가 독우의 입을 틀어막았다. 그리고 귀에 나지막하게 말했다.

"너 이 자식 오늘 내 손에 죽는다."

입을 틀어막힌 독우의 두 눈은 공포에 못 이겨 순식간에 실핏줄이 터졌다. 장비는 일단 근처 전각으로 독우를 끌고 가 기둥에 묶은 다음, 옆의 버드나무 가지 하나를 툭 꺾었다. 장비는 잘 알고 있었다. 어디를 어떻게 때려야 제일 아픈지를. 자기 힘으로 무조건 세게 때렸다가는 순식간에 사람

목숨이 끊어진다는 것도. 그래서 손목에만 힘을 줘 톡톡 내리쳤는데, 이게 웬걸, 독우의 살점이 덜렁덜렁 떨어져 나가는 게 아닌가. 곰 같은 장비의 손에 입은 꽉 틀어막혔지, 살이 찢기는 고통은 이루 말할 수 없지, 독우는 눈물을 질질 흘리며 몸을 버둥거릴 수밖에. 그 모습을 지나가던 관우가 보고, 급히 달려가 장비를 뜯어말렸다.

"아우야, 이러지 마라. 우리 다 끌려간다. 이 자는 조정에서 파견한 관리이지 않느냐. 이렇게 피떡을 만들어 놓으면 뒷감당은 어떻게 하겠느냐. 무엇보다 형님 입장이 뭐가 되겠냐?"

이들의 실랑이 소리에 급히 달려온 유비가 이 모습을 목격하고는 아연 실색했다. 이미 독우는 피눈물을 흘리며 기절해 있었고, 장비와 관우는 이 상황을 정리하지 못해 눈만 멀뚱멀뚱 뜨고 있었다. 순간 유비는 다리 힘이 풀려 자리에 주저앉고 말았다.

"형님…, 제가 그만 흥분해서……."

장비가 고개를 아래로 떨구었다. 그런 장비의 모습을 바라보며 유비는 나지막이 말했다.

"아니다, 장비야. 너는 잘못한 게 없다. 내가 너였어도 그랬을 거다."

장비가 울먹이며 흐느끼기 시작하자, 유비가 다시 한 번 달랬다.

"괜찮다니까!"

그런데 사실 유비 생각에도 이거 큰일났네 싶었다. 성질이 불같고 급한 장비가 참지 못하고 큰 사고를 친 것이다. 하지만 다 형인 자신을 위해 그런 건데 혼낼 수는 없었다. 그 마음 씀씀이가 고마웠기 때문이다. 게다가 관우에게 이미 혼나기도 했고. 장비는 도량 넓은 큰형 유비에게 다시 한 번 반할 수밖에 없었다.

유비가 어떻게든 수습해 보려고 독우의 묶인 손을 풀어 주려는데, 곁에 다가온 관우가 유비에게 말했다.

"형님이 순한 공을 세우고도 겨우 현위 자리를 얻었고, 잘 다스리던 터에, 이제 도리어 감찰관 따위에게 이처럼 모욕받으셨습니다. 가시덤불 속은 원래 영웅이 머무를 곳이 못 됩니다. 차라리 벼슬을 버리고 고향으로 돌아가 다른 계획을 세우는 것이 어떨까요?"

유비는 이 애달픈 현실에 침통하게 고개를 끄덕이고는 현위의 벼슬을 나타내는 도장을 독우의 목에 걸어 놓고는 크게 꾸짖었다.

"네가 백성들을 괴롭힌 죄는 죽여도 시원찮지만! 구차한 목숨만은 살려 주마. 다시는 이런 짓을 하지 마라!"

어쨌든 유비 삼 형제는 그렇게 도망자 신세가 되었다. 지금으로 따지면 공무 집행 방해 및 폭행에 해당하는 큰 죄를 짓고야 말았으니 말이다. 하지만 도망 중에도 황건적 토벌에 여러 번 성공했고, 그 덕에 유비는 죄를 사면 받고 평원이란 지역의 현령 자리에 올랐다.

십상시의 난,
수염이 없는 자는 모두 죽여라

한편 궁에서는 어떤 일이 벌어지고 있었을까요? 이때 황실은 십상시의 득세로 곪을 대로 곪아 있었답니다. 그때 십상시와 황제 외척의 세력 다툼으로 난리가 터지니, 이것이 바로 십상시의 난입니다. 이는 결과적으로 더 큰 우환을 가져왔는데요, 과연 십상시들은 어떻게 될까요?

궁궐 안에서는 십상시와 하진 세력이 팽팽히 맞서고 있었다. 하진이란 자는 원래 백정 출신으로 여동생 한 명이 있었다. 이 여동생은 어릴 때부터 미모가 하도 출중해 궁에 팔려 오게 되었는데, 외모만 뛰어난 게 아니라 수완까지 좋아 왕의 성은을 입고 황후의 자리까지 올랐다. 돼지, 소를 잡던 백정 출신 하진이 졸지에 대장군이란 벼슬까지 얻게 된 이유다. 대장군은 장수 중에서 가장 높은 벼슬이었다. 십상시를 총애하던 황제, 영제가 병환으로 세상을 뜨자 하진은 자신의 동생인 하태후가 낳은 아들을 황제 자리에 오르게 했다. 그러니 황제의 숙부가 된 하진의 기세가 더욱 기세등등해질 수밖에. 하진의 주변에는 황건적을 토벌한 공으로 궁에 입성한 젊은 장수, 조조와 원소 등이 있었다.

조조와 원소는 삼국지에서 꽤 큰 비중을 차지하는 사람들입니다. 후에 두 사람의 활약상이 또 나오니까 여기서는 간략하게만 소개하고 넘어갈게요. 조조는 어려서부터 책 읽기를 좋아하는 명석한 사람이었습니다. 여러 분야에서 재능을 나타냈지만, 그중에서도 가장 좋아하는 것은 병법이었죠. 나중에 나이가 들어서는 손자병법에 직접 주를 붙인 책을 쓸 정도였어요. 열심히 공부한 병법들을 이용해 황건적의 난 때는 혁혁한 공을 세웠습니다.

원소는 공무원 출신으로, 정사에는 원소를 묘사할 때 자모위용(姿貌威容)이라는 표현을 씁니다. 외모가 빼어나고 위엄이 서려 있다는 뜻인데요, 그만큼 눈빛·음성·행동 하나하나가 품격이 묻어나는 사람이었죠. 조조와 마찬가지로 원소 역시 황건적의 난을 평정하며 공을 세워 벼슬을 받았답니다.

어릴 때부터 친구였던 이 둘은 당시에 떠오르는 신흥 세력이었어요. 하진 가장 가까이에 이들이 있었던 이유가 그것이죠. 그들은 당시 가장 큰 권력을 가진 대장군 하진 옆에서, 뭐가 잘못돼도 한참 잘못된 세상을 바꿔보고자 했답니다. 그런데 상황은 이 둘이 예측하지 못한 방향으로 흘러갑니다. 무슨 일이 있었던 걸까요?

어느 날 하진이 원소와 조조를 불러 상황을 의논한다.

"내가 나라 걱정에 밤잠을 못 이루네. 십상시 저것들 때문에 나라에 망조가 들었지 뭔가. 이러다 큰일나겠어. 자네들 동탁이라고 들어봤나? 서량 지역의 유력자인데 군대가 20만이나 된다고 하네. 그 군대를 궁안에 들여 환관 저것들을 아주 뿌리를 뽑아 버려야겠네. 어떤가, 내 생각이?"

이 말을 들은 조조가 정색을 하면서 말했다.

"안 됩니다. 나라를 망친 십상시의 죄를 다스리려 한다면 우두머리만 없애면 되고, 이는 우리의 병력으로 충분히 할 수 있는 것 아닙니까? 제가 아는 동탁은 간사하고 흉악한 인물입니다. 황건적의 난 때 세운 공이 하나도 없음에도 십상시에게 뇌물을 주어 큰 벼슬을 차지한 욕심쟁이 늙은이 그 이상도, 그 이하도 아닙니다. 아무 연고도 없는 동탁 세력을 궁으로 불러들였다가 그들이 나중에 사심이라도 품으면 어찌하시렵니까? 이것은 승냥이를 잡으러 호랑이를 안방으로 불러들이는 격입니다. 그냥 십상시만 조용히 제거하시지요."

머리 좋은 조조가 이렇게 간언했다. 하지만 하진은 벌컥 화를 내며 조조를 의심의 눈초리로 쏘아봤다.

"아니 사심이라고? 조조 그대도 다른 마음을 품고 있었는가?"

그러자 조조는 입을 꾹 닫고 속으로 한탄했다.

'하진 저 자는 아둔하여 판단력이 없구나. 천하가 어지러워진다면 어리석은 하진 때문이겠구나.'

결국 하진은 제 고집대로 조서를 써서 전령을 통해 은밀하게 동탁에게 보내니, 그렇지 않아도 슬그머니 야심을 품고 있던 동탁은 크게 기뻐하며 군마를 정비하기 시작했다. 그런데 하진의 명으로 동탁이 온단 사실을 십상시들이 알고 말았다. 자신들을 죽이려 20만 군대가 온다니 큰일났다 싶었던 그들은 급히 하진의 여동생인 하태후를 찾았다.

"태후마마! 도와주십시오. 하진 대장군의 명으로 지금 저희 다 죽게 생겼습니다. 제발 도와주십시오!"

그러나 하태후는 평온하게 말했다.

"얼른 오라버니한테 가서 싹싹 빌거라."

"안 됩니다. 저희가 찾아가면 하진 대장군께서 저희를 몰살시킬 겁니다. 태후께서 조서로 대장군을 이곳 궁궐 안으로 불러주시면 저희가 무릎을 꿇고 용서를 빌겠습니다."

"알았다. 내가 오라버니를 부를 테니 정중히 모시고 사죄하거라."

"예! 감사합니다, 태후마마!"

십상시는 이렇게 읍소한 후, 은밀하게 궁궐 내에 군사를 매복시켰다.

태후의 조서를 받은 하진이 기쁜 맘으로 서둘러 궁궐에 갈 채비를 했다.

그때 조조와 원소가 만류했다.

"가지 마십시오, 십상시의 계략입니다. 분명히 궁안에 군대가 진을 치고 있을 겁니다. 어찌 호랑이 굴로 들어가려 하십니까?"

"허허, 태후가 누군가? 내 여동생 아닌가. 황제가 내 조카라고! 여동생이 오빠 부르는데 뭐가 문제인가?"

하진은 아무 걱정 말라는 듯 궁궐로 향했다. 판단력 빠른 조조와 원소는 어쩔 수 없이 날랜 병사 500명을 모아 만일의 사태에 대비할 수밖에. 그들은 경호 부대를 편성해 하진을 호위했다.

그런데 궁으로 들어서려던 찰나, 환관 한 명이 쪼르르 나오더니 "태후께서는 하진 대장군만 부르셨습니다. 다른 분은 궁안에 못 들어가십니다."라고 말하는 게 아닌가. 그렇지 않아도 불안했던 조조와 원소의 의심이 더욱 커졌다. 그들이 하진의 바짓가랑이를 붙잡고 만류했다.

"대장군, 절대 들어가지 마십시오. 계략이라니까요!"

"허허, 태후가 내 동생이래도. 동생 보러 오라버니가 궁에도 못 들어가는가?"

하진은 그들을 뿌리치고 의기양양하게 궁궐 안으로 들어갔다.

이제나 나오나, 저제나 나오나 한참을 하진만 기다리던 조조와 원소는 더 못 참고 큰 소리로 하진을 불렀다.

"하진 장군님, 이제 그만 나오십시오."

그런데 이때 궁궐의 담장 밖으로 피로 물들은 하진의 머리가 떼구루루 굴러 나오는 것이 아닌가. 그리고 궁궐의 정문 위로 십상시 한 명이 뒷짐 진 채 심드렁히 말했다.

"자, 그거 갖고 얼른 집에 가거라. 너희들은 특별히 용서해 줄 테니."

아니, 이게 무슨 변고입니까? 하진이 궁안으로 들어서자마자 매복해 있던 십상시의 군사들이 하진의 머리를 벤 것입니다. 환관들이 황제의 삼촌이자, 황태후(황제의 살아 있는 어머니)의 오라버니, 이 나라의 대장군을 죽인 겁니다! 이 엄청난 패역함에 몸을 떨던 조조와 원소는 죽음을 각오하고 그동안 계획해 왔던 거사를 마침내 시행하게 됩니다.

"대장군이 암살당하셨다. 조조와 원소의 군사들은 어서 진격하여 역적들의 무리를 참하라!"

　조조와 원소의 군사들은 소리를 지르며 문을 부수며 안으로 직진했습니다. 그리고 궁궐 안에 있던 십상시의 군대와 육박전이 벌어졌는데요. 십상시의 군대라는 게 썩을 대로 썩어 배에 기름이나 차 있지, 실력이나 있었겠어요? 반면 조조와 원소의 군대는 어떤가요? 특출한 병사 중에서도 날랜 500명만 선별했잖아요. 오늘날로 따지면 특전사 공수 부대 출신의 특급 전사라고 보시면 좋겠습니다. 이들의 전투는 싸움이 아닌 일방적인 학살이었고, 조조와 원소의 병사들은 십상시의 군사들은 물론 허둥대는 환관들까지 가차 없이 도륙하기 시작했어요.

　"수염 없는 자는 모두 죽여라!"

　자, 큰일났습니다. 갓 입성한 미성년 관료도 있고, 수염이 잘 안 나는 남자 관리들도 있잖아요. 그들 입장에선 마른하늘에 날벼락이었겠지요. 원전에 따르면, 수염이 없는 관리들은 결국 바지를 내려 보이며 "나, 환관 아니에요."하며 화를 면하기도 했답니다. 그 난리 속에서 이런 황당한 코미디 같은 일까지 벌어졌으니, 이게 바로 조조와 원소가 십상시들을 몰아낸 십상시의 난입니다.

동탁의 등장,
이리떼를 몰아내니 범이 나서네

십상시는 모조리 다 죽었을까요? 아니요, 장양이 몰래 황제인 소제와 황제의 배다른 동생인 어린 진류왕을 납치해서 궁궐 밖으로 빠져나왔답니다. 그런데 그때 한 무리의 군마가 무서운 속도로 달려왔지요. 무서움에 덜덜 떨던 장양은 결국 연못에 뛰어들어 죽었고요. 소제와 진류왕, 두 아이들은 밤새 도망치다 지쳐 민가의 건초더미 위에서 까무룩 잠이 들었답니다. 한참 후 눈을 떠보니, 한 무리의 군마가 그들을 에워싸고 있네요.

"애들아 그 옷 어디서 난거니? 좋아 보이는데?"
한 병사가 탐욕스런 눈을 빛내며 말했다.
"야 근데 이거 어디서 많이 본 것 같지 않냐? 그… 뭐야… 용포처럼 생기지 않았어?"

다른 병사가 다가와 자세히 살펴보며 말했다. 사실 황제와 진류왕은 황궁의 옷을 입고는 있었으나 밤새 난과 도망에 시달린 그들의 옷은 찢기고 더러워져 있었다.

"아니 무슨 용포야. 그럼 얘가 황제라고?"

먼저 말했던 병사가 비웃으며 말했다. 황제는 갑자기 들이닥친 군마가 무서워 온몸이 떨렸다. 황제가 고개를 숙이고 아무 말도 못하고 있자, 아홉 살 밖에 안 된 진류왕이 담대하게 나서서 말했다.

"감히 어느 안전이라고 입을 함부로 놀리느냐? 너희들의 수장에게 안내하도록 해라!"

그 목소리에 위엄이 있어, 병사들은 얼떨떨해 하면서도 그들을 데리고 한 장수에게로 갔다.

"누구냐 너희는? 그런 옷을 입고 여기서 뭘 하는 게냐?"

말 위에서 부하들에게 지시를 내리고 있던 거대한 체구의 남자가 물었다.

"그대가 먼저 정체를 밝혀야 마땅하다. 그대는 누구인가?"

진류왕의 당당함에 장수가 눈썹을 씰룩거리며 대답했다.

"나는 서량 자사 동탁이라 하는데."

"그대는 황제 폐하를 호위하러 온 것인가 아니면 대적하기 위해 온 것인가?"

"대장군 하진의 특명을 받아 황제를 호위하러 왔다구. 근데 넌 황제랑 무슨 관련이 있길래 계속 질문하는 거야, 꼬맹아?"

대답을 들은 진류왕은 유심히 동탁을 살펴보더니, 목소리를 가다듬고 말을 이어갔다.

"그대가 황제를 호위하러 왔다면, 황제께서 바로 여기에 계신데 어찌하여 말에서 내리는 예의를 갖추지 않는 것인가?"

동탁은 화들짝 놀라며 말에서 뛰어내려 엎드렸다.

"황공하옵니다. 무례를 행한 점 용서하여 주십시오."

진류왕은 동탁을 일으켜 세우며 부드럽게 격려했는데, 한마디 한마디에 위엄과 조리가 있었다.

그때부터 동탁은 속으로 머리를 굴렸다.

'가만 있어봐. 내 황제를 직접 만나 보니 겁쟁이가 따로 없네. 그 핑계로 황제를 폐하고 배다른 동생인 진류왕을 옹립하면 그 공으로 내가 큰 권력을 얻을 수 있지 않을까? 진류왕이 영특해 보이기는 하나 열 살 남짓한 어린아이이니 내가 마음대로 주무를 수 있겠는데……'

동탁은 황제를 난리 속에서 구해 궁궐로 다시 모시고 왔다는 명분을 가지고 수도인 낙양에서 힘을 키우기 시작했다. 원래 가장 큰 힘을 가지고 있었던 하진과 십상시가 없어진 때를 틈타 변방에 있었던 야생의 군대가 낙양을 빠르게 잠식시킨 것이다. 그리하여 대신들의 반대에도 불구하고 동탁은 진류왕을 황제로 옹립하고, 동탁 세력의 새로운 국정 농단이 시작됐다.

자, 십상시의 난으로 적폐 청산이 된 줄 알았는데, 더 큰 우환이 찾아왔네요. 십상시의 난을 다시 정리해 보면, 무능하고 어린 황제를 둘러싼 외척과 국정 농단 환관 세력이 불러낸 참극이라고 말할 수 있습니다. 결과적으로는 두 세력이 모두 무너지고, 도움을 얻기 위해 불러들였던 동탁이라는 자가 황제를 구했다는 명목으로 새로운 실세로 들어왔습니다. 동탁의 독재가 시작된 겁니다. 자고로 천자(황제의 또 다른 표현이다. 하늘의 자식이라는 뜻)를 모시고 있는 사람이 힘있는 자거든요. 진류왕의 황제 이름이 헌제였는데, 겨우 아홉 살짜리 황제인 헌제가 어찌 동탁의 말을 안 들을 수가 있었겠어요?

권력을 잡은 동탁은 마치 한 마리의 날뛰는 야수와도 같았습니다. 동탁은 헌제를 옹립한 뒤에 하진이 세웠던 황제, 소제와 그의 어머니 하태후를 독살해 버렸어요. 그리고 원래 궁궐은 황제와 그 자손만 머물 수 있는 곳인데 동탁은 아무 때나 들이닥쳐 궁녀들을 겁탈하고 용상에서 잠을 잤습니다. 그뿐인가요. 무고한 백성들을 죽이고 약탈도 서슴지 않았고요. 동탁의 만행을 잘 보여주는 예를 하나 소개할게요.

어느 날, 동탁이 도적을 때려잡겠다는 명분으로 군사를 대동해 지방 순찰에 나섰다. 그런데 백성들이 모처럼 근심, 걱정 내려놓고 봄 축제를 즐기고 있는 현장을 목격하고는 동탁은 괜히 배알이 뒤틀렸다.

"먹고 살만 하나봐, 축제도 다 하고? 나라의 좀 같은 것들이."

동탁은 이때 말도 안 되는 대학살을 자행했다. 1,000명의 남자 목을 잘라 수레바퀴에 일일이 달아 낙양으로 질질 끌고 들어온 것이다. 이를 본 백성들의 얼굴이 하얗게 질렸고, 궁안의 관리들 역시 말을 잇지 못했다.

"내가 지금 도적들을 토벌하고 온 거요. 황실을 모독하는 자들은 이렇게 된다구~."

동탁은 그들의 공포가 즐거운 듯이 더 크게 웃어보였다.

　동탁은 이렇게 그 어떤 흉악한 표현을 들이대도 어색하지 않을 만한 폭정을 펼쳤습니다. 그러면 동탁의 폭정에 불만을 품은 많은 세력이 있었을 텐데 왜 죽이지 못했을까요? 바로 여포라는 양아들이 그림자처럼 경호를 섰기 때문입니다.

　많은 이들이 삼국지에서 가장 싸움 잘하는 사람으로 여포를 꼽을 만큼, 여포는 압도적인 무공 실력을 가지고 있었습니다. 여포는 원래 동탁에 반대한 정원이란 자의 양아들이었어요. 동탁이 정원을 처치하고 싶어 근질근질할 때, 한 신하가 동탁에게 귀띔해 주었습니다.

　"여포를 이용하면 일이 쉽게 될 겁니다. 제 고향 친구라 제가 잘 아는데, 의리보다는 물질에 약한 녀석이라. 그 녀석이 혹할 만한 선물로 적토마를 주셨으면 합니다."

　적토마란 털색이 온통 붉은 명마로, 천 리를 하루에 달리는 걸로 유명했다. 동탁이 크게 기뻐하며 적토마뿐 아니라 금은보화까지 싸서 신하에게 건넸다.

　동탁의 신하는 그날 밤 바로 여포를 찾아갔다.

　"어이, 여포 나 왔네, 고향 친구. 술이나 한 잔 하세."

　여포는 친구를 반갑게 맞아 주었다. 술자리가 무르익자, 동탁 신하가 입을 열었다.

　"나는 날 믿어주는 주군을 만나 요즘 행복하네. 우리 같은 장수에게는 그게 가장 큰 보람 아니겠나."

　"부럽네, 친구."

"사실은…… 우리 주군이 자네와 함께하고 싶어 하신다네. 저기 말 보이나? 저걸 하사하겠다 하셨네."

친구의 손길을 따라가던 여포는 숨을 헉하고 들이마셨습니다. 그 당시 무장에겐 말만큼 중요한 것이 없었죠. 싸울 때는 전투력을 높여 주었으며, 때로 패하여 도망할 때는 말이 빨라야 목숨을 유지할 수 있었으니까요. 그런데 당시 무장들에게 명마로 파다하게 소문이 나있던 적토마가 바로 거기에 서 있는 게 아니겠습니까!

"적토마 아닌가? 나야 영광이지만, 공이 없는데 무슨 면목으로 자네 주

군에게 갈 수 있겠나?"

"공이야 세우면 되는 거고. 으흠."

"공을 어떻게 세운다?"

"자네 양아버지… 주무시는가?"

"그러실 걸?"

갑자기 이런 질문은 왜 하나 싶어 친구의 눈을 살피던 여포는 깨달았다. 동탁을 반대하는 세력 중 대표 인물이 자신의 양아버지라는 사실을. 친구가 가져온 적토마와 황금을 다시 한 번 지긋이 바라보던 여포는 이내 결심한 듯 말했다.

"우리 양아버지 머리를 갖다 바치겠네."

그렇게 여포는 정원의 머리를 동탁에게 바치고, 동탁의 양아들이 되었다.

이렇게 동탁은 당대 최고의 권력인 헌제를 손에 쥐고 또한 당대 최고의 무장인 여포까지 얻었어요. 정말 무서울 것이 없었겠지요. 여포가 얼마나 싸움을 잘하는지, 어떤 활약을 하는지는 앞으로 기대해 주세요.

조조의 활약,
동탁 암살 대작전

한편, 나라가 이렇게 기우니 애국자가 등장합니다. 그게 바로 왕윤이란 사람입니다. 왕윤은 당시 국가의 대사를 맡아보는 높은 관직인 '삼공' 중 '사도'라는 고위 관리직에 있었습니다. 오늘날로 따지면 총리급이지요. 왕윤은 존경 받아 마땅한 청렴결백한 관리였습니다. 당연히 동탁의 만행에 치를 떨고 있었겠지요. 결국 동탁을 제거할 동지들을 모으기 위해서 생일잔치를 엽니다. 단, 뜻을 같이 할 만한 사람들만 불렀지요.

술을 마시고, 맛난 음식을 먹으며 연회가 시작되었다. 그런데 그 좋은 날, 주인공인 왕윤이 목놓아 흐느끼는 게 아닌가.

"여러분! 사실 오늘은 내 생일이 아닙니다. 동탁이 의심할까봐 둘러댄 거요. 동탁 저 자가 황제를 꼭두각시 삼아 횡포를 일삼으니 어찌 하루도 마음 편할 날이 있겠소.”

그곳에 모인 대신들도 한마음인지라 하나 둘씩 눈물짓기 시작하더니 연회장은 금세 눈물바다가 되었다.

그때였다. 손뼉을 짝짝 치며 껄껄 웃는 사람이 있었다.

“허허, 그만들 하세요. 그렇게 운다고 동탁이 여러분들의 눈물에 빠져 죽기라도 한답니까?”

“이 고얀 놈, 누구야?”

서럽게 울던 사람들이 모두 화가 나, 말한 사람을 쳐다보니 바로 십상시들을 모조리 죽이는 데 앞장섰던 조조였다.

“어르신들, 제게 계책이 있습니다. 제가 동탁 밑에서 바짝 엎드려 일하는 거 다들 보셨죠? 아마 제가 쥐약이라도 먹은 줄 아셨을 겁니다. 하지만 다 때를 노리기 위해 그런 척한 거지요. 충군애국의 뜻은 저 역시 같습니다. 왕윤 어르신, 제가 동탁을 제거하지요.”

왕윤이 보니 과연 기개가 남달라 보였다. 왕윤은 조조를 조용히 자신의 방으로 불러들였다.

“정말 동탁을 제거할 수 있겠는가.”

“동탁은 절 전혀 의심하지 않습니다. 그자의 환심을 산 덕분에 저는 스스럼없이 내원에 들어갈 수 있으니 이 또한 기회 아니겠습니까?”

왕윤의 생각에도 과연 그러했다.

“동탁이 옷 속에 갑옷을 입고 있어 쉽지 않을 텐데…….”

이때 조조의 눈빛이 반짝 빛났다.

“들자 하니, 어르신 댁에 대대손손 내려오는 칠성보도라는 보검이 있다고 하던데……."

순간 왕윤의 표정이 굳었다.

"우리 가문의 칠성보도를 어찌 알고 있는가? 금도 동도 뚫을 수 있는 막강한 검이라네. 그걸 주면 해치울 수 있겠는가?"

"3일 내에 끝장을 보지요."

"흠."

왕윤이 결심한 듯 침실 안으로 들어가자 조조가 회심의 미소를 지었다. 곧 왕윤이 칠성보도를 가지고 나오니, 과연 일곱 개의 보석이 박혀 있는 휘황찬란한 검이었다.

"가보처럼 내려오던 것인데, 이걸로 거사를 치른다면 더없는 영광이 될 걸세."

"여부가 있겠습니까?"

왕윤의 입장에선 어떤 기분이었을까요? 마치 김구 선생님이 이봉창, 윤봉길 의사를 만났을 때와 비슷하지 않았을까요? 직접 수류탄 들고 거사를 치르겠다는 행동파가 나타난 거니까요. 과연 조조는 동탁 암살에 성공했을까요?

며칠 뒤 조조는 동탁의 거처로 찾아갔다.

"상국 안에 계시는가?"

하인은 의심 없이 동탁의 방으로 안내했다.

"상국 어른, 조조가 왔습니다!"

큰 방문이 열리며 몸집이 비대한 동탁이 침대에 있는 것이 보였다. 그리고 그 뒤엔 건장한 체구의 호위무사가 지키고 서 있었다. 그 누구도 범접할 수 없다는 최고의 무장 여포였다.

"어? 조조, 보고 싶었는데 왜 그동안 안 왔엉~?"

"예 상국, 그게, 말이 노쇠하고 힘이 없어 저희 집에서 여기까지 오는데도 한참이나 걸립니다."

"잉? 말이? 군마 하나 변변치 못하다니 말이 되나?"

"상국, 제가 새 말을 살 만큼의 여력이 되지 않습니다. 도리가 있겠습니까?"

"아무리 그래도 충성심 끝내주는 조조의 말이 그러면 쓰나? 내 이참에 좋은 말 하나 선물하지. 여포야, 조조에게 말 하나 줘라. 네가 직접 골라와."

"예, 아버지."

그림자처럼 동탁 옆에 착 달라붙어 있던 양아들 여포가 잠시 자리를 비웠다. 조조는 속으로 안도의 한숨을 내쉬었다. 여포가 없으면 동탁을 충분히 죽일 수 있을 터였다. 조조는 품에 두 손을 가져가 칠성보도를 만지작거렸다.

"나 좀 누워야겠어. 아이고 피곤해, 끙."

몸이 비대한 동탁이 옆으로 누워서 조조와 몇 마디 대화를 나누다가 이내 피곤한지 조조에게 등을 보이며 몸을 뒤집었다. 이때다 싶어 조조는 품속에서 칠성보도를 빼들었다. 그리고 조용히 자리에서 일어나 한 걸음 두 걸음 동탁에게 다가가는데, 그때! 몸을 돌리던 동탁이 머리 위에 놓인 거울로 조조의 모습을 보고 말았다.

"너 뭐야?"

놀란 동탁이 벌떡 일어나는 그 찰나, 조조의 머리가 빠르게 굴러갔다.

'이대로 죽일까? 어떡하지?'

이때 밖에서 "이히힝"하는 말 울음소리가 들렸다. 여포가 온 것이다. 조조는 재빠르게 무릎을 꿇고 두 손으로 칠성보도를 받쳐들었다.

"상국! 상국께 이걸 바치러 왔습니다."

"뭔데, 이게?"

"칠성보도라 하옵니다. 왕윤 대신에게 얻어온 것이지요. 이 수려한 검이야말로 천하를 다스릴 상국에게 어울릴 물건 아니겠는지요?"

동탁이 받아 살펴보니, 작은 검에 별 일곱 개가 박혀 반짝거리는 게 과연 탐날 만한 검이었다.

"역시 우리 조조는 사람 뿅가게 하는 말재주가 있엉~. 여포야 말 갖고 왔냐?"

"네, 아버님."

"이렇게 감사할 데가. 어떤 말인지, 저 조조가 직접 시험 삼아 타 봐도 될런지요?"

"그래, 이제 네 것이니까 맘대로 해. 칠성보도 고마워~."

등줄기에서 진땀이 삐질삐질 나던 조조는 말에 급하게 올라, 있는 힘껏 내뺐다.

조조가 순간적으로 머리를 써서 목숨을 구할 수 있었네요. 그런데 저는,

치밀한 전략가인 조조가 처음부터 이런 차선책을 만들어 놨을 것 같아요.
왕윤의 집안 가보인 칠성보도를 굳이 달라고 한 이유가 바로 이 계획 때문
일 겁니다. 칠성보도는 동탁의 갑옷을 뚫을 정도로 강하니 암살에 성공한
다면 가장 좋았겠죠. 그러나 차선책으로, 암살을 실패했을 때 선물로 가져
왔다 해도 믿을 만큼 누가 봐도 귀한 검이었던 거죠.

　한참을 기다려도 조조는 돌아오지 않았다. 동탁과 여포는 정말 조조가
나쁜 뜻을 품었던 건 아닌지 의심이 들었다. 조조가 끝내 돌아오지 않자
그가 암살을 시도했음을 깨달은 여포가 흥분하며 말했다.
　"그건 선물이 아니라 흉기였습니다. 그놈이 아버님을 암살하려고 한 겁

니다.”

“아니 조조 이놈이!”

화가 치솟은 동탁은 바로 조조의 모습을 그림으로 그려 전국 방방곡곡에 붙이도록 명을 내렸다. 조조를 사로잡는 자에게는 천금의 상을 주고, 막대한 식읍(상으로 내리는 토지)을 내리며, 제후로까지 봉할 것이라 말했다. 또한 만약 숨겨주는 자가 있다면 조조와 같은 대역죄로 다스릴 것이라 선포했다.

“이 자식 날 죽이려고 한 거야? 세상에 믿을 놈 하나 없네. 여포야, 멀리 못 갔을 거다. 당장 찾아봐! 이런 개뼈다귀 같은 놈. 아, 그리고 왕윤 집 수색해. 조조 이놈이 이 칼 거기서 가져왔다고 했어.”

여포가 나갈 때 신하 하나가 쪼르르 달려와 동탁의 귀에 대고 속삭였다.

“뭐, 뭐, 뭐, 이런 육시랄 놈들, 다 잡아들여!”

며칠 전 왕윤의 생일잔치에 대신들이 초대 받아 갔다는 말을 전한 것이다. 열이 머리끝까지 오른 동탁은 한 명 한 명 죄다 잡아 가두었다.

요즘으로 따지면 영장 없이 바로 구속 수사에 들어간 것이지요. 동시에 왕윤의 집은 압수 수색에 들어갔고요. 조조가 거기 숨어 있을지도 모르고, 모의한 증표가 나올 수도 있잖아요? 그렇게 관련 인사들을 이잡듯 잡아 탈탈 털기로 한 거지요. 여포가 병사들을 이끌고 왕윤의 집으로 갔습니다.

“집안의 식솔 및 키우는 짐승까지 모두 빠짐없이 내 앞으로 나오도록 해라! 그리고 방, 후원, 뒷간 할 것 없이 샅샅이 조사해라!”

과연 뭐라도 나왔을까요?

Q. 왜 동탁을 상국이라고 불러요?

A. 원래 천자를 보좌하던 국가 최고의 관직은 승상(丞相)이랍니다. 지금의 국무총리라고 생각하면 쉽겠네요. 그런데 신하로서 올라갈 수 있는 최고의 관직이 더 있었으니, 그게 바로 상국(相國)입니다. 승상보다 높은 지위로 특별한 때에만 임명된답니다. 한나라를 세울 때의 핵심 개국공신들에게 내려진 이후로는 한 번도 내려진 적 없었던 벼슬이었죠. 그런데 천하의 독재자 동탁이 천자를 협박해 얻어낸 것입니다.

여포와 초선, 잘못된 만남

삼엄한 분위기에 왕윤의 집안 사람들은 모두 경직된 표정으로 서 있었다. 그때 왕윤이 헐레벌떡 달려와 여포에게 말했다.

"그렇잖아도 내가 자네를 찾았네. 아니 조조란 자가 우리집에 몰래 들어와 내 칠성보도를 훔쳐갔네."

"훔쳐갔다고요?"

여포가 의심쩍은 눈으로 왕윤을 바라보는데, 그때 왕윤 뒤에서 한 여인이 나타났다.

순간, 주변은 온통 희미해지고 오직 한 여성만 빛이 나는 기현상을 여포는 난생 처음 경험했다. 사람인지 선녀인지 모를, 배꽃처럼 하얗고 고운 그녀의 모습에 여포는 다리에 힘이 풀리고 심장이 쿵 내려앉는 것 같았다. 여포가 태어나 서른이 넘도록 한 번도 느껴본 적이 없는 감정이었다. 사실

여포는 전쟁터에서 싸움만 해왔지 이성과는 별 만남도 감정도 가져 보지
못한 투박한 사내였던 것이다.

그녀는 누구였을까? 왕윤의 수양딸인 초선이었다. 그녀의 미모가 어느
정도였나 하면, 중국의 4대 미녀 안에 들 정도로 아름다웠다. 그런데 여포
가 찰나에 느낀 감정이 일방이 아니라 쌍방인 듯했다. 초선 역시 여포를
본 순간, '어?' 했으니까 말이다. 초선이 군대가 들이닥친 그 살벌한 분위
기 속에서 덜덜 떨며 나오는데, 대장인 듯한 사람과 눈이 딱 마주쳤다. 그
런데 세상에, 너무 잘생겼던 것이다. 보통 무장하면 떠오르는 이미지는 우
락부락하고 피부도 거무튀튀한 느낌일 것이다. 그런데 여포는 달랐다. 싸
움을 여러 번 겪은 듯한 카리스마가 느껴지면서도 반듯한 이목구비에, 하
얀 피부를 가지고 있었다. 그리고 어깨는 떡 벌어졌지, 키 크고 몸도 탄탄
하지! 게다가 초선 자신을 보고 수줍어하는 모습이 어딘지 모르게 지켜주
고 싶은 분위기까지 풍겨왔다. 어떤 여인이라도 시선이 가는 남자였던 것
이다. 그런 사내가 자기를 뚫어지게 바라보니, 초선도 싫진 않았다. 겨우
정신을 차린 여포가 왕윤에게 사과를 했다.

"아, 그런 일이 있으셨군요. 많이 놀라셨겠습니다."

여포가 다시 초선을 보며 말했다.

"갑자기 찾아와 놀라게 해드렸군요. 부디 무례함을 용서하십시오."

"네, 뭐……."

초선이 부끄러운 듯 고개를 숙이며 대답도 제대로 못했다. 그런 그녀의
모습에 여포의 심장은 큰 소리로 뛰어댔고, 여포는 이 소리가 초선에게 들
릴까 노심초사하며 가슴을 부여잡았다. 입이 바짝 마르는 걸 꾹 참고 그녀

에게 물었다.

"혹시 누구신지……."

"내 딸일세. 초선아 인사드려라, 여포 장군이시다."

그제야 여포의 입가에 야릇한 미소가 지어지니, 이를 본 초선의 뺨도 불그스름해졌다.

초선은 사실 왕윤의 친딸은 아니었다. 그녀의 엄마는 기생으로, 왕윤과 깊이 사랑하는 사이였다. 그런데 그녀가 폐병으로 죽게 되면서 초선을 부탁한 것이다.

"왕윤 어르신, 이번 생에 우리 인연은 여기까진가 봐요. 부디 불쌍한 내 딸 초선이 좀 돌봐주세요. 저 아이가 기생이 되거나 몸종으로 팔려갈 것을 생각하면 눈을 편히 못 감겠어요. 어르신께서 부디 거둬……."

왕윤은 사별의 아픔에 꺼이꺼이 울다, 어린아이 초선을 보고 결심했다. 내가 친딸처럼 곱게 키워 좋은 배필 만나게 해주겠다고. 덕분에 그녀는 어릴 때부터 십자수, 그림, 악기, 노래, 춤 등 안 배운 게 없었고, 좋은 옷만 입고 좋은 음식만 먹으며 양갓집 규수로 잘 자랄 수 있었다. 다만 온실 속의 화초처럼 자라다 보니, 남자 볼 기회가 없었는데 마침내 여포를 만난 것이다.

어쨌든 초선이 왕윤의 딸이라 들은 여포는 더욱 깍듯하게 왕윤에게 인사를 올렸다.

"그럼 저희는 물러가 보겠습니다. 철수!"

병사들을 향해 이렇게 외치고 나가던 여포가 다시 한 번 뒤를 돌아봤다. 초선에게 눈빛으로 뭐가를 말하기 위해서였다. 초선이 자기도 모르게 눈을 찡긋 감았고, 서로의 눈빛이 오고갔던 이 은밀한 신호는 왕윤에게도 포착되었다.

"무례를 사죄하는 마음으로 빠른 시일 내에 다시 찾아뵙겠습니다."

"그러게."

왕윤은 이때 무슨 생각을 했을까?

▌Q. 초선이 그렇게 아름다웠나요?

A. 그럼요, 초선은 중국 4대 미녀 중 한 명으로 꼽힐 정도지요. 중국 4대 미녀들의 전설은 입이 떡 벌어집니다. 춘추 전국 시대 월나라의 '서시'를 본 물고기들이 수영하는 걸 잊고 강바닥에 가라앉았다는 이야기, 기러기들이 한나라의 '왕소군'을 보자 날갯짓을 잊어 떨어졌다는 이야기, 당나라의 '양귀비'가 꽃을 만지자, 꽃마저 부끄러워 꽃잎을 말고 감추었다는 이야기. 이 세 미녀를 뺨치는 이가 있으니 바로 초선입니다.

나관중의 삼국지연의에는 "아름답기 그지없었을 뿐 아니라 춤과 노래마저 훌륭했다."라고 쓰여 있답니다. 하루는 초선이 화원에서 달을 보고 있는데, 구름 한 조각이 달을 가렸다고 합니다. 이 모습을 지켜본 아버지 왕윤이 찬탄을 금치 못하고 이렇게 말했고요.

"달조차도 초선을 보니 부끄러워 구름 뒤로 숨는구나. 과연 폐월(閉月)이로다."

절세가인 초선아, 나라를 구해다오

그날 밤, 정원으로 나온 왕윤은 시름에 잠겨 있었어요. 동탁의 의심을 사고 있다는 게 분명했으니까요. 오늘이야 무사히 넘어갔지만, 생일잔치에 모인 동료들이 모두 구속되었잖아요. 그들 중 한 명만 입을 열어도 모든 게 끝장나는 상황이었던 거지요. 결국 두 가지 선택지밖에 없었습니다. 야반도주 혹은 동탁 암살 2차 모의. 왕윤은 어떤 선택을 했을까요?

그는 한나라의 충신으로 곧은 성품의 소유자였지요. 그런 만큼 야반도주는 스스로 용납이 안 됐을 겁니다. 천자를 두고 도망간다는 것은 상상도 할 수 없는 일이었지요. '그렇다면 어떻게 동탁을 없앤다?' 순간 그의 머릿속에 낮의 일이 떠올랐습니다. 여포가 초선을 넋 놓고 바라보던 그 일 말입니다.

왕윤이 초선을 불렀다.

"초선아, 아까 그 여포란 사내, 어떠하더냐?"

"어머, 저는 몰라요, 아버지."

그녀가 고개를 돌리며 새침하게 말하자, 왕윤이 알겠다는 듯 고개를 끄덕였다.

"이만 가서 자거라."

초선이 나간 뒤, 왕윤은 복잡한 심경으로 밤을 지새웠다.

날이 밝자마자 왕윤은 초선을 다시 불렀다. 시간을 지체할 수 없었다.

"초선아, 너도 이제 성인이 되었으니, 이 애비가 배필을 정해줘야겠구나. 어제 그 장군 말이다, 여포. 촉망받는 인재란다. 따뜻하고 예의 바르고. 가끔 욱하는 성질은 있다만, 요즘 같은 시국에 그 정도는 양반이지."

얼굴이 잘 익은 복숭아처럼 발그레해지며 초선이 말했다.

"아버지 뜻대로 하세요. 저야 뭐……."

말은 이렇게 하지만 방을 나가는 초선의 발걸음이 가볍고 사뿐사뿐한 게, 신이 나서 팔랑거리는 한 마리의 나비처럼 보였다.

다음날, 전갈을 받은 여포가 버선발로 달려왔다. 잘 차려진 술상 앞에서 왕윤이 여포에게 술을 권했다.

'빨리 우리 초선이나 보여주시지 않고선!'

여포는 초선을 다시 만날 수 있을까 하는 기대감에 속이 타들어 가고 있었다. 타는 목마름에 그저 술만 벌컥벌컥 마실 수밖에.

"허허, 뭐가 그리 급하나, 술 먹다 체하겠네. 가만있자, 초선이 어디 있느냐? 귀한 손님이 오셨는데, 네가 잘하는 시와 노래로 자리를 빛내줄 수 있겠느냐?"

그러자 주렴 사이로 꽃단장한 초선이 등장했다. 그녀가 살랑살랑 춤추며 노래를 부르는데, 어쩌면 그리 아름답고 고운지. 여포는 밖으로 튀어나올 것 같은 가슴을 진정시키기 위해 무진 애썼다.

'심장아, 제발 나대지 마.'

"초선아, 이리 와 앉아라."

왕윤이 손짓하여 초선이 다가오자, 심장을 움켜잡은 여포가 꿀 뚝뚝 떨어지는 눈으로 초선을 바라보았다. 초선도 더이상은 맘을 숨길 수 없어 계속 방긋방긋 웃고만 있었다.

"어, 어르신 술, 술 한 잔 더 받, 받……."

정신이 나간 여포가 왕윤에게 술을 따르는데, 두 손이 달달 떨려 술이 줄줄 새고 말았다.

"장인 어…, 아니 아직은 어, 어르신, 어깨, 어깨, 제가 주물주물."

게다가 갑자기 말더듬이가 된 여포가 왕윤의 어깨를 주무르기 시작하는 게 아닌가.

"아고, 시원하다! 역시 아귀힘이 튼실하네. 금세 노곤해지는구만. 난 좀 쉬러 들어가겠네. 초선아, 여포 장군 말 상대 좀 해드려라."

이렇게 왕윤이 적절한 타이밍에 자리를 싹 비켜줬다.

때는 배꽃이 흐드러지게 핀 봄날, 눈 맞은 두 청춘의 가슴에서 무슨 일이 일어났을까?

"초선 낭자."

"네, 장군님."

"장군이라뇨? 저는 한낱 평범한 무장일 뿐입니다."

"그럼 장군님을 어떻게 부르는 것이 좋을까요?"

여포는 촉촉한 눈으로 초선을 바라보며 말했다.

"그냥… 오빠는 어떻습니까, 낭자."

초선이 새어나오는 웃음을 옷자락으로 가리며 대답했다.

"네 오라버니… 오라버니께서도 편히 초선이라고 불러주세요."

보고 있어도 보고 싶은, 보고 있기만 해도 가슴이 콩닥콩닥 뛰어 이대로 죽으면 어쩌나 싶은 시간들. 하늘의 별들도 귀를 쫑긋 세우고 그들의 이야기를 엿들으려 했지만, 별도 바람도 들을 수 없는 작은 소리로 그들은 사랑을 속삭였다.

속사포처럼 빠르게 한 달이 흘렀습니다. 왕윤도 한때 불같은 사랑을 해봤는지라, 그들에게 그 정도 시간은 줘야 한다는 계산이 있었던 거지요. 그리고 어느 날 저녁나절, 왕윤이 초선을 불렀답니다. 초선은 달뜬 얼굴로 아버지에게 달려갔고요. 아버지 덕에 여포 오라버니를 만났으니, 얼마나 고마웠겠어요. 초선도 자기 태생에 대해 잘 알고 있었거든요. 수양딸이지만 금이야 옥이야 키워준 아버지의 은혜에 늘 감사하고 있었고요. 그런데 어쩐지 아버지의 얼굴이 어둡네요.

"아버지, 무슨 일이세요?"

"초선아, 아버지 술 좀 마셨다. 너도 한 잔 받아라."

"무슨 일인지 말씀을 해보세요."

"……"

한동안 침묵하던 왕윤이 갑자기 통곡을 하는 게 아닌가.

"초선아, 이 애비 좀 살려다오. 끅끅. 아니, 백성을 살리고, 나라를 살리고, 역사를 살려다오."

"네? 아버지 제가 뭘 할 수 있다고……."

"아니! 이 일을 할 수 있는 사람은 너밖에 없다. 초선아 동탁을 알고 있느냐? 이 나라의 국정을 농단하는 그자를…… 네가 모셔 주었으면 한다."

"동탁요? 그 포악, 잔인……, 나이도……."

갑작스런 왕윤의 말에 당황하여 말문이 막힌 초선은 왕윤의 말이 진심일 리 없다고 생각했다.

"아버지, 너무 취하신 것 같아요. 일단 쉬시고 내일 다시 얘기하세요."

일어서려는 초선을 붙잡고 왕윤이 다시 한 번 통곡했다.

"아니다, 네가 여포와 동탁 사이를 이간질하는 반간계를 써야 한다. 그것만이 살 길이다. 끅끅."

왕윤은 그동안 짜둔 '동탁 제거 계획'을 초선에게 설명했습니다. 왕윤이 생각하는 반간계가 뭐냐고요? 쉬운 말로 미인계로 여포와 동탁 사이를 이간질한다는 뜻이랍니다. 결국 여포가 질투심에 동탁을 죽이게 만들도록 해야 한다는 거지요.

사색이 된 초선은 말했다.

"아버지, 도대체 무슨 말씀이신지……. 저 속두 좀 안 좋고, 머리도 아프고, 귀도 잘 안 들려요. 못 들은 걸로 할게요."

초선은 얼빠진 표정으로 방을 나와 버렸다.

며칠 후, 왕윤이 초선에게 같은 부탁을 또 했다.

"아버지, 그것만은 못하겠어요. 죄송해요, 오라버니랑 저, 못 헤어져요."

맘 단단히 먹은 듯 초선이 딱 자르고 나가 버리자, 뒤에서 곡소리가 들렸다.

그렇게 일주일 동안 초선은 아버지 얼굴을 보려 하지 않았다. 그런데 하인이 다급하게 달려오더니 발을 동동 구르는 게 아닌가.

"아씨, 큰일났습니다. 어르신께서 곡기도 끊으시고, 물 한 모금도 입에 안 대십니다. 안 그래도 연세가 있어서 몸이 많이 쇠약하신데……. 지금 온몸에 발진이 일어났는데, 이러다 돌아가시겠어요."

놀란 초선이 달려가 보니, 얼굴에 벌건 반점이 덕지덕지 오른 채 왕윤이 끙끙 앓고 있었다. 초선이 결국 아버지 품에 얼굴을 묻고 통곡하며 말했다.

"아버지, 저는 이미 어머니가 돌아가셨을 때 죽은 거나 다름없어요. 그때 절 살려주셨으니, 제 명은 아버지께 달린 셈이지요. 이 한몸 희생해 나라와 민족을 살릴 수 있다면, 기꺼이 바치겠습니다. 그러니 제발 마음 좀 드세요."

시체처럼 쓰러져 있던 왕윤이 실눈을 뜨더니 "고맙다, 초선아."하며 같이 울기 시작했다. 하늘마저 슬픈지 갑자기 장대비가 쏟아져 내렸다.

달라진 초선, 그녀가 움직이기 시작했다

말은 그렇게 했지만, 초선은 여포를 버리고 도저히 동탁에게 갈 수 없었습니다. 방에 들어와 눈물, 콧물 줄줄 쏟던 그녀가 비장한 표정을 지었네요. 머리에 꽂았던 비녀를 뽑아 날카로운 비녀의 끝을 자신의 목에 가져갑니다. 그러나 그 상태로 한동안 망설이던 그녀는 결국 스르르 비녀를 놓아버렸어요. 그렇게 그녀는 밤새 흐느껴 울었답니다.

함께 울어주던 새도 지쳐 어디론가 떠나간 뒤, 아침이 밝았습니다. 길게 목욕을 한 후 그녀가 거울 앞에 앉았습니다. 거울에 비친 자기 모습이 처량하기 그지없다는 듯 한숨을 푹 쉬었고요. 그렇게 한참을 멍하니 거울을 바라보던 그녀가 갑자기 뭔가 결심한 듯 싸한 눈빛으로 화장을 하기 시작했습니다. 진한 눈썹 위에 더 진한 먹색을 칠하고, 입술도 새빨갛게 칠했습니다. 곱고 청순하던 초선의 모습은 온데간데없고, 화려한 요부처럼 바꿰었네요. 그녀가 다시 안방 문을 두드렸습니다.

"아버지, 동탁 어르신을 불러주세요."

왕윤은 초선의 모습에, 그 심경의 변화를 알아차리고는 새어 나오는 탄식을 애써 참으며 말했다.

"하아……. 초선이 왔구나. 그래……. 옷 갈아입고 기다리거라."

"네."

초선이 무심하게 낮은 목소리로 대답했다.

그날 오후, 왕윤의 초대를 받고 동탁이 뒤뚱거리며 왔다. 초선은 손님을 모시는 사랑방 문 뒤에서 기다리고 있었다. 주안상이 차려졌고, 술판이 무르익어 갈 때 왕윤이 초선을 불러들였다.

"제 딸아이인데, 부족하지만 예쁘게 봐주십시오."

초선을 처음 본 순간, 동탁은 얼굴이 붉어졌다. 뒤이어 거친 숨소리를 뿜으며 능글맞은 눈으로 초선을 아래위로 훑었다.

"초선아 귀하신 손님이다. 네가 잘하는 시를 한 수 읊어드리렴."

초선이 눈을 내리깐 채, 시를 읊으며 춤을 추다, 고개를 들어 흘긋 동탁을 봤는데! 순간, 자기도 모르게 다리에 힘이 풀려 주저앉아 버렸다. 눈치 없는 동탁은 춤이 다 끝난 줄 알고 박수를 짝짝 치며 헤벌쭉 좋아하고 있었다.

"이렇게 곱고 예쁜 딸을 숨겨뒀다니! 왕윤, 그렇게 안 봤는데, 이긍, 얌체 기질이 있구만."

"사실 오늘 동탁 어르신을 모신 것도 청이 있어서였습니다. 아직 어리고 많이 부족하지만, 제 딸을 상국께서 거두어 주셨으면 하는데……."

"잉? 내가? 손녀 같은 여인을 어찌 내가 배필로 삼겠어. 늙은이 주책이란 소리 듣지. 천자가 배필이 없으니, 황후로 삼는 게 어때~?"

의외의 말에 당황한 왕윤은 다급하게 이야기했다.

"한나라의 진짜 실세는 상국 아니신가요. 그러니 염치 불고하고 이런 말 씀드리는 거 아니겠습니까?"

"그으래? 에이 그래도 그렇징~."

말은 그리 하지만 동탁도 내심 왕윤의 말이 마음에 든 모양이었다. 충혈된 눈으로 초선을 훑는 모습이 딱 봐도 초선에게 홀딱 빠진 듯 했다.

이틀 후, 동탁으로부터 전갈이 왔다. 초선을 황후로 책봉할 테니, 일단 자신에게 와달라는 내용이었다. 막중한 임무를 띤 초선이 드디어 동탁의 처소로 가게 된 것이다. 이미 흑심을 품은 동탁은 초선이 도착하자마자 그녀를 안으려고 손을 뻗었다. 초선이 질겁하며 뒤로 물러섰다.

"왜 그래? 내가 싫은 게냐."

"아니, 남아 일언 중천금이라고 했는데, 이러시면…… . 천자께 보내주시 겠단 약조를 받고 온 몸입니다."

"천자? 내가 곧 천자야. 조만간 한나라를 통으로 안겨 줄게. 그러니 얼른 이리 와아~."

한편 초선이 동탁에게 갔다는 소식을 들은 여포의 눈이 확 뒤집어졌다. 분노 때문에 눈에 뵈는 게 없는 상태로 왕윤에게 가 따져 물었다. 여차하 면 한 대 칠 기세였다.

"진정하게, 진정해. 동탁이 초선을 황후로 책봉한다고 데려간 건데, 난 들 도리가 있었겠나."

씩씩대던 여포가 그만 풀썩 주저앉고 말았답니다. 한 여인이 황후로 간 택됐다는 건 당시 최고의 영광이었고, 마땅히 축하해 줘야 될 일이니까요. 천자는 여포에게 넘지 못할 벽이었죠. 그저 하늘이 무너져 내리고 생살이 찢기는 아픔을 느낄 수밖에요.

그렇게 눈물로 밤을 지새우던 여포에게 날벼락 같은 소문이 들려왔다. 초선이 황후가 아닌 동탁의 첩이 됐다는 거였다. 여포는 이제 머리가 돌아 버릴 지경이었다. 다시 씩씩대며 왕윤을 찾았다.

"글쎄 나는 자네에게 혼인시키려 했다네. 동탁이 황후 시켜준다 해도 세 번이나 거절했어. 자리가 중요한가? 내 딸 마음이 중요하지! 그런데 자네 도 알다시피 어찌 내가 동탁을 이길 수 있겠나? 그렇게 우격다짐으로 데 려가더니 지 첩을 만들다니. 아이고."

"이런 변태 늙은이 같은이라고!"

자기도 모르게 양아버지 동탁을 욕하며 여포는 또 주저앉고 말았다.

동탁과 함께 있는 초선을 봐야 하는 여포의 심정이 어땠을까요? 속이 부글부글 끓어오르지만 아버지이니 함부로 할 수도 없고, 정말 죽을 맛이었겠지요. 초선은 어땠을까요? 여포만 보면 눈물샘이 터졌습니다. 사랑은 식지 않는데 임무 완수는 해야 하고, 얼마나 마음이 복잡했겠어요. 하도 울어대니 동탁이 묻습니다.

"아니, 우리 초선이 왜 또 울어엉?"

초선이 옷소매로 눈물을 훔치며 감격에 겨운 듯 말했지요.

"미천한 신분이던 제가 아버지 잘 만난 덕에 서방님 같은 분도 뫼시고. 하늘에 계신 저희 어머니가 얼마나 기뻐할지 생각하니 감격에 겨워 그러하옵니다."

"으이그, 기특한 것, 이리 와아~."

느끼한 동탁의 품에 안기면서도 그녀의 마음은 여포를 향해 있었어요. 누가 가르쳐 주지도 않았는데 초선은 여포의 애간장을 잘도 녹였는데요, 동탁의 집에서 여포를 만나는 날이면 긴 머리를 뒤로 살짝 넘기며 귀밑과 턱선을 여포 쪽으로 틀었지요. 그 자세로 닭똥 같은 눈물을 떨구니 여포가 어땠을까요? 눈물이 그치지 않는 초선을 보며 동탁은 또 한마디 했지요.

"아이, 그만 울어라, 이 서방님 가슴 미어진다앙~."

하루가 한 달처럼 시간이 더디게 흐르고 있었다. 어느 초여름 햇살이 따사로운 날, 동탁이 자리를 비웠단 소식을 들은 여포가 더는 참지 못하고 초선에게 달려갔다. 그 여인이 보고 싶어 미칠 것 같았으니까.

저 멀리 초선이 정원 안에 앉아 있는 게 보였다. 초선도 느낌이 이상해 흘깃 보니, 여포가 자기를 바라보고 있는 게 아닌가. 그녀의 어깨가 들썩들썩하며 또 눈물이 터졌다. 이를 본 여포가 달려가 초선을 품고 같이 울기 시작했다. 한참을 그렇게 울던 초선이 입을 열었다.

"전 이미 다른 남자에게 속박된 몸이랍니다. 이번 생에 오라버니와 함께할 수 없다면 그냥 죽어 버릴 거예요."

말이 끝나자마자 초선이 연못으로 몸을 던졌다. 놀란 여포가 물속에서 그녀를 확 끄집어내며 말했다.

"초선아, 죽지 마! 오빠가 구해 줄게. 내가 이번 생에 널 아내로 맞이하지 않으면 사내가 아니다."

여포는 이미 이성을 잃은 듯 했다. 그때 외출했던 동탁이 집으로 돌아왔다.

"초선아~~ 우리 초선이 어디 있엉?"

미처 말이 끝나기도 전에 동탁의 눈에 두 사람이 꼭 부둥켜안은 장면이 포착되고 말았다.

"이런 후레자식 같은 놈!"

눈이 뒤집힌 동탁은 소리를 버럭 지르며 여포가 옆에 세워둔 방천화극을 집어 던졌다. 가까스로 몸을 피한 여포는 초선을 놔두고 냅다 줄행랑을 쳤다. 그래도 동탁이 양아버지이자 나라의 최고 권력자이니 두려움이 밀려온 것이다. 사랑하는 여인을 두고 비겁하게 도망쳐야 했던 여포는 어떤 마음이었을까? 여포가 떠나자마자 동탁이 씩씩대며 초선을 심문하기 시작했다.

"초선이 너, 여포랑 눈 맞았냐? 내 아들인데? 엉?"

초선이 원망스런 눈으로 동탁을 바라보더니 목놓아 우는 게 아닌가.

"왜 울어? 방귀 뀌고 성내느냐, 지금?"

"서방님, 정말 억울합니다. 제가 서방님 생각하며 연못을 바라보고 있었는데, 여포라는 자가 다짜고짜 오더니 저를 와락 끌어안았습니다. 어린 제 몸으로 어떻게 할 수 있었겠어요? 이렇게 망가지느니 차라리 죽자는 심정으로 연못에 몸을 던졌답니다. 이 젖은 옷을 보십시오. 저는 서방님밖에 없는데, 어찌 절 의심하시나요? 이럴 바엔 진짜 죽어 버리겠어요."

말이 끝남과 동시에 그녀가 뜰 안의 나무에 머리를 들이받는데, 어찌나 세게 박았는지 이마에서 뜨거운 피가 주르륵 흘러내렸답니다. 그리고선 초선은 정신을 잃고 쓰러졌지요. 아마 초선도 자기가 처한 비참한 상황에 머리가 확 돌았던 게 아닐까요? 반간계 생각뿐이었다면 적당한 선에서 연기만 했을 테니까요. 하지만 눈치코치 없는 동탁은 이 사건을 계기로 초선을 완전히 믿게 되지요.

"아이고 우리 초선이, 이를 어째. 내가 잘못했엉, 초선아~~ 내 사랑 초선앙, 제발 눈 좀 떠라~."

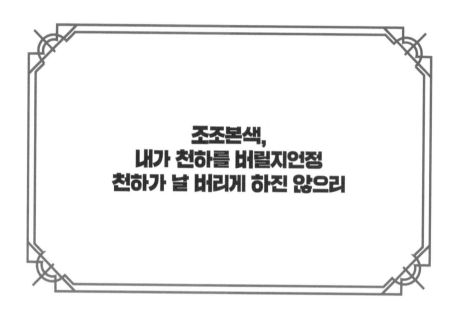

조조본색,
내가 천하를 버릴지언정
천하가 날 버리게 하진 않으리

자, 이렇게 동탁과 초선, 여포의 관계가 복잡하게 얽히고 있을 때 동탁 암살 사건을 주도했던 조조는 무엇을 하고 있었을까요? 동탁 암살 실패 이후 조조는 급히 말을 달려 동쪽으로 도망쳤지요. 그러다 한 지방 군수였던 진궁이란 자에게 붙잡혔답니다. 조조는 당시 대스타였어요. "역적 조조 잡아라."란 방이 곳곳에 붙어 있었고 거액의 현상금이 걸려 있었거든요. 그런데, 언젠가 조조를 본 적 있던 진궁에게 딱 잡힌 거지요.

사실 진궁은 의로운 선비로 애국자였답니다. 황건적 토벌에도 공을 세웠을 만큼 천자에 대한 충성심이 강했지요. 그러니 동탁의 만행에 얼마나 분개했겠어요. 때를 기다리던 참에 동탁 암살 시도자인 조조를 만났으니, 내심 반가웠답니다. 병사를 물린 후, 서로의 마음을 확인한 두 사람은 야반도주하기로 했습니다.

"갈 곳은 있소?"

진궁의 질문에 조조가 대답했다.

"작은 아버지 같은 분이 산속에 살고 계시오. 그분이 분명 우릴 숨겨줄 것이오."

작은 아버지 같은 사람은 여백사를 말했다. 어릴 때부터 조조가 삼촌처럼 따랐던 자로, 산속에서 글을 읽으며 살고 있었다. 그날 새벽 조조와 진궁은 밤새 말을 달려 여백사에게 찾아갔다.

"아니 조카, 살아 있었군 그래. 몸은 괜찮은가?"

예상대로 여백사가 조조를 얼싸안으며 반갑게 맞이해 주었다. 여백사는 과연 알고 있었을까? 조조 목에 붙은 거액의 현상금을 말이다.

"가만 있어봐, 우리 집에 술과 과일이 떨어졌네. 내 급히 마을에 내려가 사 와야겠어. 조카와 손님은 방에서 쉬고 있게나."

여백사가 급히 말을 타고 마을로 내려갔다. 그때 의심 많은 조조가 생각했다.

'만약 여백사가 마을로 내려가 관가에 나를 신고한다면 나는 꼼짝없이 당할 수밖에 없지 않은가.'

집에는 여백사의 처와 자식들이 남아 있었다. 조조는 이상한 느낌에 부엌문 쪽으로 다가가 귀를 들이댔다.

"쓱싹쓱싹"

"한 번에 잡으려면 칼이 잘 들어야지."

"일단 도망가지 못하게 다리를 묶어야지."

"힘이 센 놈이니 단단히 붙잡아야 해!"

순간 조조는 쇠망치로 뒤통수를 맞은 것 같았다.

"역시……. 그럼 그렇지."

조조가 한숨을 내쉬며 검을 빼들자 진궁이 물었다.

"아니 왜 그러시오?"

"같은 핏줄도 아닌데 어찌 여백사를 믿겠소. 들리시오, 저 칼 가는 소리? 우리가 선수 치지 않으면 죽을 것이오."

조조는 부엌문을 박차고 들어가 단칼에 여백사의 가족을 모두 찔러 죽였다. 쓰러져 있는 여백사의 식솔들을 뒤로 하고 조조가 급히 떠날 채비를 하는데, 이게 웬일. 부엌 안쪽, 작은 우리에 갇힌 돼지 한 마리가 꿀꿀대고 있는 게 아닌가. 그리고 돼지와 함께 요리할 재료들이 다듬어져 있었다. 순간 조조는 얼어붙었고, 당황한 진궁이 소리쳤다.

"아이쿠, 큰 실수를 했소. 일단 여백사가 돌아오기 전에 어서 갑시다."

진궁이 조조를 이끌고 집밖으로 나갔다. 급히 말을 타고 달리는데, 저 앞에서 여백사가 마주 오더니 둘을 막아섰다.

"아니, 왜 그렇게 급하시나 조카. 내가 술을 이렇게 많이 사왔는데, 응?"

조조는 태연한 듯 여백사에게 천천히 다가갔다.

"아, 예, 작은 아버지 그게… 근데 저기 뒤에 뭐죠?"

여백사가 뒤를 돌아보자, 조조가 품에서 칼을 꺼내 여백사의 뒷목을 베었다. 여백사의 목이 땅으로 떨어졌고, 이 모습에 깜짝 놀란 진궁이 따져 물었다.

"이보게 조조! 아까는 오해로 인한 참극이었다지만, 지금 이 죄 없는 어르신은 대체 왜 죽이는 거요?"

"만일의 사태를 생각해서요. 여백사가 자기 집으로 돌아가 식구들이 몰살당한 것을 보면 가만있겠소? 반드시 사람들을 이끌고 쫓아오거나 관가에 고할 것이니, 우리가 화를 당하지 않으려면 다른 방법이 없지 않소. 차라리 내가 천하를 버릴지언정 천하가 날 버리게 하진 않으리라 다짐한지 오래요."

자, 이 사건을 통해 우리는 조조가 어떤 사람인지 확인할 수 있습니다. 조조는 환관의 수양아들이 낳은 자식으로 권력자의 집안이었지만 출신에 치명적인 콤플렉스를 안고 있었습니다. 돈과 권력은 있으나, 당시 환관이란 존재가 백성들에게 아주 나쁜 이미지라는 것은 조조한테 상당한 걸림돌이었어요. 정통성과 명분을 중시한 소설가 나관중이 조조를 '간웅(간사한 영웅)'이라고 가차 없이 깎아내린 데는 이런 조조의 신분상의 이유도 한몫했을 것 같네요.

이런 한계에도 불구하고 조조는 포부가 대단했습니다. 그가 동탁을 죽이려고 했던 이유는 충국의 뜻도 있었지만 권력욕이 컸기 때문입니다. 그리고 그는 자신만의 방식으로 자신의 꿈을 이뤄 나갑니다. 조조 하면 꾀, 지략, 달변가라는 수식어가 따라붙지요. 왜 그런 건지는 앞으로 전개될 이야기를 읽다 보면 이해가 될 겁니다. 조조가 즐겨 쓰는 말이 있는데요.

"용맹보다 지략, 숫자보다 전투력이지."

"전쟁에 반칙이 어디 있어? 이기면 그만이지."

과정보다 결과를 중시했던 그는 명분보다는 이익에, 의리보다는 현실에 집중했던, 피도 눈물도 없는 극단적 현실주의자였던 것입니다. 원전에 의

하면, 관상가가 조조의 미래를 점쳤는데요. 조조의 얼굴을 본 그가 직구를 날렸습니다.

"평세에는 능신이나 난세에는 간웅이 될 상이로다."

당시는 명백히 난세였으니, 결국 간사한 영웅이라는 거였죠. 이런 얘기를 들으면 기분이 어떨까요? 저 같으면 화났을 것 같은데, 조조는 도리어 박장대소하며 껄껄 웃었답니다. 분명 그는 자기 스타일에 굉장한 자신감이 있었기에 이후 술자리에서 안주 삼을 만큼 이 일화를 즐겼을 겁니다.

조조가 훗날 유비와 설전을 벌이는데요. 유비는 승리의 비결을 충심이라고 했고, 조조는 병력과 지략이라고 했지요. 두 사람의 리더십이 얼마나 확연히 다른지 잘 보여주는 대목입니다.

이런 조조의 진면모를 알아보고 정나미가 뚝 떨어진 진궁은 그날 밤 몰래 떠나갔습니다. 의리라곤 눈곱만큼도 없는 자와 미래를 함께할 수 없었기 때문이지요. 아침에서야 진궁이 사라진 걸 안 조조가 실망하며 괴로워했냐고요? 조조는 그런 성격이 아니라고 했지요? 조조는 조금의 실망한 기색도 없이 피식 웃으며 한마디를 던졌습니다.

"떠났군, 언젠가 다시 만날 날이 있겠지."

조조는 아버지가 살던 지역인 진류로 갔다. 혼자의 힘으로 동탁을 제거하는 것엔 무리가 있다고 생각한 조조는, 그곳에서 반동탁 세력을 모집했다. 그는 뜻을 함께할 사람들을 모으기 위해 각 고을에 격문을 지어 돌렸다.

"나 조조는 대의를 위하여 천하에 말한다. 동탁이 하늘을 속이고 땅을 속이며, 백성을 해치고 궁궐을 어지럽히며 심지어는 황제를 죽여 나라를 망하게 하고 있다. 그 죄악이 천하에 가득할 지경이라. 이제 천자의 뜻을 받들어 전국의 의로운 병사를 일으켜 역적의 무리를 없애

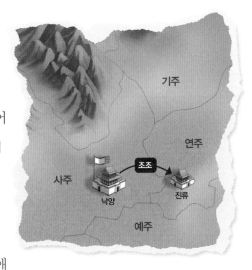

고 도탄에 빠진 나라를 구하려고 한다. 뜻있는 자들은 백성들의 원한을 풀고 황실을 구할 수 있도록 이 격문을 보는 즉시 모두 일어나라."

이 격문은 각 지방의 제후들을 한 곳으로 불러 모으기에 충분했다. 왜냐하면 동탁을 암살하려 했다는 이유만으로 조조는 대스타가 되어 있었기 때문이었다. 그중에는 앞서 함께 십상시를 몰아냈던 어릴 적 친구 원소도 있었고, 유비 삼 형제도 있었다. 또한 남쪽에선 손견이란 맹장이 올라왔는데, 그는 연합군의 선봉장이 되었다. 황건적의 난 이후로, 또다시 영웅들이 한 목적으로 모인 것이다.

이렇게 반동탁 연합 세력이 형성되자, 형식상 리더가 있어야겠지요? 조조와 여러 제후들의 추천과 찬성으로 원소가 반동탁 연합의 맹주로 올랐습니다. 사람들을 모은 건 조조인데 왜 원소가 맹주가 되었냐구요? 왜냐하면 원소는 대표자로 내세우기 좋은 모든 요건들을 갖춘 사람이었기 때

문입니다. 일단 출중한 외모가 있었고요. 사람들을 끌어 모으는 연설을 잘해, 선동가적 기질이 뛰어났죠. 게다가 그는 3대째 높은 벼슬을 하는 명문가 출신이었답니다. 리더로서의 매력과 명분을 모두 갖춘 것이죠.

하지만 또 한편으로 조조는 다른 생각도 있었어요. 사실 조조는 자기보다 똑똑한 사람을 높은 자리에 앉히는 걸 원치 않았지요. 조조는 원소를 어렸을 때부터 봐 와서 잘 알고 있었습니다. 원소가 겉으로 봐선 흠 하나 없어 보이지만, 결정적인 순간에 우유부단함을 보이는 단점이 있다는 것을요. 그러니까 조조 자신이 원소 정도는 웬만큼 휘두를 수 있을 거란 판단도 있었던 거죠.

한편 유비는 아직 제후 축에는 끼지 못하는 현령이었어요. 주를 다스리는 자사 밑에 군을 다스리는 태수, 그리고 그 밑에 현령이 있는 것 기억하시나요? 당시 이곳에 모인 사람들은 적어도 자사나 태수 급은 되었거든요. 그런데 가장 낮은 관직이었음에도 불구하고 유비 삼 형제는 바로 이 연합군을 통해 이름을 제대로 날리게 됩니다. 어떤 일이 있었던 걸까요?

Q. 조조나 원소 같은 배경을 가졌으면 사실 자기 한 몸은 잘살 수도 있었을 것 같아요. 그런데도 계속 이렇게 들고 일어나니, 의협심이 대단했던 걸까요?

A. 사실 원소도 최고 명가의 자제이기는 했지만 어머니가 첩이라, 반은 천출이었습니다. 그래서 가문 안에서는 온전한 인정을 받지 못하곤 했었죠.

자 여기서 흥미로운 점이 하나 발견됩니다. 조조, 원소 모두 기득권 사이에서도 출신 콤플렉스가 있는 아웃사이더였다는 것이죠. 조조도 환관 할아버지를 뒀잖아요. 그렇다면 이들은 왜 난세에 영웅이 되려 했을까요? 그건 바로 보이지 않지만 분명 존재하는 유리 천장을 깨기 위함이지요.

우리나라의 영웅들도 비슷해요. 제가 쓴 『설민석의 조선왕조실록』을 읽어본 독자들이라면 잘 알겠지만, 조선 건국 삼인방 중 정도전과 이성계 역시 신분 콤플렉스가 있는 이들이었잖아요. 정도전은 외할머니가 첩의 신분이었고, 부인 역시 첩의 딸이었어요. 그야말로 첩첩산중이네요.(웃음) 태조 이성계는 어땠나요? 전주 이 씨인데 정작 함경도에서 자랐지요. 왜 그랬지요? 그의 고조할아버지가 관기와 사랑에 빠져 사또 눈 밖에 났거든요. 결국 도망가다 종국에는 춥고 야인들이 득실대는 함경도에 자리 잡지요. 그곳에서 그들은 지배 세력이 되었지만, 이성계가 수도 개경에 왔을 때는 변방의 무장일 뿐이었지요. 그런 그가 정도전을 만났습니다. 서로 통하는 게 있었겠지요? 동병상련의 정이 싹튼 겁니다. 결국 그들이 힘을 합쳐 건국한 나라가 바로 조선이고요.

유비나 손권 역시 다르지 않답니다. 유비는 황족이긴 하나 몰락한 가문의 후예였고요. 삼국 중 하나인 동오의 주인이었던 손권 역시 지방 호족에 불과했지요. 이처럼 기득권의 탈을 쓰고 있긴 하나, 출신 콤플렉스를 안은 이들이 써 내려간 역사가 바로 삼국지예요. 자, 여기서 독자 여러분은 어떤 생각이 드나요?

"내가 금수저를 물고 태어났더라면…… 내가 학벌만 더 좋았더라면……."

살면서 우리 이런 생각 많이 하지요? 하지만 국적을 막론하고 세상을 바꾼 이들을 보세요. 다들 뼈아픈 콤플렉스를 안고 있었어요. 그런데 콤플렉스나 열악한 환경 앞에서 그들이 좌절했나요? 도리어 그것들을 촉매제 삼아 성공 의지를 불태웠지요. 결국 콤플렉스나 상처를 긍정의 에너지로 연소시킬 때 우리가 더 크게 성장할 수 있다는 걸 역사가 증명해 주고 있답니다.

내가 관우다,
술잔이 식기 전에 돌아오겟소

자, 한 번 정리해볼까요? 후한 말기, 황제는 약하고 권력을 잡은 십상시는 횡포가 심했습니다. 이에 황건적의 난이 일어나니, 이를 토벌하기 위해 여러 영웅호걸들이 각지에서 일어났어요. 황건적의 난이 한풀 꺾이고 나자 이 난의 원흉이었던 십상시를 제거하게 됩니다. 이때 수도 낙양으로 온 동탁이 자기 마음대로 천자를 휘어잡았고, 새로운 천자를 앉히는 전횡을 저질렀지요. 보다 못한 왕윤이 잔치를 열어 반동탁 세력을 모으고 행동 대장으로 조조가 나서서 동탁 암살을 시도했어요. 하지만 이것은 실패했죠.

가까스로 목숨을 건진 조조는 고향으로 돌아가 각지에 격문을 돌려서 영웅호걸들을 모았지요. 그리고 원소와 유비 삼 형제, 손견 등과 함께 반동탁 세력을 이끌고 동탁이 주둔해 있던 낙양으로 향했습니다. 한편 동탁을 제거하기 위한 또 다른 시도로 초선이 열심히 몸을 바쳐서 연기를 하고 있었고, 초선을 사랑하는 여포는 마음이 탔습니다. 그럴 때 바로 반동탁 연합이 낙양과 가까운 사수관이라는 관문에 진을 친 것이에요. 동탁은 어떻게 대처를 할까요?

여포와 초선을 정원에서 발견한 이후로 동탁은 여포를 어떻게 해야 하는지 고민에 잠겼다. 그간의 공이 있으니 한 번 봐줘야 할 것도 같았지만, 자신의 여자를 탐낸다는 것은 그냥 넘어갈 수는 없는 괘씸한 일이었다. 게다가 그 때문에 예쁜 초선의 머리에서 피가 나지 않았던가! 그런데 아직 결단을 내리지 못한 어느 날, 전령이 허둥지둥 달려왔다.

"무슨 일이기에 이렇게 호들갑이야~?"

"상국, 큰일났습니다. 도망간 조조와 원소가 연주 지역에서 반동탁 연합군을 결성했다고 합니다."

"아니 조조, 원소? 뭐 그깟 거 쓸어 버리면 그만이잖아. 큰일이라도 난 줄 알았네잉."

"상국, 그게 아니라 17명의 제후들이 군사를 이끌고 함께 모였다고 합니다."

"아니 이 건방진 것들이……. 여포를 불러와!"

개인적인 감정으론 여포가 못 미더웠을 지라도, 역시 적을 막는 데에는 여포만큼 듬직한 사람이 없었죠. 여포 같은 명장을 죽였다간 자기가 꼼짝 없이 죽게 생겼는데, 어쩝니까? 결국 동탁은 어쩔 수 없이 초선의 일은 잠시 접어두고 여포를 잘 다독이기로 합니다.

"여포야, 나 네 아버지잖아? 초선 엄마한테 그러면 안 되지? 내가 너를 얼마나 사랑하고 아끼는지 너도 알잖아? 너 내 자식인 거 잊었어?"

"아버지, 제가 잠깐 정신이 나갔었나 봅니다. 이 불경죄를 공으로 다 갚 겠습니다."

여포가 부들부들 떨면서 대답했다. 말은 그렇게 했지만 그는 마음속 깊 이 초선에게 한 약속을 잊지 않고 있었다.

여포가 즉시 반동탁 세력을 토벌하기 위한 군대를 꾸렸다. 당장 나가 싸 울 기세를 갖추니, 여포의 수하에 있던 장군 중에 하나인 화웅이 말리고 나섰다.

"아니, 여포 장군, 그까짓 닭 몇 마리 잡는데 어찌 소 잡는 칼을 쓰려 하 십니까? 제가 나가서 간단히 해결하고 돌아오겠습니다."

화웅은 여포의 무장 중에서도 으뜸가는 장수로, 상당히 날쌔고 용맹스 러웠다. 그가 나서자 여포는 믿고 맡길 만하다 여겼다.

여포가 다시 동탁에게 충성하게 된 거냐구요? 그건 아니에요. 초선에 대 한 그의 사랑이 충성심을 넘어서고 있었죠. 하지만 동탁은 지금 한나라의 상국이잖아요. 상국을 거역하고도 역적으로 몰리지 않으려면, 자신의 사 랑보다는 더 큰 대의명분이 필요했습니다. 그리고 사실 동탁이 기름 잔뜩 낀 둔탁한 노인이지만, 범접하기 힘든 그만의 카리스마가 있었답니다. 부 리부리한 눈에 엄청난 거구로 마치 호랑이 같은 기운을 뿜어냈거든요. 천 하의 조조도 암살 시도를 할 때 몸을 덜덜 떨었어요. 게다가 동탁은 조조 암살 사건 이후, 철저히 훈련된 특수 군대를 거느리고 있었답니다. 그러니까 초선을 데려올 제대로 된 타이밍을 만들기 위해선 일단 동탁의 신임을 다시 얻는 것이 필요했습니다.

여포 군의 선봉으로 화웅 장군이 나섰다. 화웅 장군의 부대는 반동탁 연합군이 머무르는 사수관 앞에 진을 치고 그들을 향해 외쳤다.

"역적 놈들아, 살고 싶으면 성문을 열고, 죽고 싶으면 나와라. 싸우자!"

반동탁 연합군 내에 긴장감이 돌았다. 원소가 물었다.

"누가 왔나?"

"화웅이란 자입니다."

"화웅? 그 폭풍과 번개를 몰고 다닌다는 무시무시한 죽음의 그림자?"

"네, 아무래도 저희 쪽에서도 제일 용맹한 장군이 나가야겠습니다."

"제가 나서서 적을 처치하겠습니다!"

다른 이에게 공을 빼앗길까 두려웠던 반동탁 연합군의 한 장수가 화웅을 향해 한걸음에 달려 나갔다.

"네가 여포의 무공을 그대로 닮았다는 폭풍의 화웅이냐? 그 폭풍을 내가 잠재워 주마."

반동탁 연합군 장수와 화웅은 마치 바람과 불이 격돌하듯 맞부딪쳤다.

"쩡! 쩌엉! 쩡!"

"으악! 컥!"

적막 속에 양 진영의 장수가 합을 겨루는 소리가 정확히 세 번 진동하더니, 외마디 비명과 함께 장수의 목이 하늘로 솟구쳤다. 순간 반동탁 연합군의 분위기가 싸늘하게 식었다. 다시 한 번 반동탁 연합군에서 내로라하는 장수가 나갔다. 그는 우렁찬 목소리로 화웅을 향해 소리쳤다.

"역적 놈들아, 어서 항복해라! 그럼 목숨만은 살려주겠다."

그는 우레와 같은 고함을 지르며 쌍칼을 휘두르며 화웅에게 달려들었다. 그러나 화웅의 칼날이 달빛에 번쩍 빛나더니, 단숨에 이번 장수도 두 동강 내버렸다.

이 소식을 듣고 반동탁 연합군은 모두 얼음 상태로 경직되고 말았다. 이제 아무도 선뜻 나가겠단 말을 못하고 벌벌 떨 뿐이었다. 한참 침묵이 흘렀다. 그때 누군가 근엄한 목소리로 말했다.

"내가 나가겠소."

"누구냐?"

모든 제후들이 소리 난 쪽을 바라보니, 불타는 고구마처럼 벌건 얼굴에 수염이 배꼽까지 내려왔고, 키는 족히 2미터쯤 되어 보이는 범상치 않은 자가 서 있었다.

"이름은 관우, 자는 운장이라 하오."

"관우 장군이라는 자는 일찍이 들어본 적이 없는데, 혹시 어느 지역에서 어떤 직책을 맡으셨는지?"

원소가 관우를 향해 물었다.

"평원의 마궁수 출신이오. 지금은 황실의 후손이신 유비 현령을 옆에서 호위하고 있습니다만……"

관우의 말에 여기저기서 웃음보가 터졌다.

"킥, 킥, 마궁수래, 마궁수는 벼슬도 아니잖아. 개나 소나, 말만 타면 마궁수라 하던데 어디서 겁대가리 없이."

이때 조조가 알 수 없는 표정을 지으며 말했다.

"자자, 조용들 하시오. 이들이 성문 앞에서 들어오지도 못하고 서성일 때 안으로 초대한 사람이 바로 나요. 딸린 군사도 없이 허름한 차림으로 찾아왔지만, 동탁을 몰아내고 한나라 왕실을 재건하겠다는 의지와 비범한 기개가 느껴졌소. 내가 다른 것은 몰라도 사람을 보는 혜안은 있다고 자부하오."

그리고 직접 정중히 관우에게 술 한 잔 따라주었다.

"술이나 한 잔 하고 가시오."

그러나 관우는 조조가 건넨 술을 탁자 위에 내려놓으며 이렇게 말했다.

"술잔이 식기 전에 돌아오겠소."

한편, 조조의 군대가 주둔한 영채를 바라보던 화웅은 이제 자신의 상대가 없다고 생각하고 진격 명령을 내리려던 참이었다. 그런데 그때 성문이 열리며 누군가 말을 타고 달려 나왔다. 먼지를 일으키며 달려오는 장수의 모습은 화웅의 눈에도 범상치 않아보였으나 연승으로 거만해진 그는 외쳤다.

"이번에 목을 내어 줄 놈은 누구냐?"

관우가 말을 달려오며 힘차게 말했다.

"우리 사이에 통성명은 필요 없을 것 같다. 곧 죽을 놈이 내 이름은 알아서 무엇 하느냐?"

20킬로그램에 달하는 관우의 청룡언월도가 번개처럼 허공을 갈랐고, 외마디 비명을 지를 틈도 없이 화웅의 목이 허공으로 솟구쳤다. 더 놀라운 것은 중력에 의해 떨어지는 화웅의 목을 관우가 청룡언월도의 끝으로 잡

아챈 것이다.

양쪽 진영에서 약 30초간 무거운 정적이 흘렀다. 그리고 다음 순간, 반동탁 진영에서 함성이 일제히 터져 나왔다.

"와~~~~."

"관우, 관우!"

관우가 엷은 미소를 지으며 성안으로 들어섰다. 제후들 앞으로 다시 온 관우가 청룡언월도에 꽂아온 화웅의 목을 빼 바닥에 던졌다.

"떼구루루."

그리고 아까 받아둔 술을 입에 털어 넣었다.

"아직 술이 식지 않았군요."

일순 모두 조용할 때, 한 사람이 벌떡 일어나더니 박수를 치기 시작했지요. 이 순간 관우가 가장 자랑스러운 사람이 누구였을까요? 네, 유비였습니다.

"제 아우 관우입니다."

사실 유비도 관우의 실력에 어안이 벙벙했거든요. 그전에는 황건적 토벌만 했으니까요. 황건적이 누구인가요? 민초들이었습니다. 관우가 진짜 장수와 싸운 건 이번이 처음이었던 셈이지요. 그런데 단번에 목을 베어 왔으니, 유비 역시 관우가 자랑스러웠던 겁니다. 이때, 아까 관우의 말을 귀기울여 들은 조조가 성안 사람들에게 유비를 정식으로 소개했습니다.

"이분은 유비, 황실 종친이오. 다들 인사드리시오."

관우와 유비는 비로소 많은 이들의 환대를 받았습니다. 유비는 관우와 눈을 마주치는 순간 한쪽 눈을 찡긋해 보였죠. 관우 역시 슬며시 미소를 짓습니다. 무뚝뚝한 관우는 어지간해서는 잘 안 웃는 사람인데 이때는 스스로 생각해도 좀 멋졌나봅니다. 다음에 관우를 미소 짓게 만드는 상황은 무엇일까요?

세기의 대결,
여포 VS 유비 삼 형제

이쪽은 축제 분위기인데, 여포 진영은 어땠을까요? 화웅의 전사 소식을 들은 여포의 눈이 뒤집혔네요.

"뭐라? 내 이놈들 직접 잡겠다."
다음날, 그가 말을 몰아 적진으로 직진했다.
"화웅이 죽인 놈 나와!"
천지를 울리는 고함소리였다. 축제 분위기였던 반동탁 진영은 여포의 등장에 다시금 긴장할 수밖에 없었다. 그가 온 것이다. 죽음의 신이라 불리는 한나라 최고 무공의 소유자, 여포가 온 것이다.
"염려들 마시오. 제가 가서 처리하지요."
언제나 그렇듯 무덤덤한 표정으로 관우가 청룡언월도를 한 손으로 잡고 나갔다.

태양은 중천에 떠 있고, 두 영웅이 마주섰다. 마치 하늘이 심판을 보고, 산천이 이를 관람하는 것 같았다.

"나이도 어린놈의 자식이 얼굴은 벌거니 홍조를 띠어가지고. 야, 안면홍조! 내 창에 한번 죽어 봐라."

여포의 방천화극과 관우의 청룡언월도가 부딪혔다. "쩡!!!!!" 큰 소리와 거센 진동이 일었고, 불꽃이 튀었다. 눈부신 태양빛에도 불구하고, 양측에 있는 병사들은 순간적으로 일어난 불꽃을 볼 수 있었다.

두 명장이 서로 1합을 부딪혔습니다. 누가 더 당황했을까요? 바로 관우였습니다. 내색하지 않았지만 창을 잡은 이후 처음으로 손이 저려왔거든요. 어쩔 수 없이 청룡언월도를 다시 한 번 고쳐 잡아야 할 정도로요.

'사람을 쳤는데, 어째 벽을 친 것 같구나. 무시무시한 자다.'

관우가 속으로 공포를 느낄 정도였다. 다시 여포가 질풍처럼 달려오는데 이게 웬일인가. 당황할 새도 없이 비집고 들어오는 창을 관우는 겨우 막아내야 했다. 일순간 관우의 표정이 굳었다. 반면 여포는 여유로운 미소를 지었다. 두 차례의 엄청난 공격에도 숨소리는 흐트러짐이 없었다. 그가 또 가볍게 달려왔다. 이제 관우는 피하는 것 외에는 할 수 있는 게 없었다. 힘으로 맞서서는 승산이 없다는 판단을 한 것이다. 관우는 평소의 방식과는 다르게 외곽을 돌며 여포의 힘을 빼려 하였다.

'저자는 나보다 나이가 많으니 필시 체력에서는 내가 한 수 위다.'

3합, 4합, 5합. 수십 합이 이어졌지만 좀처럼 둘의 승부는 나지 않았다. 오히려 나이가 어린 관우가 지쳐가는 듯한 모습이 역력했다. 이 모습을 지켜보던 장비가 말했다.

"뭐야, 우리 형님이 밀리고 있구먼? 형님~~!"

장비는 우락부락한 얼굴이 터질 만큼 빠르게 달려왔다. 관우도 본능적으로 숨을 고르기 위해 장비에게 자리를 내어 주었다.

"이놈아~!"

천지가 떠나갈 듯 크게 외쳤건만, 여포에게 달려들던 장비는 그만 장팔사모를 떨어뜨릴 뻔했다. 산적 같은 장비의 공격을 여포가 춤추듯 피한 것이다. 입가에 엷은 미소까지 띤 채. 곧바로 장비의 장팔사모가 무시무시한 기세로 여포를 공격했지만, 여포와 적토마는 유연한 몸놀림으로 장비의 공격을 번번이 피해냈다. 기세등등했던 장비도 당황할 수밖에 없었다. 관우와 장비가 어찌질 못하고 땀만 삐질 흘리고 있으니, 이때 쌍고검을 뽑아 들고 유비가 등장했다.

"여포 이놈, 유비의 쌍칼을 받아라!"

결국 삼 형제와 여포가 3 대 1로 대결하니, 천둥과 지진이 동시에 일어나는 것 같은 굉음과 울림이 퍼졌다. 마치 거대한 용과 호랑이, 사자, 곰이 뒤섞여 싸우는 것 같은 진풍경에 양 진영의 군사들은 취한 듯 입을 다물지 못하고 바라만 보고 있었다.

"헉, 헉."

무려 한 시간 동안 세 명을 대적한 여포가 드디어 진이 빠졌다. 천하의 여포도 삼 형제를 한 시간 이상 막아낼 재간은 없었던 것이다. 결국 창을 올려 유비를 크게 찌르더니, 피하는 유비의 빈틈을 이용하여 달아났다. 말을 돌리며 여포는 혼잣말을 했다.

"지금까지 내 공격을 3합 이상 버텨본 이가 없거늘. 무서운 자들이다."

여포는 생에 처음으로 적들로부터 후퇴를 감행하게 됩니다. 출정했던 군사를 이끌고 동탁에게 돌아온 여포는 유비 삼 형제의 위력에 대해 동탁에게 소상히 보고했어요.

이 보고를 받은 동탁은 여포가 패한 뒤 군사들의 사기가 크게 떨어진 것을 걱정했습니다. 17 대 1도 두렵지 않은 여포가 고작 삼 형제에게 밀려 후퇴를 하다니! 동탁은 신하들을 불러 이 문제를 논의했는데, 한 신하가 나서서 말했습니다.

"제 생각엔 하루 속히 이곳 낙양을 떠나 과거 우리 한나라의 수도였던 장안으로 천도하는 것이 어떨까 하옵니다. 이미 낙양은 지덕이 쇠하고 기가 약해져 그 운을 다한 듯합니다. 오랜 전란으로 인하여 토지가 황폐해지고 백성이 궁핍하여, 조세를 거두어들이는 것도 한계가 있습니다. 제가 풍수를 좀 볼 줄 아옵는데, 장안은 강으로 둘러싸여 있어 식수와 농수를 확보할 수 있고, 수상 교통로를 활용할 수 있으며, 적군이 쳐들어와도 능히 방어할 수 있는 천혜의 요새입니다. 천자를 모시고 하루빨리 장안으로 천도하심이 옳을 듯 아뢰옵니다."

동탁이 듣고 보니 그럴듯한 말이었다.

"그래~ 낙양은 이제 위험해. 천자를 데리고 수도를 장안으로 옮겨야겠다. 여긴 뜯을 만큼 뜯어먹었어. 이제 거기 해먹자고."

장안이 어디냐면요, 오늘날 산시성 시안이고, 과거 전한, 당나라 등의 수도였던 곳이에요.

그러나 수도를 옮긴다는 것이 쉬운 일은 아니지 않습니까. 낙양에 기반을 둔 신하들의 반대도 만만치 않았고, 낙양 백성들은 황실이 자신들을 버린다는 생각에 민심이 흉흉해졌습니다. 그러나 동탁은 그들의 의견은 묵살하고, 천도를 감행했습니다. 그리고 그 과정에서도 만행을 저지릅니다.

낙양의 모든 부자들을 성밖으로 끌어내어 죽이고, 그 재산을 모두 빼앗은 것이죠. 그 인원은 수천 명에 다다랐습니다. 또 동탁의 군사들이 낙양의 모든 여자들을 닥치는 대로 겁탈하였고, 백성의 모든 소유물을 무자비하게 강탈했습니다. 백성들의 비명과 울부짖음이 낙양의 하늘과 땅을 가득 채웠죠. 여기서 끝이 아니라, 낙양을 떠나기 직전에는 도시 전체에 불을 지르게 했어요. 식량, 가옥은 물론 말들의 먹이인 풀까지 전부 불타고 말았으니, 적의 은신처가 되거나 보급품이 될 만한 것들은 모두 없애 버린 겁니다. 결국 오랜 시간 동안 한나라의 수도였던 낙양이 초토화되었지요.

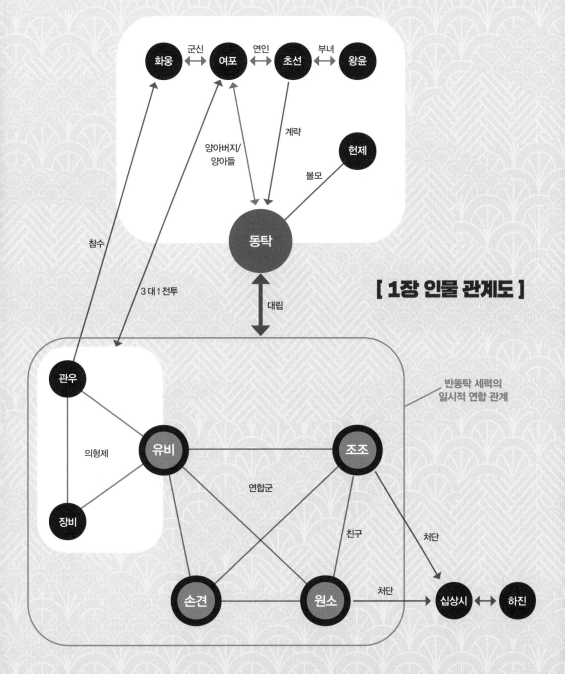

화웅 ←군신→ 여포 ←연인→ 초선 ←부녀→ 왕윤

헌제

양아버지/
양아들

계략

볼모

참수

동탁

3대1전투

대립

[1장 인물 관계도]

관우

반동탁 세력의
일시적 연합 관계

의형제

유비

조조

연합군

장비

친구

처단

손견

원소

처단

십상시 ←→ 하진

"한나라의 의인들이 일어나
천하를 어지럽히는 자들을 청산코자 하였다.
맹진에서 맺은 첫 서약 때는
모두 한 마음으로 황실을 향하였건만
힘을 합치는 데에 질서가 없어
앞서가고, 망설이고, 때와 뜻이 맞지 않았다.
권력과 실리는 의인조차 흔들었고
종국엔 서로를 죽이며 흩어졌다."

— 2장 —

용의 출정, 아군도 적군도 없다

헌제 비운의 한나라 마지막 황제이죠. 어린 나이에 본인의 의지와 상관 없이
황제가 되었지만, 실질적 황제의 권력은 누려본 적이 없습니다.
이 유명의 굴레를 탈피하고자 노력하지만, 번번히 실패하고 맙니다.

동상이몽, 연합군의 분열

장안으로 옮긴다는 소식을 들은 반동탁 연합군은 힘을 합쳐 동탁 세력을 뒤쫓을 생각은 하지 않고 승리의 도취감에 샴페인을 먼저 터트리고 맙니다. 거기에다가 누가 수도인 낙양을 차지할 지를 가지고 내분까지 일어났습니다. 그러다가 공이 가장 큰 사람들만 남게 됐죠. 선봉장 손견, 조조, 원소였습니다. 유비 삼 형제는 이를 안타까운 마음으로 지켜보고 있었고요.

"난 영채에 남겠소. 둘 중 한 명이 낙양에 들어가시오."

원소가 먼저 양보했다. 그 이유는 무엇이었을까? 사실 원소는 겁이 났다. 동탁의 군사들이 매복이라도 하고 있으면 어쩌나 싶었던 거다. 이때 머리를 굴리던 조조가 말했다.

"당연히 강동의 호랑이 손견 장군이 들어가셔야지요. 저는 장안으로 이

동하는 동탁 세력을 쫓겠습니다. 그놈 이참에 요절을 내야하지 않겠소."

모여 있던 제후들은 조조의 대인배 같은 양보에 놀랐지만, 조조는 다른 꿍꿍이가 있었다. 동탁이 기세등등한 이유는 바로 천자를 차지하고 있기 때문이 아닌가. 자신이 동탁 세력을 뒤쫓아 동탁과 여포를 제거하고 천자를 손에 넣는다면 천하의 권력은 자신의 손안에 들어올 것이라는 야심이 조조에게 있었던 것이다. 생각지도 못한 조조의 양보에 손견은 손사래를 쳤다. 하지만 속으로는 '이게 웬 굴러 들어온 복이야.' 하며 좋아했다. 원소가 껄껄 웃으며 말했다.

"서로 이렇게 양보하는 것을 보니 우리의 단합이 더없이 아름답소. 내 동탁을 쫓는 조조 장군과 낙양으로 가는 손견 장군에게 군량미를 넉넉히 챙겨 줄 테니, 얼른들 서두르시죠."

그러나 아니나 다를까 원소도 말과는 다른 생각을 하고 있었다. 군량미를 대주지 않으면 손견은 낙양에 들어갔다 매복한 동탁의 군사들에게 당할 것이고, 조조는 동탁 뒤꽁무니를 쫓다가 제풀에 지칠 것이고. '오호, 이렇게 조조와 손견이 기세가 허물어졌을 때 내가 낙양으로 입성한다면 천하가 내 것이 될 수 있지 않을까?' 생각한 것이다. 즐거운 상상을 마치고 나니 이미 천자와 천하가 자신의 것인듯 회심의 미소가 절로 나왔다.

이것을 우리는 사자성어로 동상이몽이라 말하지요. 세 영웅들조차 겉으로는 단합을 내세우지만 내심 각자의 이익을 쫓는 모습을 보면 한나라의 명운은 정말 끝이었나 봅니다.

합의를 본 세 사람은 각자의 임무를 수행했다. 원소는 본진을 지키고, 조조는 동탁을 뒤쫓고, 손견은 낙양에 입성한 것이다.

조조는 오직 동탁을 제거하고 천자를 차지하겠다는 욕심으로 가득차 밤낮으로 동탁을 향해 진격했다. 그러나 동탁이 생각보다 철저하게 뒤를 막아놓고 장안으로 갔다는 사실을 조조는 모르고 있었다. 쫓아가는 길 곳곳에 매복과 엄습이 도사리고 있어, 결국 조조는 많은 군사를 잃고 설상가상 동탁 군이 쏜 화살에 어깨를 맞았다. 그러나 가장 조조를 절망하게 만든 것은 원소가 군량미 보급을 끊은 것이었다. 그제야 조조는 원소가 낙양을 양보한 이유를 깨달았다.

'이런 간웅을 보았나. 내 위에 더한 간웅이 있었구나!'

어깨에 맞은 화살의 통증보다 더 뼈아픈 배신감이 가슴속 깊이 밀려들었다. 이제 조조는 동탁을 제거하려 격문을 돌린 천하의 영웅도, 적을 쫓는 맹렬한 기세의 장군도 아니었다. 어깨와 가슴에 깊은 상처를 입고, 부하들마저 잃은 채 목적 없이 도망치는 낙동강 오리알 신세가 되어 버린 것이다.

한편 손견은 두 아들인 손책과 손권을 데리고 낙양으로 입성했다. 매복병을 우려하여 만반의 준비를 하였으나, 그를 맞이한 것은 매복병보다 더 처참했다. 이미 잿더미가 되어 버린 폐허, 그리고 비참함이었다. 낙양은 온통 재 가루에 물들은 흙빛이었다. 약탈과 화마가 스쳐지나간 자리에는 팔 다리가 잘려 나간 노인, 화상을 입고 죽어 나뒹구는 시체, 죽은 어미의 마른 젖을 빠는 갓난쟁이가 즐비하여 차마 눈을 뜨고는 볼 수 없는 광경이었다.

"하······."

땅이 꺼져라 깊은 탄식을 내뱉은 손견이 말했다.

"이게 무슨 꼴인가? 역적이 나라를 어지럽히고 백성들은 가난과 고통에 허덕이니 낙양의 영광이 잿더미가 되어 버리고 말았구나. 위대한 한나라의 찬란한 수도가 이렇게 허망하게 사라지다니."

손견이 주저앉아 울 듯한 표정으로 넋두리하는데, 건장전(왕이 머물던 전각) 남쪽의 우물 안에서 영롱한 빛이 흘러나왔다. 이를 본 손책과 손권이 다급하게 손견을 불렀다.

"아버지 저거 보세요."

신기한 마음에 군사를 시켜 우물 속에 빛나는 것을 꺼내 보니, 익사한 궁녀의 시체가 건져 올려졌다. 그녀의 목에는 황금 자물쇠가 채워진 붉은 함이 걸려 있었다. 우물에서 올라오던 찬란한 빛의 원천은 이 함이었던 것이다. 무엇인진 알 수 없어도 귀한 것이라는 확신에, 손견은 떨리는 마음으로 함을 붙잡고 뚜껑을 열었다. 그리고 놀랍게도 그 안에는 황금 비단에 쌓인 옥새가 보이는 것이 아닌가!

옆에 있던 손책이 떨리는 목소리로 손견에게 말했다.

"아버지 이것은 한나라의 옥새가 아닙니까? 황제의 도장, 한나라 국권의 상징 말입니다!"

옆에 있던 아홉 살 소년 손권도 말했다.

"아버지 이 옥새가 낙양에 남아 아버지께 온 것은 필시 하늘의 뜻입니다. 천지신명이 아버지께서 한나라의 정통성을 이어주기를 점지한 것이 아니겠습니까?"

잠깐 생각을 하던 손견은 옥새를 다시 비단 주머니에 담아 품에 넣었다.

"네 말이 맞다, 권아. 하늘의 뜻을 거역하는 것도 도리가 아닐 터. 반동탁 연합군, 이들과는 큰 뜻을 이룰 수 없는 듯하니 일단 강동으로 돌아가자."

그리고 군사들에게 비밀을 누설하지 않도록 단단히 경고한 뒤, 서둘러 본인의 본거지인 강동으로 돌아갈 준비를 했다.

결국 강동의 호랑이 손견이 옥새를 쥐게 되었습니다. 그런데 이 손견이란 사람은 누구인지 궁금하시죠? 손견은 강동 지역의 호족 세력 출신으로 타고난 용장입니다. 강동은 장강, 지금의 양쯔강 인근으로, 난징에서 상하이까지 아우르는 곳이랍니다. 개인적으로 삼국지에 3명의 호랑이가 있다

고 생각하는데요. 유비 진영의 용감무쌍한 무장 장비, 공포 정치의 대마왕 동탁 그리고 마지막 한 명이 손견인 듯해요. 실제로 17세의 나이에 해적 떼를 격파해 소년 장수라 불릴 정도였답니다. 그렇다면 강동의 호랑이란 별명도 그때 생긴 걸까요? 잠시 시간 여행을 해 과거로 가 보겠습니다.

장강은 말이 강이지, 물살이 거센 것은 물론이고 파도까지 치는 게 마치 바다 같았다. 이곳에서 나고 자란 손견은 어릴 때부터 거대한 크기의 그물을 던져 물고기를 잡는 게 일상이었다. 당연히 그의 손 아귀힘은 뭍의 사내들보다 셌으며 등 근육 역시 탄탄했다. 강동 사내들이 대체로 그랬으나 특히 손견은 타고난 체격에 보기 좋게 잘 그을린 몸이라, 누가 봐도 멋스러웠다.

어릴 때부터 배를 집 삼아 자랐고, 틈만 나면 돛 위에 올라가는 게 그의 취미였다. 타잔처럼 돛을 기어올라 뭍을 바라보며 손견은 생각에 잠길 때가 많았다.

'나 손견, 손자병법을 쓴 손무의 후예다. 강동을 넘어 중국 전역에서 내 뜻을 펼치리.'

그러던 그에게 황건적의 난은 기회 중의 기회였다. 지체 없이 뭍으로 나와 의병 활동에 앞장섰다. 그로부터 얼마 후, 그가 이름을 날릴 결정적 사건이 일어났다.

황건적의 난 소탕 막바지에 일어난 전투에서였다. 황건적이 견고한 성 안에서 나오질 않아, 모두가 포위만 할 뿐 어쩌질 못할 때 손견이 한심하다는 듯 말했다.

"성벽을 타고 넘어가면 될 것을, 뭐가 걱정이오?"

"사다리도 없는데 저 높은 성벽을 어찌 올라간단 말이오? 무모한 생각 일랑 버리시오."

누군가 그를 나무라자, 손견이 콧방귀를 뀌었다. 그러더니 갑자기 갑옷을 벗어던지고, 맨손으로 성벽을 턱턱 집으며 기어 올라가는 게 아닌가.

단단한 성안 망루에서 그의 모습을 본 적의 장수가 깜짝 놀라 창을 찔렀다. 하지만 손견은 날렵하게 몸을 피한 후 오히려 창을 빼앗아 역공했다. 창을 적장을 향해 날려 버린 것이다. 장수는 순식간에 무게 중심을 잃고 아래로 떨어져 그만 죽고 말았다. 그 모습을 지켜본 적진 병사들의 사지가 후들대기 시작했다. 그때부터 매섭게 창을 휘두르며 그들을 빠르게 제거하니, 흡사 맹수 호랑이가 토끼몰이를 하는 것과 같았다. 바로 이 사건 이후 손견에게 강동의 호랑이라는 수식어가 따라붙은 것이다.

이렇게 무서운 무공을 가진 손견에게 옥새가 들어간 겁니다. 호족 출신이라서 지역 기반도 제법 튼튼하고, 힘도 있는데, 명분이 부족했던 그에게 명분이 생긴 것이죠. 손견 부자는 옥새를 들고 서둘러 강동 땅으로 되돌아갑니다. 한편 반동탁 연합군의 황당한 분열을 지켜본 유비는 크게 탄식했지요.

"한 마음으로 똘똘 뭉쳐도 될까 말까한 처지에, 어찌 세 지도자가 모두 다른 맘을 갖는 건가. 하, 이들과 함께 하다가는 큰 뜻을 이루기 어렵겠구나."

유비는 원래 있던 평원의 현령 자리로 돌아가 다시 때를 기다렸고요. 조

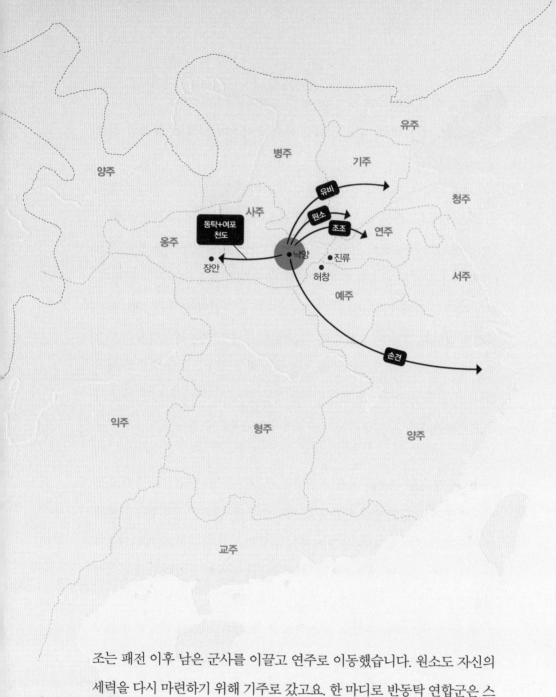

조는 패전 이후 남은 군사를 이끌고 연주로 이동했습니다. 원소도 자신의 세력을 다시 마련하기 위해 기주로 갔고요. 한 마디로 반동탁 연합군은 스스로의 내분으로 뜻을 이루지 못한 채 뿔뿔이 흩어지게 된 것이죠.

Q. 옥새가 뭐길래 다들 그렇게 놀란 거예요? 그냥 도장 아닌가요?

A. 옥새(玉璽)는 옥으로 만든 임금의 도장이란 뜻이랍니다. 강력한 국권의 상징이지요. 특히 중국은 기원전 228년 진나라 왕 영정이 만든 전국 옥새가 한나라까지 이어졌는데요. 심지어 봉황새가 앉았던 돌을 깨보니 옥새가 나왔다느니, 없어졌던 옥새를 누군가 황제에게 전해주고 홀연히 사라졌다느니 신비스러운 말까지 전해져 내려왔어요. 그만큼 신성시되는 물건이었다는 거죠.

손견 부자가 바로 이 옥새를 지니게 된 거예요. 그러니 손견 입장에선 하늘이 내려준 선물이라 여길 수밖에요. 그는 이참에 강동으로 돌아가 옥새의 정통성을 내세우며 세력을 만들면 되겠구나 싶었던 겁니다.

동탁의 말로, 인과응보의 법칙

장안으로 간 동탁은 여전했습니다. 어땠냐고요? 일화 하나 소개할게요.

어느 날 동탁과 대신들이 식사를 하고 있었다. 그때 여포가 성큼성큼 들어오더니 동탁 귀에 대고 무언가 속닥거렸다. 동탁은 표정 변화 없이 손짓으로 지시만 내렸다. 여포가 높은 관직에 있는 관리 한 명을 조용히 뒤뜰로 데리고 나갔다.

몇 분 후 여포가 쟁반 하나를 들고 왔다. 그 위에는 아까 따라 나간 관리의 머리가 떡하니 올려져 있었다. 밥을 먹던 대신들이 놀라 젓가락을 떨어뜨렸다.

"어, 얘가 역모 꾀했대. 별거 아니니까 밥들 먹자고. 다음엔 저걸로 국을 끓여 먹을까나?"

여기저기서 놀란 입을 막는 소리, 울음을 참는 소리가 났고, 올라오는 구역질을 견디지 못해 자리를 박차고 뛰어나가는 대신들이 절반이었다. 이 자리에 있던 왕윤도 기겁한 나머지 수저를 내려놓고 조용히 두 눈을 감았다. 수도를 장안으로 옮긴 후, 동탁의 횡포는 전보다 더 심해지고, 한나라의 명운이 속절없이 내리막길로 떨어지는 현실에 그는 숨조차 제대로 쉴 수 없었던 것이다.

동탁의 만행이 이어지던 여러 날이 지나고, 어느 날 동탁은 거처를 옮기겠다는 발표를 했다.

"내가 사랑하는 초선이 하고 은밀히 지내려고 신방을 하나 꾸며야겠엉. 장안 근처에 성을 하나 세우려고 하는데, 이름은 미오성이 어때? 예쁘게 성 하나 지어 놓고 초선이랑 알콩달콩 신혼을 즐기려구 그랭."

그 발표를 듣는 순간 왕윤은 기회가 왔음을 직감했다. 그리고 자신의 딸이자 동지인 초선을 은밀히 불러 앞으로의 처신을 지시했다.

"초선아. 미오성으로 가는 날, 네가 타고 갈 가마의 호위를 여포에게 맡길 테니 네가 신경 좀 써줘야겠다."

"무슨 말씀이신지 알겠습니다, 아버지. 제게 맡겨주세요."

"너만 믿는다."

초선의 다짐을 받은 왕윤이 이번에는 여포를 불러들였다.

"아이고 여포 자네, 여포인가, 동포인가?"

"어르신, 그게… 무슨 말씀이신지……."

"정신 좀 차리게. 동탁 그 자는 동 씨고, 자네는 여 씨 아닌가. 자네 친아비도 아닌데 왜 그러고 사나? 그리고 자네 내 딸 초선이는 어쩔 셈인가?"

여포는 왕윤의 말에 고개를 푹 떨궈야 했다. 동탁을 호위하는 여포에게 왕윤은 역모로 다스려야 할 위험한 사람이었지만, 아직도 초선에 대한 미련을 버리지 못하고 있는 여포는 그녀의 아버지 앞에서는 감히 아무 말도 할 수 없었던 것이다. 그리고 따지고 보자면 왕윤의 말이 백번 맞는 말이 아닌가.

"그리고 자네, 백정인가? 어떻게 쟁반에 사람 머리를 들고 올 수가 있나? 내가 그날 피 토하고 죽을 뻔했네. 명심하게. 한나라의 운명이 이제 자네 손에 달렸어! 여포 정신 차리게!"

여포의 손을 잡고 그의 눈을 똑바로 쳐다보며 왕윤은 힘주어 말했다.

"거사를 일으켜 나라를 구하고 초선이를 구해 주게."

왕윤의 결연한 눈빛과 마주친 여포의 눈동자도 불타고 있었다.

드디어 미오성으로 가는 날, 초선은 며칠째 식음을 전폐했던 탓에 얼굴이 반쪽이 되어 있었다. 이참에 작정하고 화장도 하지 않은 수척한 모습을 드러냈고, 머리도 제대로 감지 않았는지, 옛날의 선녀 같던 초선의 모습이 아니었다. 초췌한 모습으로 가마에 탄 그녀를 여포가 호위한 지 얼마나 지났을까. 초선이 가마에 늘어져 있는 주렴을 살짝 들어 여포를 바라보았다.

'이 생에 날 아내로 맞이하지 못하면 사내도 아니라면서. 이제는 영원히 떠나가네 사랑치 않는 사람에게로.'

초선이 원망하는 마음으로 처연하게 여포를 바라봤다. 그녀와 눈이 마주친 여포는 끓어오르는 뜨거운 감정을 억누를 수가 없었다.

'우리 초선이 얼굴이 왜 저리 상했는고. 제 여자 하나 간수하지 못하는 변변치 않은 인물이 어찌 사내라 할 수 있으며, 어찌 영웅을 꿈꿀 수 있겠는가. 이 모든 아픔이 도대체 어디로부터 비롯된 것인가! 그래, 이 추악하고 욕심 가득한 영감탱이를 내 손으로 반드시 해치운다!'

여포는 미오성에 도착하는 그 순간까지 같은 결심을 백 번을 되뇌고, 천 번을 곱씹었다.

미오성에 들어간 동탁은 초선의 치마폭에 빠져서 나올 생각을 안 하고 있었다. 여포의 분이 삭기 전에 얼른 거사를 치르기로 결심한 왕윤이 황궁에 있는 천자를 찾아뵈었다. 동탁을 다시 황궁으로 불러들여 매복병으로 죽일 계획을 설명하기 위함이었다. 여포도 대동해 찾아간 왕윤의 거사 계획에 동의한 천자는 떨리는 손으로 동탁에게 편지를 써 내려갔다.

"상국께 말씀드립니다. 제가 한나라 황실의 정통을 이었다고는 하나, 나이도 어리고 무능이 지나쳐 백성들을 아우르고 하늘과 선왕들의 뜻을 감당하기에 턱없이 부족한 듯합니다. 이제 황제의 자리를 상국께 양여하려 하니 부디 제 간절한 청을 거절하지 마시고, 한나라 황제의 자리에 올라 역사의 명맥을 이어 주소서. 저는 그저 한세상 편히 살다 가게 산 좋고 물 좋은 지방에 거처 하나 마련해 주시면 부족할 바가 없겠습니다. 이 편지를 받고, 궁으로 오시면 즉시 양위식을 거행하지요."

편지를 전해 받은 동탁이 서체를 확인하니, 분명 천자의 것이렷다. 동탁은 떨듯이 기쁜 마음에 비대한 몸을 출렁대며 초선에게 말했다.

"초선아, 네 서방님 황제 됐당. 넌 이제 황후양. 내 뭐랬냥? 황후 시켜준댔지?"

초선은 왕윤의 계교가 마침내 이루어지게 되었음을 짐작하고, 매우 기뻐하는 척하며 절을 올려 감축을 표했다.

"서방님 이러고 계실 때가 아니에요. 한시라도 빨리 황제의 자리에 오르셔야죠. 제가 의관을 챙겨드릴테니, 어서 궁으로 가보셔요."

아무것도 모르는 동탁이 마침내 군사들의 앞뒤 호위를 받으며 궁궐로 향했다. 그런데 황궁에 도착하여 황제의 전각으로 들어서려는 순간, 험악한 군인들이 그를 포위하는 게 아닌가. 깜짝 놀란 동탁이 호통을 쳤다.

"이놈들 뭐야? 못 보던 놈들인데, 감히 나에게 무슨 짓이냐? 정녕 죽고 싶은 거냐?"

"우리는 황제 폐하의 명을 받고 너를 체포하기 위해 새로이 모집된 황실 수비대다."

"아니 이게 무슨 소리야? 뭐야 천자, 나 왔어. 천자 어딨어?"

그때 분노로 가득한 목소리가 쩌렁쩌렁 울려 퍼졌다.

"네놈이 감히 여기가 어디라고 황제 폐하를 함부로 부르느냐?"

전각을 흔들 듯한 큰소리에 동탁은 놀라 고개를 돌리며 말했다.

"아니 어떤 놈이 나에게 이리 말하는 게야? 누구야?"

동탁이 화나서 쳐다본 곳엔 왕윤이 당당히 서 있었다.

"왕윤? 네놈이 미친 게냐?"

동탁이 비록 늙고 비대했지만 여전히 힘 있는 장수였다. 그가 칼을 빼들고 병사들을 하나 둘 제압하기 시작했다. 그때 여포가 불타는 눈빛으로 방천화극을 들고 뚜벅뚜벅 걸어 나왔다.

"아이고 그래, 내 아들 여포야. 저놈들 좀 얼른 처리해 버려라! 이놈들이 글쎄 작정을 하고 이 아비를……!"

동탁은 자기 생의 마지막 말을 마무리할 수 없었다. 그 말이 끝나기도 전에 여포의 방천화극이 동탁의 목을 두 동강 냈기 때문이다.

"너는 황실의 천자를 능멸하고! 이 나라의 백성을 탄압하고! 천륜을 어겨 자식의 연인을 빼앗은 인면수심의 짐승만도 못한 놈이다! 내 황제의 조칙을 받들어 역적을 참하였다!"

이렇게 외치는 여포의 발 아래에는 눈도 감지 못한 채 흰자위를 드러낸 동탁의 머리가 굴러가고 있었다.

자, 이렇게 여포는 두 번째로 자신의 양아버지를 죽였고요, 드디어 독재자 동탁이 죽었습니다. 여포는 황궁의 상황은 뒤로 한 채 미오성으로 달려가 초선부터 챙겼습니다. 왕윤은 동탁의 주검을 백성들이 지나다니는

저잣거리 한복판에 내던지라 명했고요. 분노한 사람들이 모여들어 동탁의 몸을 벌거벗기어 기둥에 묶은 다음 그의 배꼽에 심지를 박고 불을 켰더니, 사흘을 꺼지지 않고 타들어갔다고 합니다. 얼마나 배에 기름이 많았는지 알 수 있겠지요? 그야말로 백성의 피눈물로 응고된 적폐 덩어리였던 겁니다.

동탁의 부하들이 타다 만 주검을 몰래 찾아와 무덤을 만들어 주었는데요. 원전에 의하면, 동탁의 시신은 수만 명의 발길질에 의하여 토막난 뼈 몇 조각만 겨우 남아 있었다고 합니다. 이것들을 겨우 모아 묻었는데, 천둥벼락으로 묘에 빗물이 들어갔습니다. 물 때문에 관이 동동 뜨자, 다시 관을 묻었는데요, 며칠 후 또 천둥벼락이 쳐 같은 일이 일어났습니다. 서너 차례 이를 반복하더니, 나중에는 큰 바람이 불어 무덤을 깨뜨려 잔해조차 찾을 수 없었다고 기록되어 있습니다. 천하를 유린하던 독재자의 말로가 얼마나 끔찍하고 비참했는지, 역사가 우리에게 경고하는 대목입니다.

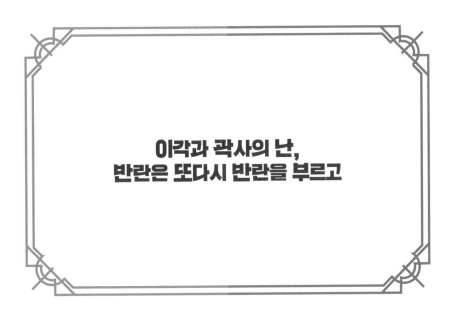

이각과 곽사의 난,
반란은 또다시 반란을 부르고

황제를 모시고 실권을 잡은 왕윤은 이참에 말끔히 적폐 청산하기로 결심했어요. 애국자이자 충신인 그에게 사심 따윈 있을 리 없었습니다. 오로지 권선징악만이 목표였지요. 하지만 문제는 지나치게 원리원칙주의자다 보니 융통성이 없었던 겁니다. 그게 왕윤의 장점이었으나, 동탁 제거 후에는 그를 파국으로 이끈 결정적 이유가 되었답니다. 어떻게 된 거냐고요?

"항복하자. 그게 사는 길이다."

미오성에서 동탁의 수족처럼 지냈던 이들이 있으니, 바로 이각과 곽사였다. 우두머리인 동탁이 암살당했으니 그들에게 선택지는 둘뿐이었다. 여포를 상대로 싸우거나, 항복하거나. 하지만 여포가 누구던가. 이름만 들어도 오금이 저릴 무시무시한 장수였다. 그를 어찌 대적할 수 있을까. 결국 그들은 항복함으로써 목숨은 부지하길 바랐던 것이다.

"저희를 병사 졸개로라도 받아주시면 평생 그 은혜 잊지 않겠습니다."

왕윤에게 간절한 맘을 담아 서신을 보냈으나 소용이 없었다. 충성스런 신하이자 철두철미한 행정가였던 그가 간신배들을 받아줄 리 없었다. 항복을 받아주는 척 궁으로 불러와서 죽이는 것이 쉬운 길일 수도 있었겠지만, 왕윤은 정직하게 명을 내렸다.

"당장 미오성으로 가 이각과 곽사를 참수해 목을 가져와라."

명이 떨어진 걸 안 이각, 곽사는 그야말로 코너에 몰린 쥐였다. 그럴 때 쥐는 죽을힘을 다해 고양이를 물어 버리는 법이질 않은가.

"이리 죽으나 저리 죽으나 매한가지, 이럴 바엔 장안의 군사들과 힘을 합해 야습하자."

그리고 서둘러 장안에 밀서를 보냈다. 사실 장안의 군사들도 사시나무 떨 듯 떨고 있는 건 마찬가지였다. 대다수가 동탁 아래에서 배부르고 등 따뜻이 지냈으니, 까딱 잘못하면 척결 대상이 되기 십상이었다. 밀서는 그런 그들의 마음을 꿰뚫었다.

"너희들이라고 목숨 부지할 것 같으냐. 왕윤은 너희들은 물론 삼족을 멸할 자다. 그러니 우리와 힘을 합해 왕윤과 여포를 생포해야 한다. 다행히 미오성의 병사들은 잘 훈련되어 있다. 그들을 대동해 내일 밤 야습할 테니, 성문을 열어라."

동탁이 사라졌다는 안도와 기쁨에 모처럼 두 다리 쭉 뻗고 자던 왕윤과 여포에게는 아닌 밤중에 홍두깨 같은 일이었다. 야밤에 궁 수비대가 이각과 곽사의 병사들과 함께 밀고 들어온 것이다. 무공의 일이자 여포가 야습을 막아내려 노력했지만, 급작스런 봉변인지라 결국 자기 몸 하나 겨우 내뺄 수 있었다.

왕윤은 그들에 의해 목숨을 잃고 말았다. 도망길에 오른 여포는 자신의 뺨을 후려치며 자책했다. 은인 같은 왕윤을 보호하지 못했다는 괴로움과, 무엇보다 초선을 두고 왔다는 사실에 가슴을 치며 통곡해야 했던 것이다. 그후로도 초선의 행방을 알 길이 없었던 여포는 평생 괴로움에 시달리며 스스로에게 다짐했다. 초선 외에는 그 어떤 여인도 마음에 품지 않겠다고.

장안은 속수무책, 어이없게도 이각과 곽사의 차지가 되어 버렸네요. 어린 천자도 함께 말이지요. 동탁을 처단한 후 최고의 권력을 갖고 초선과 행복할 뻔했던 여포는 도망자 신세가 되어 버렸고요. 사실 양아버지를 두 명이나 죽인 여포는 앞으로의 이야기에서도 배신과 권모술수를 일삼아요. 그럼에도 불구하고 사랑에서만큼은 일편단심이었답니다. 평생 초선만 그리워했거든요. 주변에 그런 사람 있지 않나요? 밖에서는 온갖 꼼수에 남의 복장 터지게 하는 일을 밥 먹듯 하면서, 자기 식구만큼은 살뜰히 챙기는 이들요. 네, 여포가 딱 그런 사람이었던 겁니다. 사나이의 세계에서는 갈대처럼 이리저리 흔들렸으나 사랑 앞에선 해바라기 같았던 남자요.

도망친 여포는 갈 곳을 못 찾고 헤매다가 그의 인생을 다시 한 번 바꿔 줄 사람을 만납니다. 바로 책사 진궁인데요. 조조가 여백사 일가를 살해하자 조조를 떠났던 바로 그 진궁입니다. 의로운 진궁이 배신 잘하는 여포를 선택했다는 것이 의아할 수 있겠지만, 진궁은 그 시대에 무언가 큰일을 이루려면 반드시 '칼'이 필요하다는 것을 알았어요. 그러니 이왕이면 제일

용의 출정, 아군도 적군도 없다

싸움을 잘하는 여포를 선택한 것이지요. 게다가 여포는 스스로의 뜻이 분명하지 않아 진궁이 쉽게 좌지우지 할 수 있을 것 같았거든요. 싸움 잘 하는 여포의 힘에 파워 브레인이 얹어진 겁니다. 이후에 여포, 그리고 초선에게 어떤 일이 있었는지는 조금 뒤에 확인해 보시죠.

유비 출세기, 서주의 자사가 되다

그렇다면 조조는 어떻게 되었을까요? 조조는 탁월한 화술과 처세로 사람을 끌어당겼습니다. 어떤 장소, 어떤 어려운 상황에서도 조조는 사람을 모으는 재주가 있었지요. 제가 봤을 때 조조는 오늘날에 태어났다면 아마 세계적인 기업의 CEO나, 못해도 전략기획실장까지는 충분히 꿰찼을 사람입니다. 알거지가 되어 오갈 데 없던 조조는 일단 고향인 연주로 돌아갔어요. 그리곤 황건적의 잔여 세력을 토벌한다는 명분으로 지역 세력들과 군사들을 끌어모아 또 다시 막강한 군대를 조직하게 됩니다. 얼마나 세력이 순식간에 커졌는지, 원전에 보면 이렇게 표현되어 있습니다.

"조조의 군대가 나아가는 곳마다 일제히 항복하니 거병한지 불과 100일 만에 자그마치 30만의 군사와 100만의 남녀 백성들이 모여들었다."

이쯤 되면 조조의 매력, 치명적이지 않나요?

연주에서 다시 세력을 갖춘 조조는 서주의 낭야라는 지역에 살고 있던 아버지에게 서신을 보냈다.

"아버지 저 조조, 오뚝이처럼 다시 일어섰습니다. 헤헤. 연주로 건너오시지요. 제가 떵떵거리며 살게 해드릴게요."

이 사실을 알게 된 서주 자사 도겸은 잔뜩 긴장했다. 조조가 무섭게 세력을 키우는 걸 보고 그도 놀랐기 때문이다. 조조의 아버지를 연주까지 편히 잘 모시지 않으면, 큰일날 것 같았다. 도겸은 화려한 가마에 조조의 아버지를 태운 후, 각종 금은보화를 넣은 궤짝을 가득 싣고 수십 명의 호위병을 대동시켰다. 그가 직접 배꼽 인사로 조조의 아버지를 배웅하기까지 했으니, 이만하면 최선을 다한 거라고 생각하던 참이었다.

그런데 참, 여기서 또 일이 꼬이네요. 도겸은 올곧고 선한 자사였답니다. 지금으로 치면 도지사지요. 그런데 그가 호위병으로 보낸 병사들이 황건적 출신이었어요. 그들이 도겸에게 항복해왔을 때 너그럽게 그들을 받아들여 잘 훈련시켰던 거지요. 그런데 인간의 본성은 변하기 어려운 걸까요? 호위병들이 조조의 아버지를 살해하는 사건이 일어나고 맙니다. 과연 뭐 때문에 그들은 그런 극단적인 일을 벌인 걸까요?

서주에서 연주로 가는 길에 폭우가 쏟아졌다. 당황한 호위병들이 일단 조조의 아버지를 동굴 안으로 피신시켰다. 그런데 하루, 이틀, 사흘이 지나도 폭우는 그칠 생각을 하지 않았다. 비상식량도 바닥나고, 제대로 씻지도 못하니, 여러모로 불편하기 짝이 없어 모두가 신경이 바짝 곤두섰다. 엎친 데 덮친 격으로 비는 더 거세져 동굴 안쪽까지 들이치고 있었다. 그 바람에 서둘러 궤짝을 더 깊숙한 곳으로 옮기다 그만 실수로 바닥에 떨어뜨리고 말았다. 그때 덮개가 열리면서 번쩍번쩍이는 금은보화가 나뒹굴자 이들의 야수 같은 본성이 다시 고개를 들고 말았다.

"에이씨, 언제까지 동굴에 갇혀 있어야 하냐? 야, 그러지 말고 이거 갖고 영원히 이 바닥 뜨자."

한 명의 호위병이 이렇게 말하자 다른 이가 대꾸했다.

"그럼 조조 아버지는?"

그러자 우두머리 호위병이 가만히 눈빛을 보냈다. 황건적의 난 당시 자주 보던 눈빛이었다. 호위병들이 서로 눈을 맞추며 고개를 끄덕였다. 잽싼 한 명이 칼을 들고 가 조조의 아버지를 제거했다. 그리고 그들은 금은보화를 챙겨 멀리 떠나 버렸다.

이 소식을 들은 조조는 처음엔 망연자실하다 화가 솟구쳐 소리쳤다.

"도겸 이놈, 내가 가만 안 둔다!"

한편 같은 소식을 들은 도겸은 겁에 질렸다. 어떻게든 이 오해를 풀지 않으면 목숨이 위태로울 게 자명했다. 밤새 고치고 또 고친 눈물의 서신을 조조에게 보냈다. 하지만 되돌아온 건 사신의 머리뿐이었다.

도겸은 조조에게 여러 번 서신을 보냈답니다. 하지만 한 번도 먹히질 않았어요. 도겸은 살기 위해 누구에게 도움을 요청했을까요? 바로 유비입니다. 반동탁 연합이 뿔뿔이 흩어지면서 유비는 평원에 돌아가 있었답니다. 유비의 명성뿐 아니라 그가 조조와 함께 동탁을 제거하려 했다는 사실 역시 도겸은 잘 알고 있었지요. 그러니 유비라면 조조의 오해를 풀어줄 수 있지 않을까 기대했던 겁니다. 과연 유비는 두 사람 사이를 중재할 수 있었을까요?

도겸의 서신을 받은 유비는 연민의 감정에 휩싸였다. 잘못한 게 없는 자가 억울하게 누명을 쓴 게 아닌가. 유비는 그렇지 않아도 작은 마을에만 있어 답답했는데, 다시 넓은 세상으로 나갈 겸 서주로 떠났다.

한편 조조는 서주를 치기 위해 대군을 몰고 남하하던 중이었다. 그런데 한 가지 꺼림칙한 것은 혹시 빈집털이를 당하지 않을까 하는 불안감이었다. 주요 군사가 서주로 가면 정작 연주를 지킬 군사가 없었기 때문이다. 불행한 예감은 틀리지 않았다. 여포가 이 틈을 타 연주를 차지한 것이다.

어떻게 갑자기 여포가 연주를 차지하게 되었냐구요? 여포에게 책사 진궁이 생겼잖아요. 여포는 그때까지는 자신이 군주가 될 생각은 못하고 있었어요. 자신을 받아줄 사람을 찾아다니고 있을 뿐이었죠. 그런데 조조가 서주로 떠나자 이때 진궁이 계략을 냈어요.

"여포 장군, 조조가 떠난 연주를 차지하는 것은 식은 죽 먹기입니다. 지금 연주를 차지하시면 드디어 여포 장군도 독립하셔서 영토를 가지실 수 있습니다."

이 말에 귀가 번뜩 뜨인 여포는 급하게 사람들을 모아서 연주를 칩니다.

조조가 주요 군력을 다 서주로 끌고 갔고, 여포의 무공도 훌륭했기에 연주
는 금방 여포 차지가 된 것이죠.

조조는 또 한 번 대노했다.

"여포 이 쥐새끼 같은 놈. 양아버지 죽여 동탁놈에게 붙더니, 여자한테
미쳐 또 아버지를 죽인 간신배가 어디서 감히 내 땅을 넘봐?"

그렇지만 연주로 바로 돌아가기에는 '아버지의 복수'라는 거창한 명분
을 내세워놓고 아무 것도 이루지 못한 것이 마음에 걸렸다. 분통이 터진
조조는 두통으로 드러누워 끙끙 앓았다. 졸지에 조조 군은 연주로도 서주
로도 못 가고 중간에서 주춤대는 신세가 되었다. 마침 이때 유비에게서 전
갈이 왔다.

"조조 장군, 도겸 자사는 아무 잘못이 없으니, 부디 신중해 주십시오."

'오호, 잘 됐다. 유비 핑계 대고 연주로 돌아가 여포 놈을 제거해야지.'

조조는 영리한 사람이잖아요. 유비가 누굽니까? 황실의 핏줄이고 나라
의 나쁜 놈 잡는 자리엔 빠지지 않던 도덕책 같은 사람이잖아요. 유비가 오
해라고 도겸을 대변해 주니, 그의 말에 응하는 척하며 여포를 치러 갈 수
있게 되었습니다. 또 하나, 유비에게 '내가 당신 말대로 해줬어. 그러니 나
한테 빚 하나 진 거야.'라고 생색낼 수도 있게 되었고요. 언젠가 필요할 때
은혜를 갚으라고 종용할 수 있는 건수를 잡은 것 아니겠어요?

그러나 이런 사정을 잘 모른 채 조조가 연주로 돌아갔다는 것만을 본 도

겸은 크게 놀랐다.

'세상에, 만상에. 손자병법에 이르기를, 하수는 공성전, 상수는 외교전, 최고수는 싸우지 않고 이긴 자라 하였거늘. 어찌 유비 장군은 최고수의 능력을 가졌단 말인가. 내가 여러 번 사죄 편지를 써도 씨알도 안 먹히던 조조의 마음을 단번에 사로잡다니! 대체 어떤 필체로 어떤 내용을 썼길래. 오, 놀랍고도 대단한 사람이다. 추존하여 마땅한지고.'

그는 이때부터 유비를 하늘처럼 우러러보기 시작했다. 사실 유비도 속으로 흠칫 놀라긴 했다. 조조의 성격을 아는지라 과연 서신으로 그의 맘을 돌릴 수 있을지 자신이 없었던 것이다. 서신으로 안 되면, 만나서 설득해야겠단 심정으로 글을 썼던 참이었다. 말로도 정 안 되면 관우, 장비를 데리고 무력시위라도 할 생각이었는데, 이렇게 한 번에 오해가 풀릴 줄이야.

어안이 벙벙해진 유비에게 도겸이 찾아와 큰절을 올리며 말했다.

"제 목숨을 살려주셨오. 실로 명장 중의 명장이시오."

뭐라 말해야 할지 몰라 눈만 껌벅껌벅하던 유비가 어물어물 대답했다.

"과찬이십니다. 어릴 때부터 글공부는 좀 했습니다만."

"사실 이몸이 지병이 있어 오래 살지 못하오. 저희 서주를 유비 장군께서 맡아주시길 간절히 부탁드리오."

뜻밖의 제안에 유비는 아니 될 소리라며 거절했다. 하지만 도겸도 지지 않고 간곡하게 유비 손을 잡으며 인장을 내밀었다.

"슬하에 자제분이 둘이나 있으신데, 제가 이 인장을 받는 것은 도리가 아닙니다."

유비가 또 거절을 했다.

"받으시오."

"받을 수 없습니다."

인장을 갖고 둘이 옥신각신하는 모습을 본 장비가 냉큼 손을 뻗었다.

"그럼 내가 대신 받겠소."

"찰싹."

유비가 두꺼비 같은 장비의 손을 매섭게 때리며 혼냈다.

"뭐하는 짓이냐, 당장 손 떼지 못할까?"

"아니, 형님, 이렇게 사정하는데, 우리도 좀 넓은 데에서……."

"떽."

"알았소. 입 다물겠수다."

조용은 해졌으나 장비의 얼굴이 부루퉁해졌다. 그리고 작게 투덜댔다.

"우리 큰형님은 다 좋은데 삼세번 거절하는 게 취미야 취미. 쳇."

하지만 얼마 안 가 유비는 서주의 자사가 되었어요. 정말 도겸이 세상을 떠났거든요. 유비는 서주성 근처의 작은 성인 소패에 머물고 있었는데요. 유비의 덕치를 잘 아는 백성들이 찾아와 눈물 콧물 흘리며 애걸했답니다.

"유비 장군, 제발 서주를 맡아주세요. 불쌍한 저희를 이끌어 주세요."

코흘리개 어린 아이부터 허리가 꼬부라진 노파까지, 모두 애절하게 사정하는데, 유비가 어찌 거절할 수 있겠어요.

"그렇다면 부족한 제가 여러분과 함께 하겠습니다."

이렇게 유비는 서주의 자사가 되었고, 덕분에 서주는 풍요롭고 평화로운 곳이 되었습니다.

천자를 얻은 조조, 여포를 얻은 유비

한편 연주로 돌아간 조조는 때를 보다가, 여포 군의 기강이 흐트러졌다는 것을 보았을 때 쳐들어갔어요. 그리고 생각보다 허무하게, 연주성을 다시 탈환하였죠. 칼을 들 수 있는 사람들은 죄다 허겁지겁 끌어모았던 여포의 군대는 몇 년 간 엄격한 훈련을 받았던 조조의 군대와는 현저한 차이가 있었던 것입니다.

조조의 위엄과 명성은 날로 드높아져서, 이 사실이 수도인 장안에까지 알려졌습니다. 당시 이각과 곽사는 동탁과 다를 바 없이 횡포를 부리고 있었고, 천자인 헌제는 이런 상황 속에서 숨도 쉬지 못하고 하루하루를 고통스럽게 지내고 있었죠. 헌제는 조조가 다시 세력을 부활시켰다는 이야기를 듣고, 예전에 반동탁 연합군을 집결했던 충신이라면 자신을 도와줄 수 있지 않을까 생각했어요. 그래서 조조에게 도움을 요청하기 위해 조서를 보냈습니다.

"동탁이 죽고 왕윤이 나와 함께 새로운 한나라를 만들어줄 거라 믿었는데, 모든 게 물거품이 되었소. 동탁의 잔당 이각과 곽사가 전횡을 일삼으니, 동탁이 둘이 된 거나 다름없지 않은가. 경이 세력을 일으켜 웅비하고 있단 소식을 들었소. 내 조서를 받고 의병을 일으켜 이 나라를 재정비해주오. 그렇게만 된다면 그대에게 큰 상을 내릴 것이오."

마침 언제 장안으로 쳐들어갈지 기회만 보던 조조에게 명분이 생긴 것이다. 이번에는 반이각·곽사 세력을 만들겠다고 조조가 발표하니, 여기저기서 영웅호걸들이 조조 곁으로 몰려들었다.

그런 줄도 모르고 이각과 곽사는 서로 네가 잘났네, 내가 잘났네하며 으르렁거리느라고 군사와 자원을 축내고 있었다. 반면 조조는 단단히 전투 준비를 하고 기습을 할 생각으로 밤에 장안으로 향했다.

"동탁을 제거하고도 뒷수습이 제대로 이뤄지지 않아 이런 일이 벌어졌다. 오늘밤 우리는, 다시는 이런 대역무도한 무리가 일어나지 않도록 철저하게 소탕한다!"

조조의 우렁찬 외침과 함께 군사들은 일제히 장안성으로 진격했다. 이각과 곽사의 전횡과 내분으로 기강도 해이해지고 몸도 지친 군사들은 조조의 정예병 앞에 힘도 쓰지 못하고 무너져 내렸다. 조조는 장안을 점령하고 이각과 곽사도 단번에 참수했다.

"조조 장군! 천자께서 찾으십니다."

천자의 안위를 확보하러 따로 보내놨던 부대의 군사가 찾아와 조조에게 말했다.

"신하된 도리로 이렇게 피 묻은 상태로 뵐 수는 없다. 송구하나 조금만 기다려 주시라 아뢰라."

조조는 준비해 온 의관으로 갈아입고 정중하게 헌제를 찾아뵀다. 처소에서 목 빠져라 조조를 기다리던 헌제는 기쁜 마음으로 달려나와 계단 아래 엎드린 조조를 일으켜 울음을 터뜨리며 말했다.

"내 지금껏 호랑이 같은 동탁과 이리 같은 이각과 곽사에게 모진 수모를 당하고 세월을 축내었다. 이제 그대와 같은 충신이자 영웅을 만나 다시 황실을 부활시킬 것을 생각하니 이 마음 기쁘고, 또 기쁘도다."

조조는 구수한 미소를 지으며 대답했다.

"명을 받아 역적들을 몰아낸 조조 아뢰옵니다! 충심으로 황제를 보호하고 섬기겠습니다."

조조는 뼛속까지 충신인 것 같은 모습을 보이네요. 하지만 과연 속마음도 그럴까요? 한나라 황제를 모심으로써 새로운 실권자가 된 조조는 새 출발의 의미로 천도를 주장합니다. 자신의 세력 기반이자 고향인 연주와 가까운 허창으로 말입니다.

연주가 돈과 양식 등 모든 물자가 풍족한 지역이라는 것을 명분으로 강조했지만, 실제로는 자신의 근거지로 천자를 데려와 한나라 황실을 마음대로 쥐고 흔들기 위함이었습니다. 십상시가 떠난 자리를 동탁이 차지했고, 동탁이 있었던 자리에서 이각과 곽사가 횡포를 부리더니 이제 그 자리를 조조가 차지했네요. 과연 조조도 같은 역사를 반복하게 될까요?

그렇다면 여포는 어떻게 되었을까요? 천하의 몹쓸 배신자란 소문이 중원 곳곳에 다 퍼졌으니, 누가 그를 받아 주겠어요. 원소에게도 거절당한 그는 고민 끝에 유비를 찾아갑니다. 명분과 도리에 목숨거는 유비가 여포를 받아 줄까요?

"유비 장군, 나 여포를 한 번 믿어주시오."

여포가 무릎을 꿇고 통사정하자 유비가 그를 바라봤다. 장비는 벌써부터 여포를 때릴 기세였고, 관우는 눈빛으로 여포에게 말하고 있었다.

'당장 형님 앞에서 사라지지 않으면 내가 네 목을 베어 주마.'

그런데 이게 웬일인가. 유비가 여포를 받아 준 것이다.

"천자를 업신여기고 전횡을 일삼은 동탁을 제거한 희대의 영웅 아니십니까. 내 여포 장군을 한번 믿어 보겠습니다."

"아니, 큰형님. 이 무슨 궤변이슈? 천자 살리려고 한 게 아니라 자기 사랑 때문에 그런 거 온 천하가 다 아는데! 이 배신자를 뭐한다고 받수?"

"원래 믿음은 칼보다 강한 법이니, 아우들은 군말 말고 내 뜻에 따라주게."

장비가 눈을 부라렸다. 관우의 얼굴도 더 불타올랐고 눈빛은 더 매섭게 찢어졌다. 둘 다 유비의 선택이 영 맘에 들지 않았던 것이다.

자, 여포가 유비 진영에 합세했습니다. 덕분에 유비는 든든해졌지만 조조는 위협을 느꼈지요. 물론 조조의 군사력과 경제력은 유비 진영의 10배도 넘었으니 직접 싹을 제거할 수도 있었겠죠. 하지만 모든 전쟁은 명분이 있어야 하잖아요. 유비와 원수지간도 아닌데 갑자기 쳐들어가는 건 조조 입장에서도 영 체면 안 서는 일이지요.

또 하나, 여포가 두려운 자라는 건 중원 사람들이 다 아는 사실입니다. 어디 여포뿐인가요? 관우와 장비는 어떻고요? 조조는 유비 삼 형제와 여 포가 격돌한 걸 목격한 적이 있지요. 처음엔 무서웠다 나중엔 경이로울 지 경이었답니다. 만일 그들 진영에 쳐들어갔다 혹여 누구라도 이렇게 외친 다면요?

"적장 나와! 일대일로 붙어보자!"

그게 여포든, 관우든, 장비든 조조 입장에서는 잔뜩 쫄 수밖에 없어요.

"야, 나 잠깐 어디 좀 갔다고 해라."

이렇게 말하고 다른 장수를 내보낼 수는 없잖아요. 물론 살기 위해 자존 심 따윈 가차없이 버리는 게 조조이지만, 일부러 위험을 자초할 필요는 없 지요. 고민에 빠진 그가 드디어 꾀를 냈습니다. 어떤 지략이었냐고요?

천자를 끼고 있던 조조는 천자를 십분 활용하기로 했다. 이때 마침 남쪽 지역에서 막 크기 시작한 신흥 세력이 있었으니, 바로 원술이었다.

원소를 기억하는가. 품격 있는 외모로 반동탁 세력의 수장이었던 자 말 이다. 그의 사촌동생이 바로 원술이었다. 원술은 원소와 확연히 다른 점이 있었다. 원소가 명문가이되 천출이었다면, 원술은 명문가의 순수한 혈통 이었다는 것이다. 원술은 집안의 명망과 재산, 그리고 주변 세력의 도움으 로 힘을 키울 수 있었다.

조조가 천자에게 아뢰어 조서를 내리게 했다. 말이 아뢴 거지, 사실은 자신이 다 쓰고 마지막에 천자의 인장만 받아낸 것이었다. 유비에게 보내는 조서였다.

"남쪽에 천자의 명도 없이 스스로 세금을 취하는 무례한 반란군이 있소. 원술이라 하니, 그자를 제거해 주시오."

유비는 조서를 받는 순간 직감적으로 알 수 있었다. 천자의 뜻이 아닌 조조의 뜻이란 것을. 언젠가 본 적 있는 조조의 서체였기 때문이다. 하지만 황제의 인장이 찍힌 칙서를 어찌 거부할 수 있겠는가. 유비가 출정 명령을 내리자 관우와 장비가 바짓가랑이를 잡고 말렸다.

"큰형님, 이건 조조 놈의 술수요. 아, 나도 알겠소."

성격 급한 장비가 먼저 가슴팍을 치며 유비에게 외쳤다. 관우도 말렸다.

"서주를 위험에 처하게 만들 계략이니, 움직이지 않으시는 게 좋겠습니다."

하지만 유비는 단호했다.

"속임수든 아니든 황제께서 보내신 칙서 아니더냐. 그러니 명을 받들어 원술을 쳐야 한다. 그게 우리의 사명 아니겠는가. 아우들."

장비가 계속 칭얼대고 매달리고 소리쳐 봐도 유비가 끄떡하지 않자, 결국 두 손 두 발 다 들었다는 투로 말했다.

"큰형님 맘대로 하슈."

관우도 수염을 매만지며 고개를 끄덕였다.

"그렇다면 제가 따르겠습니다."

유비가 생각해도 든든한 관우를 데리고 출정하는 게 더 나은 선택이었다. 서주성은 장비가 지키도록 했다. 당시 여포는 서주성 근처 소패라는 곳을 지키고 있었기 때문이다.

"막내가 서주성을 지키고 있어라. 소패성에 있는 여포랑 의기투합해야 한다. 늘 조조 세력을 경계해야 한다는 걸 명심해라. 절대 술 마시지 말고."

"형님, 나 술 끊은 지가 언젠데 그런 말도 안 되는 걱정을 하쇼."

"지금도 네 입에서 술 냄새 난다. 제발 내 말대로 해야 한다. 알겠느냐?"

"걱정마슈. 내가 또 술 마시면 사람이 아니라 개요, 개."

또한 여포가 서주성을 치러 오는 최악의 상황도 배제할 수 없었다.

"혹시라도 여포가 수상한 일을 하는 것 같으면 전령을 보내거라. 정신 똑바로 차리고 있어야 한다."

유비는 사실 걱정이 되었지만, 도리가 없었다. 그저 믿고 떠나는 수밖에. 재차 장비의 다짐을 받은 후 유비는 출정에 나섰다.

Q. 배신의 아이콘 여포를 명분과 도리를 따지는 유비가 받아 줬다는 게 이해가 잘 되지 않아요. 사실 천자를 위해서 동탁을 죽인 것이 아니라는 걸 유비도 알지 않았나요?

A. 그렇지요? 솔직히 저는 유비가 순수한 마음으로 그를 받아들였다고 생각하지 않아요. 유비는 유능한 행정가예요. 작은 마을의 현령으로 있을 때부터 그가 행정을 얼마나 잘했는지 알 수 있었지요? 세금은 적게 걷고, 민초들과 함께 두 팔을 걷어붙이고 일했잖아요. 서주에서도 마찬가지였습니다. 덕분에 빈곤과 기근에 시달리던 백성들에게 배부르고 따뜻한 날이 찾아왔거든요.

하지만 진정한 행정은 내치뿐 아니라 외치까지 챙겨야 하지요. 유비는 조조를 경계해야 했어요. 그도 뒤늦게 알았거든요. 조조가 자신이 보낸 서신 때문이 아니라 여포를 제거하기 위해 연주로 돌아갔다는 사실을요. 한 번 서주를 차지하기로 결심한 이상 조조가 언제든 다시 쳐들어올 수 있다고 생각했죠. 그러니, 서주의 방어에 바짝 신경을 써야 했습니다. 유비에게 여포는 동탁을 죽인 영웅이기도 했지만, 그보단 서주를 지키기 위해서는 여포가 꼭 필요했던 거예요. 여포가 누구던가요. 관우와 장비와 함께 3 대 1로 한 시간을 겨뤄도 이기지 못한 맹장 중의 맹장입니다. 여포에게 한 번의 기회를 줘야 한다는 명분을 세우기는 했지만 본심은 서주 방어였던 겁니다.

유비의 이런 모습 때문에 유비가 별로라고 생각하시는 분들도 있으실 거예요. 속을 잘 내비치지 않는 의뭉스러움이 있다는 거지요. 하지만 저 설민석은 좀 다르게 생각한답니다. 이런 지략이야 말로 명분과 도리뿐 아니라 실리까지 추구하는 유비의 다른 이면으로 보이거든요. 중국의 정치가 덩샤오핑이 한 유명한 말이 있지요. 검은 고양이든 흰 고양이든 쥐만 잘 잡으면 된다는 뜻의 흑묘백묘론이요. 1970년대 말부터 그가 취한 중국의 경제 정책으로, '자본주의든 공산주의든 상관없이 중국 인민들을 잘살게 하면 그게 가장 좋은 정책이다.'란 뜻으로 한 말이에요. 실제로 이 말은 중국식 시장 경제를 대표하는 용어가 되었고, 이를 계기로 중국은 비약적으로 경제 발전을 했습니다.

유비 역시 마찬가지였을 거예요. 우리 백성들만 안전하게 잘 지켜준다면 오랑캐든 서주 군대든 여포든 따질 게 무어냐는 게 그의 생각이었을 겁니다. 겉으로 그 마음을 드러내지 않는 건 그의 성향일 뿐, 유능한 행정가임은 틀림없는 사실인 셈이지요. 복지, 군사, 조세 어느 것 하나 빈틈이 없도록 서주를 다스렸으니까요.

여포본색,
배신자라 불러다오

"형님 가셨냐? 안 보여?"

병사에게 유비가 어디쯤 갔는지 확인하게 한 후 장비가 물었다.

"네, 멀리 가셔서 이제 안 보입니다."

"아이고, 이제 좀 살 것 같네. 내가 그동안 우리 형님 눈치 보느라 이 맛난 것도 제대로 못 먹고."

그가 술병을 껴안고 헤벌쭉하며 뒹굴었다.

"저기 유비 자사께서 절대 술 마시지 말라고…."

"이놈아, 이게 술로 보이냐? 이건 약이야, 약. 내 심신을 안정시키고 용기를 불어넣어 주는 명약. 알겠냐? 딱 한 잔만 마실 테니, 걱정 말어."

그러나 애주가 장비는 결국 한 잔으로 끝내지 못했다. 며칠 동안 밤새도록 쉬지 않고 술을 마시니, 장비의 코가 빨개지고 눈알이 빙글빙글 돌기 시작했다. 이 사실이 소패에 있는 여포의 귀로 들어갔다.

자, 이때 여포는 어떤 행동을 취했을까요? 여포는 뛰어난 장수였지만 단 한 번도 리더가 된 적은 없었습니다. 오늘날로 치면 늘 경호 대장 역할만 했지요. 연주를 잠시 차지하나 싶었지만 그마저도 금방 조조에게 뺏겼잖아요. 이제 자신에게 3대 1로 덤벼도 이기지 못하던 유비한테 의탁하는 지경이 되었으니, 그도 자신이 한심했던 겁니다.

그런데 이거 참 좋은 기회네요. 서주성을 홀로 지키는 장비가 고주망태가 되었으니 치기 딱 좋은 시점이라는 생각이 들었습니다. 여포가 이미 정한 마음은 누구도 되돌릴 수 없었죠. 물론 그도 인간인지라 유비에게 죄스

러운 마음이 있었을 겁니다. 자신을 거둬준 사람이니까요. 하지만 원래 배신하는 사람들은 합리화를 잘하지요. 어쩔 수 없었어, 난 그 상황에서 최선을 다한 거야. 이런 말을 자주 하는 사람들이죠. 여포도 마찬가지였지요. 일단 내가 크고 봐야 초선이의 행방도 찾을 수 있지 않겠어? 이런 자기 합리화로 군사를 일으켜 서주성으로 갔습니다.

"드르렁, 드르렁."

술병이 나뒹구는 가운데 장비의 코고는 소리가 천장을 울렸다. 그런데 한 병사가 뛰어들어와 그를 흔들어 깨우며 소리쳤다.

"장군! 여포가 왔습니다! 성문을 부수고 들어왔어요!"

번뜩 놀라 깬 장비가 눈에 힘을 팍 주며 일어섰다.

"여포, 너 이놈, 욱!"

일어서자마자 구토를 한 바가지 한 장비가 비틀거렸다. 싸울 수 있다고 소리는 고래고래 지르지만 제 몸도 잘 가누지 못하는 장비를 그의 측근들이 억지로 끌고 탈출시키는 수밖에 없었다. 유비의 식솔이 서주성에 있었건만, 장비는 그조차 생각하지 못할 만큼 술에 절어 있었던 것이다. 한참을 내달리다 정신이 든 그가 눈물을 흘리며 유비에게 갔다. 유비는 원술 진영으로 가는 길목인 우이라는 지역에 숙영지를 만들던 참이었다. 그런데 속옷 바람으로 달려온 장비가 엎드려 펑펑 우니, 유비가 놀랄 수밖에.

"아이고, 큰형님, 절 죽여주쇼. 여포 그놈이 야밤에 서주성으로 쳐들어왔소. 형수님들을 버리고 제가 이렇게 도망 왔으니, 제 사지를 잘라 죗값을 치러주쇼, 죽을 죄를 지었소!"

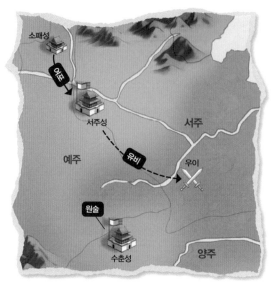

눈에 힘이 들어가고 얼굴이 벌게진 관우가 청룡언월도를 잡고 말했다.

"큰형님, 제가 가서 당장 여포 놈의 목을 가져오겠습니다."

유비가 가슴을 쓸어내리며 천천히 입을 열었다.

"아우들, 일단 진정하게. 자고로 형제는 손발과 같고 처자는 의복과 같다 하였어. 의복이야 떨어지면 다시 고쳐 입을 수 있지만 손발은 한 번 끊어지면 붙일 수 없지. 우리 삼 형제의 도원결의가 군건한데, 내 성과 가족을 잃었다 해서 어떻게 내 형제들을 사지로 내몰겠는가. 얻었을 때도 기쁘지 않았으니, 잃었다 해서 근심할 일도 없어."

독자 여러분들은 유비의 대사에 어떤 생각이 드시나요? 어떤 독자들은 유비에게 돌을 던지고 싶을지도 모르겠네요. 처자를 고쳐 입을 수 있는 의복에 비유하다니요. 하지만 위태로운 상황에서 이러한 유비의 리더십이 장수들의 충성심을 뜨겁게 불태우는 동력이 되어준 건 사실이랍니다. 앞으로도 여러 번 유비는 이런 극단적인 위기 상황에 처하는데요. 그때마다 그가 자신 혹은 가족보다 수하들을 얼마나 아끼고 감싸는지 알게 될 겁니다. 유비라고 가족 걱정이 왜 안 되었겠어요. 하지만 전쟁터에 나온 수장이 가족 걱정에 수하들을 소홀히 한다면, 어떤 이가 충성을 다하겠습니까. 이런 모습이 바로 덕장인 유비의 진면모라고 할 수 있을 겁니다.

유비는 원술을 치러 가다, 오도 가도 못하는 지경에 빠지고 말았다. 이런 상황에서 원술을 공격하러 갈 수는 없었다. 군량미를 조달받을 수 있는 기반을 뺏겼는데 어찌 적을 공격하러 갈 수 있겠는가. 그렇다고 여포를 치러 가기에는 서주성의 견고함도, 여포의 무공도 잘 알고 있는 유비였다. 설불리 싸움을 걸었다가 더 큰 피해를 입을 수도 있었다. 갈 곳이 없어진 유비는, 자신에게 이 출정 명령을 내린 사람에게 갈 수밖에 없었다. 천자 헌제에게, 그리고 실질적으로는 조조에게 말이다.

조조는 이미 이 상황을 예측하고 있었다. 그가 의도했던 첫 번째 상황은 원술과 유비가 싸워 둘 다 큰 피해를 입는 것이었다. 하지만 그게 안 된다면 두 번째 상황도 괜찮았다. 바로 여포의 반란. 둘 중 하나는 반드시 일어나게 될 거라 믿어 의심치 않았다. 그러나 능숙한 연기자인 조조는 시치미를 뚝 떼고 유비를 걱정하며 반겼다.

"유비, 어서 오게. 이게 어찌된 일인가?"

조조는 사실 첫 번째 상황보다 두 번째 상황이 일어나주길 내심 바라고 있었다. 유비와 관우, 장비 셋이 너무 탐났기 때문이다. 이들을 잘만 이용하면 여포 치고, 원술 제거하고. 혹은 반대로 원술 치고, 여포 제거하고. 그모든 일들을 이룰 수 있을 터였다. 그러면 자신은 손 안 대고 코 풀 수 있으니, 이 얼마나 좋은가.

원술을 타도하라, 적과의 동침

조조는 과연 누구부터 공격했을까요? 아카시아 나무 잎사귀를 하나씩 떼면서 고민하고 있을 때, 자진해서 목숨을 내놓은 자가 있었습니다. 그는 누구였을까요?

"이제부터 내가 황제다. 나를 황제로 모셔라. 봐라 옥새가 내 손에 있질 않느냐."

이런 망언을 함부로 지껄이는 자가 누구냐, 바로 원술이었다. 천자를 볼모로 온갖 만행을 저지른 동탁도 이런 짓은 하지 않았다. 천자라는 것은 말 그대로 하늘의 아들, 하늘이 내려준 사람이라고 믿었기에, 모든 명분과 권력과 힘이 다 완성되기 전엔 이를 수 없는 자리였다. 그런데 일개 지방 세력에 불과한 원술이 어떻게 이런 천인공노할 말을 입에 담을 수 있었을까? 그가 명문가 자제로 자라 오만방자한 것도 한몫했지만, 그보다 그의 손에 황제의 상징, 옥새가 있었던 것이다.

어떻게 원술의 손에 옥새가 있었을까요? 자, 반동탁 연합 세력 시절로 돌아가 볼까요? 강동의 호랑이 손견이 낙양에서 옥새를 발견했지요? 큰 꿈을 가지고 고향으로 돌아갔건만, 손견은 전쟁 중에 생각보다 빨리 죽습니다. 남겨진 첫째 아들 손책은, 어떻게든 아버지의 꿈을 이어 다시 세력을 일으키고 싶었습니다. 결국 그는 원술에게 군사를 빌리기 위해서 옥새를 담보로 주었습니다. 세상에, 주택 담보도 신용 담보도 아닌 옥새 담보 대출이 이 당시에 있었네요.

예나 지금이나 전쟁은 명분이 있어야 한다는 말을 했지요? 천자를 칭한 원술은 사실 모두의 적이 되겠다고 공포한 것이나 다름없었어요. 그래서 조조는 유비 삼 형제의 도움을 받아 원술을 치려고 마음먹습니다. 그런데 문제가 있습니다. 조조와 유비가 나가고 나면 연주가 비겠지요? 그럼 또 무슨 불상사가 생길까요? 당장 여포가 연주를 치러 오겠지요. 그걸 조조가 모를 리 없었어요. 이 고민에 머리가 또 아팠던 조조가 꾀를 냅니다. 이번엔 또 무슨 꾀였냐고요?

"유공, 여포를 불러다 힘을 합쳐 원술을 칩시다."

이 말에 장비가 벌떡 일어나 두꺼비 같은 손으로 조조의 뺨을 후려칠 기세로 말했다.

"그걸 말이라고 하쇼, 지금? 철천지원수를 불러다 힘을 합치자고? 이런 우라질."

이때 유비가 근엄한 목소리로 장비를 혼냈다.

"아우야, 앉아라. 그 입은 좀 다물고."

장비에게 한 대 맞을까봐 순간 움찔 놀랐던 조조가 호흡을 가다듬었다. 그리고 유비를 설득했다.

"유공, 본질을 먼저 생각하셔야지 않겠소? 우리의 본질은 한나라 부흥 아니오. 여포란 놈도 배신만 주야장천 하니 쳐부숴야 마땅하나, 원술은 지금 다른 것도 아닌 황제를 칭하고 있소. 당연히 천인공노할 짓을 저지른 원술부터 제거해야 하는데, 이럴 때는 여포의 힘을 빌려야 하오. 그가 유능한 장수라는 것은 부정할 수 없지 않겠소. 게다가 그를 뒤에 두고 출전하는 것 또한 현명하지 못하니, 살살 달래서 함께 원술을 제거하러 가는 게 가장 좋은 방법인 것 같은데, 어떻소?"

구구절절 맞는 말이긴 했다. 유비도 속으론 '여포 이놈.' 하며 부글부글 끓어올랐지만, 지금 한나라 초유의 사태가 발생하지 않았는가.

"하늘을 노하게 한 자부터 제거하는 게 상책이겠지요. 조조 승상의 뜻에 따르겠습니다. 그런데 여포가 우리랑 손을 잡으려 할지 모르겠습니다."

조조가 기다렸다는 듯이 유비 곁으로 바짝 다가와 말했다.

"그런 걱정은 마시오. 이미 여포에게 사람을 보내놨소. 생각해 보시오. 여포도 유공과 관우, 장비 장군을 적으로 삼아 봤자 좋을 일이 하나도 없지 않겠소. 그러니 반드시 이쪽으로 올 것이오."

결국 조조의 중재로 여포와 유비 삼 형제가 한 방에 모였다. 조조는 그들에게 갑옷 대신 평상복을 입길 권했다. 갑옷을 벗는 순간 장수들은 무장

해제되는 기분이 들어 긴장도 풀어지기 때문이다. 그러나 긴장이 풀리긴커녕 유비 삼 형제 중 특히 장비는 부들부들 떨며 주먹을 꽉 쥐었다. 얼마나 세게 쥐었는지 손톱에 찍힌 손바닥에서 피가 흐르고 있었다.

"자자, 술 한 잔씩 돌리고 분위기 좀 풉시다."

조조가 껄껄 웃으며 술잔을 돌렸다. 다들 아무 말 없이 술잔만 들이켰다. 냉랭한 분위기를 좀 데우기 위해 조조가 여포의 옆구리를 쿡 찌르며 말했다.

"먼저 사과부터 해야지 않겠소?"

"내가 어려울 때 받아준 은혜는 잊지 않고 있소. 그런데 이번 일로 오해를 한 거 같아 직접 풀기 위해 왔소."

여포의 말에 그동안 미동도 없던 관우가 표정이 일그러지며 입을 열었다.

"오해가 아닌 것 같은데?"

여포를 좋아하진 않았지만 한 번도 그에게 말을 짧게 한 적은 없던 관우였다. 하지만 이때 낮은 목소리로 읊조린 관우의 말에는 살의만이 깃들어 있었다. 여포가 움찔하며 관우의 눈치를 살피다 더듬더듬 말을 이어갔다.

"장비가 서주성을 잘 지켜야 하는데 맨날 술만 먹고 있는 거 아니겠소. 물론 조조 승상께서 갑자기 공격을 하고 그럴 분은 아니지만, 혹시나 해서, 정말 혹시나 해서 내가 서주성으로 가봤던 거요. 장비가 못 지키면 나라도 지켜야 하니까. 그런데 군사들끼리 오해가 생기는 바람에 싸움이 나버렸소. 고주망태가 되어 있던 장비가 이 상황만 보고 도망을 친 거고."

"뭐여? 고주망태? 내가 도망을? 오해? 이 미친놈의 자식을 그냥!"

용의 출정, 아군도 적군도 없다

장비가 화를 버럭 내며 여포에게 욕을 퍼부었다. 하지만 유비는 알고 있었다. 오해란 말만 빼고는 다 맞는 얘기란 것을.

"장비야, 여포 장군 말씀 아직 안 끝났다. 앉아 있거라. 계속 말씀하시지요, 여포 장군."

"유비 장군의 식솔들은 걱정 안 해도 되오. 군사들이 잘 호위하고 있고, 숙식에 불편함 전혀 없이 모시고 있소."

식솔이 안전하단 말에 유비의 화가 다소 누그러진 듯 얼굴 근육이 펴졌다. 유비가 잠시 말을 아끼며 생각을 해봤다.

'여포 저 자를 당장 죽이고 싶지만, 명분은 달리 가리킨다. 무엇보다 우리 식솔이 서주성에 있으니, 함부로 대할 수도 없질 않은가.'

잠깐의 침묵을 깨고 유비가 손뼉을 치며 박장대소를 했다. 혹시 유비가 정신이 나간 게 아닌가 싶어 모두 그를 걱정스런 눈빛으로 바라보았다.

"아이고, 여포 장군, 저 오해 안 했습니다. 그런 깊은 뜻이 있다는 건 이미 알고 있었습니다. 뭐 오해할 여지가 있긴 했으나, 그게 중요합니까. 지금 우리에게 중요한 건 대의를 위해 힘을 합치는 것 아니겠습니까? 일단 한나라 황실을 깔본 원술의 목을 칩시다."

이번엔 조조가 다시 박수를 치며 껄껄 웃었다.

"역시 영웅호걸들이오. 다들 호탕한 게 내 마음에 쏙 들어, 쏙 들어."

자, 삼국지 역사 100년을 통틀어 최고의 팀이 탄생했네요. 여포, 유비 삼형제, 조조가 의기투합하다니요. 원술 진영은 단박에 초토화되었겠지요? 조합은 황당하기 이를 데 없지만 명분만큼은 확실한 전쟁이었습니다.

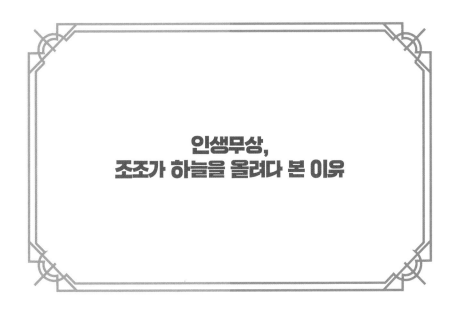

인생무상,
조조가 하늘을 올려다 본 이유

원술을 처단하고 대의를 이뤘으니, 각자의 진영으로 돌아가야겠지요? 조조는 허창으로 가면 되는데, 서주성엔 누가 가야 할까요? 당연히 원래 주인이던 유비가 가야 하는 게 맞겠지요? 여포도 서주성을 지키려고 한 것일 뿐, 오해였다고 말했으니까요. 그런데 여포의 행동이 좀 수상하네요.

원술을 제거한 뒤, 여포는 서둘러 먼저 철군하며 말했다.

"서주성을 너무 오래 비운 것 같소. 민심이 걱정되어 먼저 가 봐야겠소. 다들 천천히 오시오."

어쩔 수 없어진 유비 삼 형제는 본래 여포가 머물던 소패성으로 가야 했다. 유비와 여포의 위치가 바뀐 것이다. 게다가 여포가 유비의 식솔들을 소패로 보냈으니, 서주성은 자기 차지라는 여포의 뜻은 분명한 셈이었다.

당연히 유비 삼 형제는 기분이 언짢고, 배신감에 치가 떨렸다. 사실 유비도 대의를 위해 웃으며 동맹을 맺었지만, 여포가 어떻게 나오나 지켜보고 있던 참이었다. 그런데 저리 야비한 꼼수를 쓰니, 더욱 속에서 열불이 치밀어 올랐다. 이때 조조가 목소리를 높이며 말했다.

"아니, 객이 안방을 차지하고 주인이 행랑에 머무는 게 말이 되오?"

"간만에 옳은 소리 한 번 하시네 그려."

장비도 맞장구를 치며 조조를 지지했다. 조조가 이 틈을 놓치지 않고, 잽싸게 말을 이어갔다.

"저놈, 저거 쳐 버립시다. 세상에 내가 봤던 인간들 중 제일 질 나쁜 놈이 저 여포요. 쓰레기는 소각하는 게 맞소."

"맞소, 저 염병할 놈, 조조 형님이 좀 도와주쇼."

갑자기 장비가 조조를 형님이라 부르며 두 손을 붙잡고 부탁하는 게 아닌가. 유비도 천천히 고개를 끄덕이며 말했다.

"남의 것을 빼앗는 건 할 수 없지만, 우리 것을 되찾는 건 얼마든지 할 수 있다."

계속 침묵하던 관우도 결정적인 한마디를 더했다.

"제 생각도 같습니다. 어제 서주성에서 온 자를 통해 전해 들은 이야기가 있습니다. 저희가 떠나고 난 뒤 여포가 권력을 휘두르고 백성을 수탈하니, 동탁과 다를 바 없다 합니다. 백성들의 어려움이 이루 말할 수 없으니, 다시 형님께서 서주를 되찾아 주시길 기다리고 있다 합니다."

잃은 걸 되찾는 것과 무엇보다 백성들이 우리를 원하고 있다는 것, 이 두 가지만큼 분명한 명분이 또 있을까. 결심이 선 유비가 입을 열었다.

"이것은 성을 소유하는 문제가 아니라 백성을 지키는 민본, 애민의 문제다. 조조 승상, 당장 서주성으로 갑시다."

그렇게 군사를 일으켜 조조와 유비 삼 형제가 여포의 진영을 포위했습니다. 그러자 진궁은 결사대를 꾸려 나가 싸울 것을 주장해요. 포위망 한 군데 정도는 여포의 무공으로 뚫고 도망할 수 있을 것 같았거든요. 그렇지만 여포는 진궁의 말을 듣지 않고, 그가 그토록 잘하는 싸움을 하지 않습니다. 왜였을까요?

여포는 술과 고기 안주를 벗삼아 밖으로 나갈 생각을 안 했다. 여포 인생에서 최고의 권력을 누리는 중이었다. 전설의 용장이었으나 항상 누군가를 보좌하는 역할만 하질 않았던가. 권력을 잡는다면 자신을 부렸던 사람들처럼 밑의 사람을 부려보리라 벼르던 참에 드디어 그 꿈을 이룬 것이다. 초선과의 사랑만큼은 아니었지만 권력의 맛 또한 이리 달콤할 줄이야.

보좌 시절에는 언제나 긴장을 늦추지 않아야 했지만, 자사는 달랐다. 서둘러 서주성에 도착한 여포는 그날부터 퍼질러 앉아 고기 안주와 술을 즐겼던 것이다. 사람 부리는 일이 이리도 신났던가. 부르기만 하면 냉큼 달려오고, 명령만 내리면 술상이 떡 차려지니, 그야말로 세상을 다 가진 기분이었다. 그는 점점 오만해졌다. 술에 취하면 '천상천하 유아독존, 하늘 아래 나보다 더 대단한 존재는 없어!'를 외치며 껄껄 웃다, 애달픈 초선이를 생각하며 꺼이꺼이 울기를 반복했다.

상황이 이러니 당연히 군의 기강도 해이해질 수밖에. 많은 군사들이 소리 소문 없이 이탈해 나갔다. 이런 상황에서 조조와 유비 삼 형제가 진군해온 것이다.

이를 본 진궁이 한탄을 금치 못했다.

"혁명은 칼끝에서 나오는 것이라 장수를 따랐건만. 내가 또 사람을 잘못 짚었구나. 이제 내 운도, 한나라의 운도 다한 것이다."

조유 연합군은 점점 안으로 진격해 왔다. 물론 썩어도 준치라고, 여포의 힘은 아직 살아있긴 했다. 공성전으로부터 성을 지켜내기는 한 것이다. 하지만 그의 부하 장군들은 알고 있었다. 술에 찌들어 여포의 얼굴이 반쪽이 된 데다 눈동자도 흐리멍덩해졌다는 것을. 지키는 것은 할 수 있었지만, 지키기만 해서는 결국 언젠가는 성안의 식량은 바닥이 날 터였다. 여포가 잠시 낮잠에 빠졌을 때, 이들이 모의에 들어갔다.

"여포 믿고 있다 우리까지 다 죽겠네. 투항해서 목숨 부지하자고."

결국 몸 좋은 장수 일곱 명이 합세해 여포를 꽁꽁 묶었으나, 정신이 없던 여포가 정신 차려 힘 한 번 팍 주니, 밧줄이 쫙 갈라져 버렸다. 그래도 여포는 여포였던 것이다. 장수들도 질세라 여덟 명이 더 합세해 재차 묶었다. 그리고 성문 앞으로 끌고 나와 투항했다. 조조가 여포에게 물었다.

"할 말은 있나?"

"승상, 한 번만 살려주세요. 제 힘 잊었습니까? 이 나라 저 여포가 살려내겠습니다."

"정말 아까운 장수로세. 유공 생각은 어떻소?"

조조가 유비에게 물었다.

"저 자가 지금까지 걸어온 길을 잊었습니까? 자신을 품어준 정원과 동탁, 두 아비를 사리사욕에 죽인 자입니다. 한 번 배신한 자는 반드시 또 배신하게 되어 있습니다."

유비는 단호했다.

여포는 죽는 순간 외마디 비명을 질렀다.

"초선아, 오빠가 미안하다!"

이 동안 시종일관 침착하고 의연한 표정을 짓고 있는 이가 있었으니, 바로 진궁이었다. 조조가 진궁에게 다가가 부드럽게 인사를 건넸다.

"작은 아버지 여백사와 헤어진 이후 처음 뵙소. 우리에게 당신 같은 책사만 있다면 천하에 무엇이 두렵겠소. 다시 나와 손잡는 것이 어떻겠소?"

"한 번 잘못 잡은 칼자루를 다시 쥘 리 있겠소. 이제 그만 쉬고 싶소. 보내 주시오."

예상 밖의 반응에 조조가 다시 물었다.

"난 예전의 조조가 아니오. 지금 내가 황제 폐하를 모시고 있는 거 모르오? 저기 유비도 함께 하고 있잖소?"

자신만만하게 자신이 가진 것들을 보여주는 조조를 물끄러미 바라보던 진궁의 얼굴에 엷은 미소가 떠올랐다.

"참 많은 걸 얻어내셨구려. 뭘 위해 그리 달리셨소? 낮에는 숱한 이들의 머리를 잘라내고, 밤에는 끔찍한 악몽에 시달리면서. 성품은 모나지고 얼굴도 험상궂게 변하는 줄 모르고 명예와 권력에 목숨 거는 삶. 허허, 나는 이제 지쳤소. 다 내려놓고 싶구려. 승상! 지하에서 만납시다."

말을 마친 진궁이 조조 앞에서 무릎을 꿇자, 큰소리 치던 조조는 그저 하늘을 바라봐야했다.

"정중히 보내드려라."

자전거 이론이라는 게 있지요. 페달을 한 번 밟으면 계속 달려야 하거든
요. 안 그럼 넘어지거나 멈춰야 하니까요. 우리 같은 범인도 그렇게 사는
데, 한나라를 호령했던 조조 같은 사람은 오죽할까요. 조조라고 아무런 회
한이 없지는 않았을 거예요. 불면과 만성 두통에 시달리면서 '대체 뭘 위
해 이렇게 달리는가.' 한숨지을 때 있었을 겁니다. 그런데 지금 진궁이 목
숨을 내놓고 인생무상을 이야기하며 정곡을 찌르고 있지요? 조조 입장에
서는 존경과 더불어 '아까운 사람 또 보내는구나!'란 생각에 슬픔이 복받
쳐 오른 겁니다. 눈물이 자꾸 흐르니 하늘을 바라볼 수밖에요.

초선의 눈물,
우리 다시 만날 때까지

"여봐라, 저 자의 목과 몸을 저잣거리에 버려라."

조조는 진궁의 시체는 잘 안치했으나 여포의 머리와 사지에 대해서는 냉랭했다. 이런 그를 유비가 말렸다.

"그래도 동탁을 제거한 자고, 한때는 나와 함께 했는데, 장례는 치러주고 싶습니다. 마침 여포가 불교 신자니 절에서 처리하지요."

"뭐, 유공의 뜻이 그러하다면, 그러시든가."

유비는 인근 암자로 시신을 옮겼고, 비구승들이 염불 공양을 하는 모습을 지켜보았다. 그런데, 비구니 중 한 사람이 여포의 시신을 보더니 숨이 넘어갈 듯이 울기 시작했다. 어떤 사연을 가졌는지 차마 물어볼 수 없을 만큼 망연자실한 모습이었다. 그녀는 바로 초선이었다.

초선은 어떻게 비구니가 된 것일까?

그녀는 양아버지 왕윤과 사랑하는 여포가 동탁을 제거했다는 소식을 미오성에서 들었다. 동탁이 초선과 함께 지내려고 만든 궁궐에서 말이다. 그녀는 놀라기도 했지만, 한편으로는 가슴이 뛰었다.

'나도 이제 한 남자의 여자로 평범하게 살 수 있게 된 건가? 여포 오라버니가 동탁의 여인이었던 나를 다시 찾아 줄까?'

짙은 화장 위로 눈물이 하염없이 쏟아졌다. 더는 이런 화장을 하지 않으리. 그녀는 다시 태어난 듯 화장을 지우고 맑은 얼굴로 거울 앞에 섰다.

"초선아, 오라버니가 왔다."

"오라버니!"

미오성으로 달려온 여포가 초선을 끌어안았다. 두 사람은 한참을 울다 웃다 두 손을 꼭 붙잡고 장안으로 이동했다. 하지만 얄궂게도 꿈결 같은 나날은 얼마 가지 못했다. 왕윤이 참수당하고 여포는 어디로 갔는지 사라져 버렸다. 궁인들과 거리로 내몰린 초선은 산속으로 도망쳤다. 밤이 되어도 마땅히 묵을 곳을 찾지 못해 결국 지쳐서 나무 밑에서 잠들었는데, 깨어나 보니 절 안이었다.

"여기는 어디입니까, 스님?"

초선이 옆에서 조용히 그녀를 돌봐주던 스님에게 물었다.

"진짜 인연은 돌고 돌아 다시 만나지만, 살아서 못 이룰 가슴 아픈 인연도 있는 법이지요."

질문에 대한 답은 아니었지만, 초선의 상황을 너무 잘 알고 있는 듯한 그 말에 초선은 놀랐다. 자신도 모르게 눈물이 쏟아졌다.

"스님, 어찌 아셨습니까?"

"인연은 하늘의 뜻이지 사람의 뜻이 아닙니다. 힘들 때는 부처님께 기도를 드려 보시지요."

그때 초선이 눈을 번쩍 크게 뜨며 말했다.

"저도 스님을 따라 속세를 떠나고 싶습니다. 스님 곁에서 허드렛일이라도 할 수 있도록 거두어 주실 수 있으신지요? 제가 사랑하는 사람이 불교 신자였으니, 어쩌면 이게 부처님의 뜻인지도 모르겠습니다."

스님 곁에서 기도하며 불자의 삶을 산다면 죽고 다시 태어날 수 있지 않을까란 실낱같은 희망을 품고 그녀는 스님을 따라 암자로 갔다. 다음 생에는 꼭 여포를 다시 만나고 싶었다.

'청연'

여포와 만났던 연못을 기억하며 푸른 연꽃이란 법명으로 새롭게 태어난 그녀는 비구니 승을 어머니처럼 모시며 암자에서 지내게 되었다.

몇 년 후, 주지 스님이 노환으로 입적하게 되었다. 입적 전에 그녀가 초선에게 유지를 남겼다.

"청연아, 서주로 가거라. 내가 그곳 암자의 주지를 잘 알고 있다. 이 서찰을 가져가면 거기서 머물 수 있을 거다. 네가 꼭 만나야 할 사람이 그곳으로 올 것이야. 너무 아파하지도 서러워하지도 말거라. 다음 생에서는 반드시 이루어질 인연이니."

그녀는 미리 써둔 서찰을 초선의 손에 꼭 쥐어준 채 조용히 눈을 감았다. 초선은 '만나야 할 사람'이란 말에 벌써 떠오르는 얼굴이 있었지만 애써 마음을 다잡으며 순종하는 마음으로 서주로 떠났다.

어느 날 맑은 얼굴의 초선이 시주를 받으러 인근 장터에 내려갔다. 그런데 거기서 그녀는 사람들의 대화를 듣고 소스라치게 놀라고 말았다.

"서주성을 차지한 게 여포 장수라고?"

"그렇다네 글쎄. 맨날 술만 퍼먹으면서 여자 보길 돌 같이 한다는 소문이 자자해. 참 알 수 없는 자야."

잘못 들은 것이 아닌가 귀를 의심하며 가슴이 두방망이질 칠 때에, 크게 소리가 들려왔다.

"서주 자사, 여포 납신다! 길을 비켜라!"

분명했다. 여포의 이름이었다. 초선은 움직일 수가 없이 못 박힌 듯 서 있었고, 한 가마의 행렬이 그녀에게 다가왔다. 모두가 고개를 조아리는 가운데 초선은 뚫어져라 가마를 쳐다보았다. 그리고 그녀는 가마 위의 여포를 보고 말았다.

'오라버니!'

초선은 시주고 뭐고 당장 가마 앞으로 달려가고 싶었으나, 이미 비구니승이 된 몸 아닌가.

'오라버니가 잘되셨다니, 저로서는 더 바랄 게 없습니다. 매일 불공드린 보람이 있는 것 같아 그저 부처님께 감사드릴 뿐입니다.'

초선은 그 후로 다시는 시주를 받으러 내려가지 않았다. 혹여나 자신의 불순한 마음이 여포를 위한 기도에 악영향을 미칠까 두려웠다. 그녀는 오로지 불공에 전념했다.

'이번 생은 끝까지 부처님의 제자로 살겠습니다. 다음 생에서는 우리 오라버니와 같이 살고 싶은 욕심을 부려도 될까요?'

눈물이 가슴의 한을 씻어 내려주는 것인가. 한없이 울며 불공을 드리고 나면, 몸도 마음도 깨끗해지는 것 같았다.

얼마 후, 누군가 찾아와 장례를 치러 주길 부탁했다. 초선이 염불하러 갔는데, 뭔가 서늘한 느낌이 온몸을 훑어 내렸다. 홀린 듯 관에 가까이 가 보니, 여포의 목과 사지가 싸늘하게 식어 있었다.

"제가 꼭 만나야 할 사람이 바로 이 사람이었나요, 스님. 이렇게 차가워진 모습으로? 오라버니, 아니 서방님, 다음 생에서는 필부필부로 만나 이번 생에 못 다 이룬 사랑 꼭 이루어요."

초선의 눈물이 여포의 주검 위로 하염없이 떨어지고 있었다.

황제의 밀서,
반역자 조조를 처단하라

그렇게 여포의 장례까지 다 마친 후 조조는 유비의 손을 꼭 잡으며 말했다.

"사실 반동탁 연합군 때부터 유공을 흠모해왔소. 둘도 없는 덕장이라는 걸 잘 알고 있소. 나는 죽었다 깨어나도 못 갖는 성품이오. 이참에 내가 천자께 유공을 소개할 테니, 나랑 같이 수도인 허창으로 가시겠소?"

유비는 뛸 듯이 기뻐하며 조조에게 감사 인사를 올렸다. 그렇게 조조의 소개로 유비를 만난 헌제의 눈은 한껏 빛났다.

"유비라 하면 혹시 나와 같은 가문이오?"

"황공합니다. 소인은 비록 미천한 몸이지만, 조상님께선 위대한 한나라의 황제이셨습니다."

"정말이오? 내 당장 더 자세히 알아봐야겠소."

신하를 시켜 황실의 족보를 확인해 보니, 유비는 황제의 삼촌뻘이었다. 이때부터 유비는 황제의 숙부, 즉 '유 황숙'이라고 불리곤 했다.

조조는 유비를 자기 사람으로 만들고 싶은 욕심이 있었어요. 조조가 원래 인재 욕심이 강한데, 유비가 인덕이 있고 사람들을 모으는 매력도 있는 게 보였거든요. 그 옆의 관우도 많이 탐이 났구요. 그래서 자신이 천자, 그러니까 이 나라 최고의 권력자와 제일 가까운 사이라는 것을 유비에게 과시하려고 천자인 헌제를 소개시켜준 것입니다. 그렇게 유비의 마음을 얻고 싶었던 거죠. 유비와 헌제가 조조가 의도한 것보다 더 가까워진 것 같기는 했지만, 어차피 모두 자신의 손바닥 위라고 생각했답니다.

잠시 잠깐 궁궐도 백성도 평온했습니다. 유비가 봤을 때 조조는 동탁이나 이각, 곽사보다 사람 볼 줄 아는 안목도 있고 똑똑했지요. 게다가 유비 입장에서 조조는 은인과도 같잖아요? 반동탁 연합군으로 받아준 것도, 관우에게 적장 화웅의 목을 칠 수 있도록 기회를 준 것도, 심지어 따뜻한 술 한 잔 따라준 것도 조조였으니까요. 또 덕분에 여포도 응징할 수 있었고, 황제와도 만날 수 있었고요. 조조가 의심스러운 행동을 한 적도 있었지만, 모두 자신의 오해일 거라 생각했습니다. 그런데 궁안에서 함께 생활해 보니, 알지 못했던 조조의 모습들이 유비를 불편하게 만들기 시작했습니다. 헌제 앞에서 조조의 행동이 때로는 건방진 것 같기도 하고, 그런데 또 어찌 보면 정중한 것 같기도 했거든요. 여하튼 속을 알 수 없는 자란 생각에 유비의 머릿속은 복잡해져 갔습니다. 그러던 차에 조조의 실체를 여실히 보여주는 사건이 터지고 말았답니다.

헌제를 모신 조조와 유비 삼 형제가 다 같이 사냥터에 갔다. 저 멀리에서 사슴 한 마리가 나타나자 조조가 헌제에게 청했다.

"폐하께서 한 번 맞춰 보시지요."

어린 헌제가 화살을 쏘았지만, 맥없이 빗나가고 말았다. 그러자 조조가 웃음을 터뜨렸다. 순간 헌제와 유비 삼 형제의 얼굴은 경직됐다. 감히 황제의 빗나간 화살을 큰 소리로 비웃고 있지 않은가. 심지어는 헌제에게 활과 금촉으로 만든 화살을 빌려 달라 하더니 자기가 화살을 날렸다. 도망가던 사슴이 조조의 화살 한 방에 쓰러졌다. 멀찌감치 있던 군사들이 죽은 사슴에게 다가가 자세히 들여다보니, 사슴의 목덜미에 황제의 화살이 꽂혀 있는 게 아닌가. 당연히 황제가 쏜 화살이라 생각한 군사들은 큰 목소리로 외쳤다.

"황제 폐하 만세!"

헌제는 멋쩍었지만 그래도 늠름하게 말을 타고 군사들 앞으로 가려는데, 조조가 빠른 속도로 그 앞을 가로막고 군사들을 향해 손을 흔들었다. 조조는 황제의 활을 자신의 등에 걸치고 호탕하게 웃으며 말했다.

"하하하, 내가 쐈다!"

헌제의 얼굴이 일그러졌어요. 왠지 그런 사람 있지요? 예의 바르고 깍듯한데 같이 있으면 불편한 사람요. 헌제에게는 조조가 그런 존재였거든요. 그런데 오늘 그 불편함의 실체를 파악한 거지요. 동탁이 가고, 이각과 곽사가 오더니 이제는 조조란 말인가? 불현듯 찾아오는 불길함에 말고삐를 잡은 헌제의 손은 하염없이 떨리고 있었습니다. 그때 헌제에게 다가온 조조가 느끼한 웃음으로 이렇게 속삭였습니다.

"폐하, 가만히 있는 사슴 하나 못 맞추시다니요. 실력을 더 키우셔야겠습니다. 껄껄."

순간 헌제의 얼굴뿐 아니라 귀까지 벌겋게 달아올랐다.

'저자야 말로 양의 탈을 쓴 동탁이다. 늑대, 승냥이가 가더니 호랑이가 왔구나.'

그 상황에서 헌제보다 더 놀란 사람은 유비 삼 형제였다. 천자에게 감히 이 무슨 불충한 행동이란 말인가. 관우가 참지 못하고 나섰다.

"형님, 제가 저 조조 놈 해치우겠습니다."

유비가 관우를 제지했다.

"지금은 때가 아니다."

"아니, 왜 그러십니까? 저놈 하는 짓 보십쇼!"

"어허, 가만있으래도!"

유비는 왜 그랬던 걸까요? 물론 유비 역시 조조가 괘씸하기 짝이 없었답니다. 하지만 상황이 좋질 않다고 판단했지요. 주위에 온통 조조의 군사들이 가득했거든요. 조조를 없애려다 반대로 자신들이 역습을 당할 수도 있었고, 그보다 더 두려운 것은 난리통에 황제가 다치는 것이었습니다. 그래서 유비는 분노를 억누르고 때를 기다리려 한 것입니다.

한편 헌제는 그날 밤 잠을 이루지 못했답니다. 어릴 때부터 지금까지 늘 누군가의 허수아비 노릇만 해 왔으니, 황제가 아니라 그 이상인들 무슨 소용이 있었겠어요. 그나마 조조란 자를 믿어 볼까 싶어 직접 불러들였는데, 된통 모욕을 당했으니 견디기 힘들었겠지요. 헌제는 더이상은 이렇게 살고 싶지 않았답니다. 그는 주변의 인물들을 떠올려 봤습니다. 이 상황에서 내가 믿을 수 있는 사람이 누구일까, 누가 나를 구해줄 수 있을까. 그는 이내 믿을 사람은 친족밖에 없다고 생각을 합니다. 그리고 그때 불현듯 동승이 떠올랐어요.

동승은 할머니 동태후의 조카로서, 헌제가 이각과 곽사에게 시달리고 있을 때 여러 번 헌제를 구출해냈던 사람입니다. 더군다나 그의 딸이 헌제의 후궁이었으니, 온통 조조 편인 궁궐에서 몇 안 되는 헌제의 측근이었던 거죠.

'그래 동승에게 내 뜻을 전하고 한나라를 구해달라는 편지를 써야겠다.'

헌제는 밤중에 일어나 검지를 어금니로 깨물어 살을 짓이긴 후, 철철 흐르는 피를 받아 혈서를 써 내려갔다. 비통함에 아픔도 느껴지지 않았다.

"동탁에 이어 이각, 곽사, 조조까지 모두 이 나라와 황실을 위협하는 존재들뿐이오. 부디 조조로부터 황실을 구해주시오."

혈서를 쓴 뒤 허리에 두르는 복대를 찢어, 그 안에 편지를 넣고 다시 복대를 꿰맸다. 꽁꽁 싸맨 손가락에서는 피가 철철 나오고, 두 눈가에서는 참으려 했던 눈물이 줄줄 흘러내렸다. 선택받은 천자로 태어났으나 비극으로 치닫기만 하는 삶이 너무도 한스러웠던 것이다.

다음날 헌제는 동승을 궁궐로 불러들였다.

"폐하께서 어인 일로……."

"그냥 선물 하나 주고 싶어서 그러오. 받아 가시오."

헌제가 직접 허리에 복대를 차주며 비단옷을 건네니, 동승이 어찌할 바를 몰라 되물었다.

"왜 이런 것을 주십니까?"

"내 마음이니 잘 받아두시오."

동승이 넙죽 절하고 두 손으로 선물을 받고 나가려는데, 헌제의 목소리가 다시 애절하게 들렸다.

"내 마음이라고 했소."

"네?"

용의 출정, 아군도 적군도 없다

"나의 마음이니 부디 잘 살피시오."

복대를 차고 나오던 동승이 '혹시 이 안에 뭐라도 있나?' 생각하던 찰나, 조조와 딱 마주쳤다.

"무슨 일이오?"

조조를 만난 동승은 죄지은 것도 없이 가슴이 철렁 내려앉았다. 알 수 없는 공포감이 동승을 감싼 것이다.

"천자께서 선물을 주신다기에……."

"무슨 선물을 준단 말이오?"

의심 많은 조조는 꼬치꼬치 캐묻기 시작했다.

"아 저기 복대와 비단옷……."

"흠 복대? 그것 좀 풀어 보시오, 나도 한번 차 보게."

"아니 그게 저……."

동승은 복대에 무슨 징표가 있을지 몰라 마른 침을 삼키며 주저 또 주저하였다.

"아이, 차 보고 바로 돌려 준다니까."

조조가 거의 강제로 뺏다시피 해 차 보더니 아무렇지 않게 말했다.

"이거 맘에 드는데 내가 가져도 되겠소?"

동승이 당황해 말을 더듬으며 대답했다.

"천자께서 하사하신 거니, 이것말고 제가 하나 좋은 걸로 마련해 드리지요."

"뭘 그런 수고를 하오, 그냥 이거 주면 되지. 껄껄."

조조가 웃으며 동승의 표정 한 번 살피고 복대 한 번 살피길 반복했다.

복대에는 만져 보고 살펴보아도 분명 아무것도 없어 보였다. 하지만 한 가지 이상한 점이 있었다. 동승의 눈빛이 심하게 흔들리고 있었던 것이다. 동승은 다리가 후들거리고 가슴이 터져 버릴 것만 같았다. 그래도 정신을 붙잡으며 태연한 척 말했다.

"그렇다면 드리겠습니다."

한동안 뚫어지게 동승을 바라본 조조는 호탕하게 웃으며 말했다.

"농담이오, 내 어찌 천자께서 하사한 선물을 빼앗겠소."

의심스러웠지만 증거가 없으니 보내줄 수밖에 없었던 것이다.

급히 집으로 온 동승은 그날 밤 서재로 들어가 등불을 밝혀 놓고 복대를 살펴보았다. 그러나 어디에서도 이상한 점을 발견할 수 없었다.

"천자께서 나에게 자세히 살펴보라고 한 것은 반드시 무언가 뜻이 있으셨을 터인데, 여느 복대와 다른 점이 없으니 귀신이 곡할 노릇이구나."

한참 복대를 뒤적이다가 동승이 피곤을 이기지 못하여 탁자에 몸을 기대고 잠시 쉬려했다. 그런데 실수로 등불을 밀어 불똥이 복대에 떨어졌다. 후다닥 옷을 뺐지만 이미 작은 구멍이 나있었다.

"어이쿠, 이를 어째."

동승이 황망해 하는데, 구멍 사이로 언뜻 빨간 자국이 눈에 들어왔다. 자세히 들여다보니 핏자국이 아닌가. 급히 칼로 복대의 실밥을 뜯어내니, 그 속에는 놀랍게도 헌제의 혈서가 있었다. 내용을 읽으며 동승은 밤새 소리 죽여 울어야 했다.

동승은 그 뒤부터 함께 일을 도모할 사람들을 은밀하게 한 명 한 명 모으기 시작했다. 이 일에 동참하게 된 이들은 목숨을 내건다는 의미로 헌제의 밀서에 피로 이름을 적었다. 그러던 중 유비 역시 조조에게 불편함이 있다는 것을 알게 되자 동승은 유비에게도 헌제의 밀서를 보여 주었다. 유비는 밀서를 읽고 피눈물을 흘리며 결연히 이름을 올리고는, 실질적인 행동을 위한 준비를 시작했다.

"내 세력은 알다시피 서주에 있습니다. 그러니 가서 군대를 데려오겠습니다. 그때까지 조조의 약점을 파악해 주십시오. 금방 돌아오도록 하겠습니다."

분노한 조조, 유비의 목을 가져오라

든든한 지원군인 유비를 얻은 동승은 어떻게 조조를 죽일까 골몰하기 시작했다. 호랑이 같은 권력을 등에 진 조조를 없애는 게 쉬운 일은 아니었으니까. 어느 날 그가 조정에 들어가 있는데 조조가 외쳤다.

"아이고 머리야! 어의 불러, 얼른."

조조는 만성 두통 환자였다. 잔꾀들이 그냥 나온 게 아니었는지, 가끔 저렇게 발작을 일으켰다. 그리고 천자를 살피는 어의를 수시로 불러 자신의 약을 짓게 하곤 했다.

"옳거니!"

그 모습을 보던 동승은 문득 길이 보이는 듯했다. 동승은 마침 어의인 길평과 어릴 적 친구 사이였던 것이다. 하루는 길평을 불러 죽는 시늉을 하며 말했다.

"나 비상 좀 구해줘 친구."

"뭐? 이 사람아 비상은 잘못 먹으면 죽어."

"맞네, 내가 죽어야겠네."

"갑자기 그게 무슨 소린가?"

"망국에서 살아 뭣하나, 사내대장부가 할 수 있는 일 하나 없는데. 그냥 콱 죽어 버리는 게 낫지."

그러면서 동승은 황제의 밀서를 조용히 길평에게 보여 주었다. 길평이 비분강개하더니 대답했다.

"무슨 얘긴 줄 알겠네."

"가능하겠나?"

길평은 고개를 끄덕였다. 그 역시 조조가 영 마뜩잖았던 것이다. 문제는 비상을 조조에게 먹이는 것이었다. 조조는 냄새에 어찌나 민감한지 음식에 새로운 재료가 들어갈 때면, 그 재료의 이름과 그 생산 지역까지 알아내는 신기에 가까운 코를 가지고 있었던 것이다. 길평은 비상의 냄새를 제거하기 위해 평상시보다 탕약을 팔팔 끓여야 했다. 독한 냄새가 다 날아갈 때까지. 길평은 뜨거운 탕약을 들고 조조의 방으로 들어갔다. 그의 손은 평상시와 다르게 미세하게 떨리고 있었다. 그 차이를 조조가 놓칠 리 없었다.

"오늘따라 팔팔 잘 달여졌습니다. 천천히 후후 불어 드시지요."

조조는 탕약을 마시려다가 그 열기에 놀란 척, 소리를 질렀다.

"어이쿠, 뜨거워!"

그리곤 그릇을 일부러 은수저가 있는 쪽으로 엎어 버렸다. 의심이 많은 조조는 늘 은수저를 근처에 두고, 조금이라도 의심스러우면 은수저로 독성을 시험해 왔던 것이다. 아니나 다를까, 은수저의 색이 점차 변하는 게 아닌가. 들켰다 싶은 길평이 반쯤 남은 탕약 그릇을 집어 조조 귀에 들이부으려고 했다. 하지만 조조는 여우처럼 피하면서 탕약 사발을 가로채 길평의 머리를 내리쳤다. 뜨거운 탕약이 길평에게 화상을 입혔음은 물론이고, 비상의 독이 눈에 들어가 그의 시야를 앗아가 버렸다. 조조는 눈도 뜨지 못하고 괴롭게 비명을 지르는 길평의 머리채를 잡고 마당에 내동이치며 소리쳤다.

"이놈 혼자가 아닐 거다! 고문해서 배후를 알아 와라!"

그러나 길평은 아무리 심한 고문을 받아도 끝내 입을 열지 않았다. 그 보고를 들은 조조는 가만히 생각하더니 문득 말했다.

"동승의 집을 뒤져라."

이런 큰일났네요. 조조는 이 일의 배후에 동승이 있을 거라는 걸 어떻게 알았을까요? 은수저를 늘 곁에 두었던 조조의 성격과 일맥상통하는데요, 바로 의심이죠. 조조는 삼국지의 수많은 영웅들 중에서 가장 오랫동안 집권을 한 사람이에요. 그리고 그 비결은 바로 그의 끊임없는 의심에 있었습니다.

조조는 복대를 받은 동승의 흔들리던 눈빛을 잊지 않고 있었어요. 증거는 발견하지 못했지만, 그를 주의해야겠다고 계속 생각하고 있었던 거죠. 그리고 이렇게 위협적인 일이 생겼을 때, 바로 그 눈빛을 떠올린 것입니다.

동승의 집을 덮친 조조의 수하들은 밀서를 발견해 조조에게 바쳤다. 밀서에 적힌 이름을 읽어 나가던 조조는 한 이름 앞에서 멈출 수밖에 없었다.

"유비⋯ 네 이놈 내가 너를 동지처럼 여기고 여러 차례 은혜를 베풀었거늘, 이놈이 나를 배신하고 나를 죽이려 들었구나! 가장 괘씸한 놈이다. 당장 잡아들여라!"

조조의 명을 받든 병사들이 뛰어나갔다가 곧 빈손으로 돌아와 머뭇거리며 보고했다.

"승상, 유비는 이미 성문 밖으로 떠났다고 하옵니다."

조조는 유비를 자기 사람으로 만들고 싶어 하면서도 내심 경계해 왔어요. 왜냐하면 유비는 조조의 콤플렉스를 건드리는 사람이었으니까요. 알

다시피 조조는 환관의 손자였지만, 유비는 황실의 후손이잖아요. 또 사람들이 유비를 좀 잘 따라야지요. 관우, 장비 같은 무시무시한 장수들은 물론, 덕장이라며 그를 칭송하는 이도 많았지요. 아군이 되지 못한다면 가장 위험할 수도 있는 사람이라고 생각했습니다. 그래서 더욱 심혈을 기울여 자기 편을 만들려고 했는데 배신당했으니 분노가 치밀었죠.

'덕장 좋아하네. 감언이설로 사람들이나 후리고, 은혜를 베푼 사람을 배반한 놈이다.'

그래서 조조는 유비부터 치기로 결심했습니다.

유비는 서주에서 군사를 모아 세력을 다지고 있던 와중에 전갈을 받았습니다. 독살도 실패하고, 관련자가 모두 색출되어 참수당했다는 비보 말입니다.

게다가 자신이 참여한 것도 밝혀져 조조가 군대를 일으켜 쳐들어온다는 소식을 듣고, 잔뜩 긴장할 수밖에 없었습니다. 천자를 잡고 한나라 황실의 군대를 진두지휘하는 조조였으니 군사가 얼마나 막강하겠어요. 조조는 황실의 군사 중에서도 뛰어난 군사 20만을 차출하여 서주로 쳐들어옵니다. 이때 서주군은 겨우 2만이 전부였는데 말입니다. 결국 유비의 군대는 일당 백 명의 몫을 해내며, 결사항전을 외치는 수밖에 도리가 없었지요.

제일 최전방에 위치한 첫 번째 성은 유비와 장비가, 두 번째 성에는 유비의 책사들이, 그리고 가장 후방에 있는 마지막 성은 유비의 가족들을 은신시켜 놓고 관우가 지키고 있었습니다. 하지만 어디 싸움이 되어야 말이지요. 분노로 가득찬 조조가 이끄는 한나라 최정예 전사들의 말발굽 아래에 유비와 장비가 지키던 성은 추풍낙엽처럼 순식간에 무너지고 맙니다. 유비

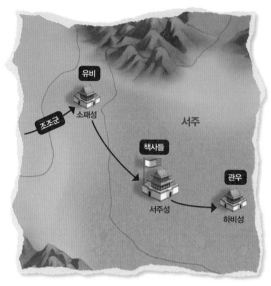

와 장비는 난리통에 서로의 생사도 확인하지 못한 채 각각 말을 타고 산중의 깊은 어둠 속으로 도망을 치게 됩니다.

유비와 장비가 지키던 성이 함락되었다는 소식에 두 번째 성을 지키던 책사들은 일제히 항복하고 말았지요. 조조 군사는 늠름하게 관우가 지키고 있는 마지막 성을 향해 전진해 나갔습니다.

이때 조조의 마음이 살짝 설렜습니다. 왜냐고요? 조조는 아무도 모르게 관우를 흠모하고 있었거든요. 관우의 언행이 점잖고 행실이 단정하며, 그의 충성심과 무공 또한 남다르다는 것을 이미 화웅의 목을 날릴 때부터 알고 있었습니다. 적장 화웅의 머리를 청룡언월도 끝에 꽂고 들어와, 자신을 비웃었던 장수들을 향해 그 머리를 내던질 때의 위엄. 그리고 아직 식지 않은 술잔을 단숨에 들이킬 때의 호쾌함. 그 모든 것이 조조의 심장을 저격했던 것이었습니다. 조조는 관우가 지키는 성 앞에 이르자, 최대한 싸우지 않는 방법으로 성문과 그의 마음을 모두 활짝 열고 싶었습니다. 이때 장료라는 장수가 조조의 타들어가는 속을 간파했답니다.

"승상! 무엇을 그리 골똘히 고민하시는지요?"

"관우 장군만큼 인품과 무예가 뛰어난 이는 찾기 어려운지라, 내가 전부터 탐이 났소. 싸우지 않고 내가 거두고 싶은데, 그가 워낙 유비와 장비를 중요시하고, 무엇보다 의리를 생각하는 사람이지 않은가. 결코 항복하지 않을까 걱정이 되는데……."

조조의 말에 장료가 망설이지 않고 대답했다.

"승상, 제가 한번 설득해보지요. 관우는 사실 제 어릴 적 동무입니다."

조조가 깜짝 놀라며 환한 미소로 말했다.

"그래? 아무리 그래도 저 나무토막 같은 자를, 가능하겠는가?"

"쉽지 않겠지만 묘책이 있습니다."

"음, 묘책이라. 그래 자네만 믿겠네. 어서 가 보게!"

조조의 외사랑, 관우만 보면

조조의 명을 받은 장료가 관우의 성 앞에 다다랐다.

"관우, 이보게 관우! 나 장료일세. 문 좀 열어주게."

성벽 위에서 내려다보던 관우가 말했다.

"장료인가? 아니 자네 얼마만인가, 반갑네!"

금방이라도 성문을 열듯이 미소를 짓던 관우는 이내 진지해져 근엄한 목소리로 말했다.

"어릴 적 친구를 전장에서 만나니 반갑기는 하네만, 우리는 지금 서로 적진에 있으니 날 설득하러 온 거면 포기하고 돌아가 주게. 조조에게 항복하느니 자결할 테니."

"그런 거 아닐세. 그냥 친구로서 온 거니, 술이나 한 잔 하세."

"그렇다면 좋지!"

그렇게 성에 들어간 장료는 관우와 술을 마시며 이야기를 나눴다.

"이보게 관우 어쩌려고 그러나. 유 황숙, 장비 장군 모두 전투 중에 사라졌네. 아무도 행방을 모른다고."

"뭐야? 조조 놈이 우리 형님과 아우를 죽였단 말인가?"

관우가 청룡언월도를 집어 들자, 장료가 말렸다.

"아니, 아니. 죽였다는 것이 아닐세. 우리 승상은 옳고 그름의 이치를 알아보기 위해 유 황숙을 생포하라고 하셨어. 하지만 전투 중에 홀연히 사라진 것을 우린들 어쩌겠는가."

"그럼 우리 형님과 아우가 무사하단 말이지?"

"시신을 다 찾아 보았는데 유 황숙과 장비 장군은 없었네. 아마 살길을 찾아간 모양이니 걱정 마시게."

관우는 안도하는 듯 수염을 쓸어 내렸다.

"이보게 관우, 밖에 군사 20만이 있네. 자네가 항전해 봐야 이 성에 있는 군사와 주민 모두 목숨을 잃을 뿐일 걸세."

"이제 와서 나보고 항복하라는 건가? 그러느니 내 목을 자르겠네."

"부디 진정하게. 지금 자네가 홧김에 자결하면, 세 가지 죄를 짓는 거란 걸 모르겠나."

"세 가지 죄?"

관우의 송충이 같은 눈썹이 움찔거렸다.

"첫 번째 죄는, 자네 삼 형제는 같은 날, 같은 시에 죽기로 맹세했다면서, 자네 그 약속을 이제 와 깰 셈인가. 형과 아우를 두고 먼저 갈 거냐구! 두 번째, 유 황숙에게 가족을 지켜주겠다고 약속하지 않나. 형수님들 책임

안 질 건가? 자네가 죽으면 두 형수는 누가 지키고 보호하겠나? 마지막 세 번째, 삼 형제의 도원결의가 한나라를 다시 세워보자는 거였잖나. 자네 같은 유능한 한나라의 충신이 한낱 용맹만을 떨치다가 죽는다면 그것도 충신된 도리가 아닐세. 자네가 살아서 형제도 찾고 형수님들도 끝까지 모시고, 다시 심기일전을 해야 한나라를 일으키지. 어디까지나 친구로서 진정으로 하는 얘기일세."

장료의 얘기를 가만히 듣던 관우는 그의 이야기가 끝나고도 한참 동안 말이 없었다. 말없이 술만 마시던 그가 술잔을 세 잔 째 비우더니 드디어 입을 열었다.

"좋아, 여기서 항복하는 대신 세 가지 조건이 있네. 첫째, 나는 천자께 항복하는 거지 조조에게 항복하는 게 아니네. 둘째, 무슨 일이 있어도 여기 형수님께 피해가 가선 안 되고, 두 분을 극진히 모셔 주어야 하네. 내 부하들도 절대 함부로 손대지 말고. 마지막으로, 내 형님과 동생의 행방을 알게 되면 나는 언제 어느 때라도 그들에게 돌아갈 테니, 막지 말아 주게."

장료가 크게 안도하며 말했다.

"그럼, 여부가 있겠나."

장료는 조조에게 달려가 이 사실을 전했다.

"그래? 천자에게 항복하는 거라. 역시 기개가 있군. 음, 나라도 그랬을 것이야. 좋다. 둘째, 형수를 건드리지 말아달라고? 그걸 말이라고 하나? 아니 사람을 뭘로 보고! 걱정 붙들어 매라 전하게. 셋째, 뭐, 뭐, 돌아간다고? 안 되지, 그건 안 돼!"

"승상, 역지사지 해 보시지요. 왜 관우가 유비를 못 잊고 저리 그리워하겠습니까? 그것은 유비에게 많은 은혜를 입었기 때문입니다. 앞으로 승상께서 그 이상의 사랑과 덕을 베풀면 관우도 유비를 잊고 승상께 충성을 다하게 될 것입니다. 그리고 유비가 살았는지 죽었는지 생사도 모르는데, 뭐 그리 신경 쓰십니까?"

자기 사람들을 챙기는 것에는 자신이 있었던 조조는 비로소 고개를 끄덕였다.

"흠… 좋아!"

호탕하게 말하고 조조는 주름진 얼굴을 환히 펴며 웃었다.

드디어 성문이 열렸다. 새벽안개가 자욱이 낀 산세는 신령한 기운마저 감돌았다. 다부진 어깨의 관우가 말에서 내렸다. 팔짱 끼고 의자에 기대어 앉아 있던 조조가 그 모습을 보고는 자기도 모르게 벌떡 일어났다. 그리고 읊조렸다.

"관우 장군."

관우가 청룡언월도를 땅에 힘차게 내리꽂고 무릎을 꿇었다.

"소인, 관우. 승상을 뵈옵니다."

조조는 쏜살같이 달려가 관우를 일으켜 세웠다.

"관우, 이러지 말게. 일어나시게. 사실 내가 자네를 많이 흠모했네."

말로는 모자랐는지, 조조는 관우의 곰 같은 손을 덥석 잡고 이야기했다.

"우리 같이 손잡고 좋은 세상을 만들어 보세나."

"감사합니다, 승상."

조조가 관우의 두 손을 잡고 감격에 차서 믿을 수 없다는 듯이 관우를 아래위로 쳐다보는데, 자세히 보니 관우의 신발 끈이 풀려 있었다. 그걸 발견한 조조가 갑자기 한쪽 무릎을 꿇더니 정성스럽게 신발 끈을 묶어주는 게 아닌가.

"승상, 이러지 않으셔도 됩니다."

당황한 관우가 만류하거나 말거나 조조는 끝까지 매듭을 진 다음, 관우를 확 끌어안았다.

"관우, 와줘서 정말 고맙네."

요지부동 관우, 적토마에 웃다

관우의 투항 후 조조의 관심은 온통 그에게 쏠렸답니다. 관우의 마음을 얻을 수만 있다면 천군만마 부럽지 않을 거라 믿었거든요. 하지만 그가 언제 유비에게 갈지 모르니 불안하기도 했고요. 결국 관우의 환심을 사기 위해 조조는 귀한 선물들을 하사했지요. 관우의 친구 장료가 했던 조언이 있었잖아요? 유비가 했던 것처럼 진심으로 은혜를 베푼다면 관우의 마음이 열릴 거라고요. 그런데, 조조가 제일 먼저 한 일이 우습게도 관우의 충성심을 떠보는 일이었어요. 역시 조조답습니다. 어떤 방법을 썼냐고요?

관우에게 방을 한 칸만 내준 거예요. 형수님 두 분이랑 같이 지내야 하는데 말입니다. 하지만 우리의 관우가 누굽니까? 형수님 두 분을 방안에 편안히 모신 뒤, 자신은 밤낮으로 문밖에서 형수님들을 지켰답니다. 청룡언월도를 들고 보초를 선 거지요. 하루, 이틀이 지나고 사흘째가 되어도 관우는 언제나 똑같은 표정과 자세로 요지부동했지요. 이 사실을 알게 된 조조가 깜짝 놀랐어요.

"오호, 요 녀석 봐라. 듣던 대로 보통이 아닌데? 하긴 형수님들인데, 깍듯이 모시는 게 당연하지. 내가 좀 심했어. 그렇다면……."

그가 기막힌 아이디어라도 떠오른 듯 회심의 미소를 지었다.

"여봐라, 관우 장군을 넓은 집으로 옮기게 하되, 그 집에 최고의 미녀 10명을 보낼 거라."

그렇게 색색의 옷을 차려입은 여인들이 관우가 머무는 처소로 몰려왔다. 하지만 관우는 눈썹 하나 까딱하지 않고 형수님들 방으로 미녀들 10명을 모두 보냈다.

"이제부터 시녀들이 편히 모실 겁니다. 손수 불편한 일 하지 마시고 이들에게 시중들게 하십시오."

미인계 작전도 실패한 조조는 갓 사냥해 온 멧돼지 고기를 먹다 관우 생각이 났다.

"이 맛있는 걸 나 혼자 먹을 수는 없지. 여봐라, 관우에게 이 고기를 갖다 줘라. 식기 전에 먹을 수 있도록 빨리 뛰어가야 한다. 아참, 고기에 술이 빠지면 안 되지. 이것도 같이 갖고 가거라. 가면서 칠칠치 못하게 흘리면 절대 안 된다. 비싼 술이야."

술 좋아하는 관우였지만, 형수님들을 모시는 입장이었기에 감히 입을 댈 수 없었다. 그 음식 역시 형수님들 방으로 보냈다.

이 소식을 들은 조조가 탄성을 내뱉었다.

"어허, 이자가?"

'녀석'에서 어느덧 '이자'로 바뀐 것만 봐도 그가 얼마나 관우를 대단하게 생각하게 됐는지 알 수 있지 않은가. 맛있는 것을 보면 먹고 싶고, 아름다운 이성을 보면 다가가고 싶은 것이 사람의 본능이거늘, 맛있는 음식과 미인의 유혹을 모두 마다하니 과연 영웅다운 기개를 가진 이라 느낄 수밖에.

조조는 근심에 잠겼다. 이러다 관우 마음을 영영 못 사는 게 아닌가 싶어 불안증이 몰려왔다.

"그래도 사람이란 본래 금은보화 앞에선 마음이 약해지는 법."

꾀를 낸 조조는 관우가 말에서 내릴 땐 은을 하사하고, 오를 땐 금을 주길 반복했다. 하지만 관우는 여전히 동요하지 않았다. 그저 창고 안에 이것들을 보관할 뿐, 들여다보지도 만지려고도 하지 않은 것이다.

"허허, 과연 저자가 사람인가?"

조조가 혀를 내둘렀지만 속으로는 존경심이 일 정도였다. 관우가 요지부동일 때마다 더욱 관우가 탐이 난 것이다. 그때, 관우의 허름한 옷이 눈에 들어왔다. 조조는 진심으로 관우에게 좋은 비단옷 한 벌 해주고 싶다는 마음이 들었다. 최고의 비단으로 관우 몸에 딱 맞는 옷을 지은 후, 그를 불렀다.

"이보게 관우, 명색이 나 조조를 모시는 장수인데, 옷이 허름해서야 쓰겠는가. 내 마음이니 부디 이번에는 거절하지 말게."

비단옷을 받아든 관우가 정중히 인사를 올리며 말했다.

"승상이 하사하시니 감사히 입겠습니다."

그런데 옷을 받아들고 나가려는 관우를 조조가 붙잡으며 말했다.

"관우! 여기서 입어보게. 입은 모습을 보고 싶네. 품이 안 맞으면 당장 새로 지어줄 것이니."

관우는 어쩔 수 없이 뒤돌아서서 입고 있던 옷을 벗었다. 그때 조조는 튀어나오는 탄성을 참기 위해 자신의 입을 틀어막아야 했다.

도대체 관우의 뒤태가 어땠기에 조조가 놀랐을까요?

혹시 광배근이라고 아시나요? 일명 이소룡 옆구리 근육이라고도 부르는데요. 우리 몸에서 가장 넓은 근육 중 하나랍니다. 광배근은 팔을 당길 때 가장 크게 움직이는데요. 유도 선수의 당기는 힘 그리고 권투 선수들이 내지르는 펀치의 힘 모두 여기서 나온답니다. 바로 그 광배근이 관우 등에선 상상을 초월하게 발달되어 있었답니다.

어디 그뿐이던가요? 관우의 등에는 거친 상처가 군데군데 나있었어요. 영광의 상처이자 험난했던 그의 과거를 말해주는 증표 같은 것이었지요. 이래저래 조조가 본 남자 몸 중 가장 멋있는 뒤태를 가지고 있는 사람, 그가 바로 관우였던 겁니다.

새 옷을 입은 관우를 보고 조조가 박수를 짝짝 치며 말했다.

"이렇게 잘 어울릴 수가! 다른 사람인 줄 알겠네, 하하하."

"과찬이십니다."

그런데 관우가 인사를 하더니, 새 옷 위에 원래 입던 허름한 옷을 덧입는 게 아닌가.

"아니 관우, 이렇게 비단을 아끼시는 게요? 참 검소하시구려."

"승상, 이 옷은 저희 큰형님 유비가 지어주신 거랍니다. 이 옷을 입고 있으면 형님이 느껴지는 듯합니다. 새 옷을 받았다 하여 어찌 형님께서 입혀주신 것을 버릴 수 있겠습니까? 또한 이 옷을 입고 있어야 큰형님이 언제 어디서든 밤이든 낮이든 저인지 알아볼 수 있으실 겁니다."

그 말을 마친 관우는 다시 한 번 허리를 깊이 숙여, 감사 인사를 하고 나갔다. 문이 닫히자 조조는 억지 미소를 거두고 자기도 모르게 앉아있던 의자에서 떨어졌다.

"어이쿠."

신하들이 놀라 물었다.

"승상 괜찮으십니까?"

"괜찮네. 갑자기 두통이 일어서."

관우의 마지막 말에 조조는 절망할 수밖에 없었다. 그의 마음속엔 오직 유비뿐이라는 걸 또 한 번 깨달았기 때문이다.

"하, 이를 어쩐다?"

조조는 마음을 바꿔먹기로 합니다. 물질 공세 대신 관우와 인간적으로 가까워지기로 결심한 거지요. 그래서 사냥을 하자 청합니다. 당시 사냥은 지금의 골프와 같았어요. 흔히 골프는 사교에 좋은 스포츠로 잘 알려져 있잖아요. 조조와 조조의 아들인 조비 그리고 장료가 사냥터에서 관우를 기다렸습니다. 그런데 30분이 지나도 그가 안 나타나는 거예요. 사실 굉장한 결례지요. 요즘으로 따지면 국무총리를 기다리게 한 거나 마찬가지니까요. 기다리다 지칠 즈음 멀리서 관우가 바쁘게 걸어오는 게 보였습니다. 그런데 말을 타고 오는 게 아니라 말고삐를 잡고 걸어오네요.

"아니, 관우. 왜 말을 타고 오지 않고?"

조조가 묻자 그가 대답했다.

"제 말이 늙고 쇠약해져 이리 늦어졌습니다. 용서해 주십시오."

그때 조조의 눈이 번쩍 떠졌다.

"자고로 명장에게 명마가 있어야 하거늘. 여봐라 전에 여포가 타던 적토마가 어디 있더냐?"

장료가 대답했다.

"잘 먹고 훈련받으며 새 주인을 기다리고 있습니다."

"적토마의 새 주인은 관우 장군일세. 어서 가서 적토마를 데려오게."

장료가 살짝 난색을 표했다.

"그런데, 승상. 적토마가 워낙 영물인지라 아무나 태우려 하질 않습니다. 적토마를 타려다 벌써 세 명이 허리가 나가고 두 명이 목을 다쳐 몸져 누웠습니다. 승상께서 아끼시는 관우 장군이 혹시 다칠까 염려됩니다."

"아닐세, 그럴 일 없을 걸세. 일단 데려오게."

조조는 과연 적토마가 관우를 받아줄까란 호기심도 일었다. 한편 관우는 적토마란 말을 듣자마자 눈썹이 꿈틀댔다. 관우는 여포와 힘을 겨루던 그 첫 번째 싸움이 떠올랐다. 공격을 유연하게 피하면서도, 틈을 노려 무지막지한 속도로 돌진해 들어오던 그 적토마를 잊을 수 없었던 것이다.

비유를 들어볼까요? 아무리 눈과 주먹이 빠른 권투 선수라도, 발이 받쳐주지 않으면 적을 피할 수도, 순간적으로 빠르게 파고들어 공격할 수도 없겠죠. 그날 관우가 여포에게 밀린 것은 적토마가 강한 이유도 절반은 차지했던 겁니다. 그 무섭도록 빠르고 지칠 줄 모르는 적토마를 가질 수 있다니, 관우는 벅차오르는 설렘을 감출 수가 없었습니다. 만일 관우가 적토마를 얻는다면 여포의 전설 같은 무예를 뛰어넘을지도 모른다는 기대를 하게 되는 대목이네요.

그때 천지를 뒤흔들 것 같은 말 울음소리가 들렸다.

관우가 눈에 힘을 주어 쳐다보니, 당장이라도 불꽃이 일 듯한 붉은 적토마가 달려오고 있는 게 아닌가. 어찌나 잘 먹이고 훈련시켰는지, 근육의 결 하나하나가 살아있었다. 관우는 적토마의 눈을 지그시 바라보았다. 적토마 역시 관우를 보고 고개를 숙이는 것이 마치 새 주인에게 인사하는 것 같았다.

"적토마가 영물은 영물이네, 관우 장군을 알아보고 인사하는 거 보니 말야. 이제 자네 것이니 맘껏 타게."

"정말 이 귀한 말을 저에게 주시는 겁니까?"

관우가 믿기지 않는 말투로 물었다.

"그렇다니까. 사람은 관우, 말은 적토마. 이보다 더 잘 맞는 찰떡궁합이 어디 있겠는가. 하하하."

관우가 잘 웃지 않는다고 했었죠? 삼국지에서 웃는 모습이 대표적으로 두 번 나옵니다. 화웅을 1합에 제거하고 돌아와 "아직 술잔이 식지 않았군 요."하며 한 번, 그리고 또 한 번이 바로 적토마를 선물 받았을 때랍니다. 첫 번째는 슬며시 웃었다면, 이번에는 흰 치아를 드러내고 환히 웃었지요.

그리고 관우는 적토마 위에 가볍게 올라탔습니다. 적토마가 머리를 흔들며 앞발을 들고 포효하자, 관우는 '이랴' 하고 달렸지요. 땅에 전해지는 묵직한 발걸음의 울림과 바람 같은 속도에 모두가 혼이 나간 듯 그 모습을 바라봤습니다. '드디어 명마가 진정한 주인을 만났구나.'란 생각을 일제히 했지요. 조조는 드디어 관우의 마음을 얻었다 싶어 속으로 쾌재를 불렀답니다. 과연 적토마를 얻은 관우는 조조에게 충성을 맹세할까요?

적토마를 타고 숲을 한 바퀴 돌고 온 관우의 모습은 가히 하늘에서 무신이 내려온 듯했다. 말의 털도 붉고 관우의 얼굴도 붉으니 이는 멋드러진 붉은색의 조화를 이루었다. 말에서 내린 관우는 몹시 기뻐하며 조조에게 거듭 감사를 표했다.

"승상, 이 은혜 평생 잊지 않겠습니다."

조조가 웃음을 띠며 한마디 건넸다.

"내가 이전에 관우 그대에게 수많은 미인을 보내고, 또 온갖 금은보화를 보내었건만 한 번도 그대의 감사를 들은 적이 없었네. 그런데 한 필 말을 받고 그렇게 기쁜 표정을 짓는 것인가?"

관우가 여부가 있겠냐는 듯 대답했다.

"네, 눈물이 날 만큼 좋습니다. 하루에 천릿길을 가는 영물을 주셨으니, 이제 저희 형님이 어디에 있는지만 알면 언제든 바람처럼 달려갈 수 있지 않겠습니까?"

순간 흐뭇하게 미소를 짓던 조조의 얼굴이 사색으로 바뀌었고 온 얼굴의 근육이 굳어 버렸다.

"흠, 관우. 먼저 가서 짐승을 좀 몰아 놓게. 나는 한숨 돌리고 뒤따라가겠네."

관우가 다시 적토마를 타고 사냥터로 달리자, 조조가 갑자기 자리에 주저앉았다. 다리에 힘이 풀려 더는 서 있을 수 없었던 것이다.

"승상, 괜찮으십니까?"

조조는 바닥에 주저앉아 관우에게 적토마를 준 것을 후회했다. 그리고 장료에게 화를 내며 말했다.

"아니 장료! 내가 유비만큼 관우에게 은혜를 베풀면 분명 나에게 온다고 하지 않았소! 내가 관우를 쌀쌀맞게 대한 것도 아닌데, 항상 유비에게로 떠날 생각만 하고 있으니, 이를 어찌하면 좋단 말이오?"

장료가 말했다.

"승상! 걱정 마십시오. 제가 가서 관우의 속마음을 알아보고 다른 묘책을 가져 오겠습니다."

한편 관우는 적토마를 얻어 세상을 가진 듯 기뻤지만 마음 한켠은 도리어 더 불편해졌어요. 지금까지 조조에게 받기만 했을 뿐 그 어떤 답례도 하지 못했으니까요. 조조가 매끼 귀한 음식을 차려다 줘도 관우의 얼굴은 점점 초췌해져만 갔답니다.

이튿날, 장료가 관우를 찾아가 말했다.

"관우, 잘 지내고 있는가! 내가 자네를 여기까지 오게 만들었는데, 한 번 솔직히 말해보게. 혹여 우리 승상이 섭섭하게 대하신 일이라도 있는가? 어찌하여 그대는 떠날 생각만 하는 겐가?"

"승상께서 나를 대하시는 은혜는 충분히 알고 있네. 그러나 나는 여태껏 유비 형님께 은혜를 입어 여기까지 왔고, 이미 죽음까지 함께하기로 맹세한 터라 의리를 저버릴 수 없네. 떠나기 전에 반드시 조조 승상의 은혜를 갚을 만한 공을 세우고 갈 테니, 너무 서운해 말게."

관우의 단호함에 장료가 할말을 잃고 곰곰이 생각하다가 진지하게 말했다.

"만약에 유 황숙이 이 세상을 떠났다면 그땐 어디로 가려고 하는가?"

관우가 단 1초의 망설임도 없이 말을 이어갔다.

"그렇다면 땅속이라도 형님을 따라가겠네."

장료는 탄식하며 돌아와 관우의 뜻을 그대로 조조에게 전했다. 조조는 그 말을 듣고 나서 깊은 한숨을 내뱉었다.

"현재의 주인을 섬기되, 그 근본을 잊지 않으려 하다니. 역시 내가 사람 보는 눈이 있구만……. 관우는 참으로 진정한 의리를 가진 사람이오!"

장료가 조조의 탄식을 듣고는 말을 이었다.

"하지만 관우는 승상께서 내리신 은혜를 갚고자 공을 세운 후에 떠나겠다 말했습니다. 관우가 공을 세울 기회를 막는다면 영영 승상의 곁을 떠나지 못할 것입니다."

Q. 적토마가 삼국지 최고의 명마라면 조조 자신이 타는 게 제일 좋지 않나요? 관우한테는 그 다음으로 좋은 말을 줘도 되잖아요.

A. 말이 장수에게 굉장히 중요하다고 말씀드렸었죠. 그런데 조조는 사실 이맘때쯤, 즉 천자와의 관계가 확고해지고 수많은 인재를 거느리고 있을 때쯤엔, 직접 나가서 싸우는 일은 많지 않았어요. 군사들을 이끌고 전장에 나가더라도 장수가 나가서 싸우게 하겠죠. 거의 왕과 같은 존재인데, 당연히 그렇지 않겠어요?

그러니까 이제 조조는 '장수'라기보다는 '주군'이었기 때문에 좋은 말보다는 좋은 장수를 얻는 게 더 중요했습니다. 그래서 관우라는 명장을 얻기 위해서 적토마 같은 명마를 내어주는 건 아깝지 않았던 겁니다.

관우와 유비,
적이 되어 다시 만나다

　한편 유비는 어떻게 되었을까요? 조조에게 완패했던 유비는 말을 타고 밤새 하염없이 달렸습니다. 목적지도 없이 달리고 또 도망쳤습니다. 훗날 유비는 삼고초려 끝에 최고의 책사인 제갈공명을 만나는데요. 그때 이런 말을 하지요.

　"공명 선생. 제가 하루도 한나라 걱정을 하지 않은 날이 없거늘, 약 20년간 저는 늘 도망자 신세일 뿐이었습니다."

　유비가 인정하듯, 삼국지 초반에 그는 늘 도망 다니고 누군가에게 의탁하는 신세였습니다. 스스로 생각해도 한심하고 답답해 속이 터질 것 같았지요. 명색이 황실의 후손이자 무장인데, 병법서의 수많은 계책 중 제 36계, 줄행랑만 계속 선보이고 있으니 얼마나 비참했겠어요.

　하지만 유비는 포기하지 않았답니다. 두 아우를 만나 다시 힘을 모으리라, 한나라를 반드시 구하리라 다짐했죠. 결국 유비는 갈 곳을 생각하다 원소가 떠올라 몸을 의탁하기 위해 찾아갑니다. 유비는 원소와 개인적인 감정이 없었고, 지금 상황에서 조조의 세력에 맞설 수 있는 자는 원소밖에 없다는 판단에서였습니다.

원소를 만나 조조의 군사에게 패배해 가족들과 아우, 군사들을 모두 잃은 상황을 말하자 원소도 유비의 입성을 기쁘게 승낙하며 함께 지내기로 했습니다. 예의 바르고 겸손한 유비의 면모가 맘에 들었고, 수도 허창에서 조조와 함께 지내며 그의 계략과 습성을 파악한 유비가 조조와 전투할 때 큰 도움을 줄 수 있을 거라고 판단한 거죠.

유비는 원소 진영에 와서 깜짝 놀라고 말았다. 최근 북방 지역을 평정해 4개의 주를 다스리게 된 원소의 세력이 큰 줄은 알고 있었지만, 이 정도인 줄은 몰랐던 것이다. 무려 군사가 70만인데 사기도 높고 군량미도 충분해 보였다. 이 정도면 충분히 조조 진영을 집어삼키고도 남을 것 같았다. 한때는 동지였지만 지금은 조조야말로 유비의 철천지원수 아니던가. 황실을 능멸하고 삼 형제를 뿔뿔이 흩어 버렸으며 가족의 생사까지 알 수 없게 만든 사람이 조조이기 때문이다. 유비가 원소에게 말했다.

"원소 장군, 제 말 좀 들어 보십시오. 지금 조조를 제거해야 합니다."

"왜 지금이오?"

"조조는 천자를 속인 역적이온데, 원소 장군께서 이렇게 많은 군마를 가지고 있을 때, 그를 토벌하지 않으면 하늘의 뜻을 저버리는 것이 될 것입니다. 지금 조조의 군대는 서주를 손에 넣었으나, 저와의 전투로 인하여 많이 지쳐있는 상황입니다. 게다가 원래 병법에 이르길, 힘과 군량미가 적군의 세 배 이상일 때 공격하라고 하지 않았습니까? 그런데 세 배가 뭔가요, 공의 세력이 족히 열 배는 넘어 보입니다. 조조가 회복하고 세력을 더 키우기 전에 쳐야 하지 않겠습니까?"

"흠 듣고 보니 맞는 말일세. 좋아, 아주 혼쭐을 내줍시다."

원소는 자신의 진영에서 가장 무공이 뛰어난 장수인 안량과 문추를 선봉에 내세우기로 했다. 이 둘은 '좌 안량 우 문추면 천하에 두려울 전투가 없다.'라는 말이 돌 만큼 훌륭한 장수들이었다. 과연 자신감 넘치는 이들은 서로 먼저 적의 목을 베어 오겠다며 실랑이를 벌였다. 원소는 일단 안량을 내보내기로 했다.

"조조의 군사는 15만 정도로 예상된다. 내가 너에게 군사 10만을 줄 테니, 조조의 본진을 쳐라. 나머지 55만 군사는 나와 유비 장군이 이끌고 뒤따라가겠다."

원소의 대군이 조조 진영을 향해 진군한다는 소식이 조조에게도 전해졌다. 이때 기다렸다는 듯이 관우가 나섰다.

"승상, 제가 선봉으로 나가겠습니다. 언제까지 식객으로 있을 수는 없지요. 베풀어 주신 은혜에 보답할 기회를 주십시오."

"아닐세. 안량은 자네에게는 너무 하찮은 상대일 거야. 내가 그대의 무공을 진정 높이 평가하고 아끼는 마음에 하는 말이야. 위급한 일이 생기면 그때 말하겠네. 그러니 좀더 쉬게. 부담 갖지 말고."

조조는 관우를 돌려보냈다. 그때 주위의 책사들이 물었다.

"왜 관우 장군을 내보내지 않으십니까?"

조조가 처연한 목소리로 대답했다.

"실은 관우가 공을 세우면 바로 날 떠날것이 두려워 그러네."

"승상, 저희가 입수한 정보에 따르면, 유비가 지금 원소 진영에 있다 하옵니다."

"뭐? 뭐? 유비 그놈이 아직 안 죽었다고?"

조조가 새된 목소리로 물었다.

"그렇습니다, 유비가 원소를 부추겨 지금 저희 진영을 치러 오는 겁니다. 그러니 계략을 써야 합니다. 관우 장군을 내보내십시오. 그가 안량을 이기지 못한다면, 승상께서 이런 정성을 드릴 만큼 뛰어난 장수가 아닌 것이니 아까워하실 것 없습니다. 반대로 만약 이겨 안량을 죽인다면, 원소가 무슨 생각을 하겠습니까? 유비와 관우가 내통했다 의심해 유비의 목을 치겠지요. 그럼 갈 곳을 잃은 관우는 승상의 영원한 심복이 될 것입니다."

조조의 책사, 정욱이 낮은 목소리로 조곤조곤 설명했다.

"과연 듣던 중 최고로 맘에 드는 계략일세. 하하하."

조조가 무릎을 치며 아이처럼 기뻐했다.

마침내 조조, 원소, 두 진영의 병사들이 양쪽에 대치 상태로 진을 쳤다. 조조는 산 위에 올라가 원소의 군대가 쳐 놓은 진을 살폈다. 냇물이 흐르는 드넓은 평야에 10만 대군이 펼쳐져 있는데, 그 웅장함에 눈이 번쩍 떠졌다. 안량이 원소 군의 선봉에 서서 의기양양하게 외쳤다.

"감히 이 안량에게 대적할 선봉 장군이 누구냐, 어디 한번 나와 봐라."

일순 묵직한 고요가 찾아왔다. 장엄함조차 느껴지는 침묵 속에서 조조 측 군사들이 두 갈래로 갈라졌고, 그 사이로 저 멀리 관우가 모래바람을 일으키며 나타났다. 태양보다 더 붉은 적토마에 올라타고, 세상의 그 어떤 것도 두 동강 낼 듯한 청룡언월도를 손에 들고, 봉황 같은 눈을 부릅뜨며, 누에 같은 눈썹을 바짝 세운 채 달려오는 모습이 가히 하늘에서 내려온 무신 그 자체였다.

안량과 관우는 통성명도 잊은 채 빙산과 화산이 부딪치듯 대폭발을 일으키며 검무를 선보였다. 그런데 어쩐 일인가. 안량이 아무리 이리저리 검을 휘둘러도, 관우는 바람처럼 피해 다니며 단 한 번도 맞질 않았다. 결국 안량이 지쳐 헉헉댈 때, 관우가 단숨에 그의 목을 베었다. 이런 일방적인 승리는 관우와 적토마가 만나 완벽한 무공을 이룬 덕택이었다. 이제 적토마는 새 주인 관우를 만나서 절대 무공의 신화를 써 내려가기 시작한 것이다.

"역시 관우 자네의 무예는 볼수록 놀랍구려!"

안량의 목을 들고 돌아온 관우에게 조조가 엄지손가락을 치켜세웠다.

이에 관우는 겸손하게 대답했다.

"저의 작은 재주야 칭찬할 것이 아닙니다. 제 아우 장비는 100만의 적군 가운데에서도 적장 목을 가져오는 것을 마치 주머니 속 물건을 꺼내듯이 합니다."

조조는 이 말에 놀라 얼굴이 백지장처럼 하얘졌고 훗날 장비를 만나거든 모두 도망가라고 군사들에게 일렀다. 거기에 덧붙여 이름을 기억하도록 '장비' 그 두 자를 옷깃에 적어두라 말했다.

한편, 선봉대를 뒤따라오던 원소에게 한 병사가 달려와 보고했다.

"주공, 안량이 참수당했습니다."

"뭐? 대체 어떤 놈이 안량을 벨 수 있었단 말이냐?"

"얼굴빛이 붉고 수염이 매우 긴 장수가 순식간에 안량의 목을 가져갔다 합니다."

"긴 수염에 붉은 얼굴? 관우 아닌가?"

원소가 유비를 집어삼킬 듯한 눈으로 쨰렸다. 순간 유비의 눈동자도 흔들렸다. 하지만 이내 마음을 다잡고 차분히 말했다.

"원소 장군! 제 아우가 거기 있을 리 없습니다. 오해십니다."

"감히 조조 놈과 내통해 놓고 오해? 덕장이라 믿고 먹이고 재워줬건만. 이런 고얀! 여봐라 당장 유비 이놈을 참수하라!"

원소가 고래고래 소리를 지르며 날뛰었다.

"원소 장군! 어찌하여 한쪽 말만 듣고 저를 내치려 하십니까? 저는 조조와의 싸움에서 진 이후로 관우와 장비가 죽었는지 살았는지도 모른 채 살고 있습니다. 저는 지금 목숨에 미련이 없습니다. 두 아우는 물론 가족까지 잃은 제가 무슨 미련이 남아 있겠습니까? 하지만 죽기 전에 적장이 정말 관우인지 제 눈으로 확인할 수 있게 해 주십시오. 붉은 얼굴에 긴 수염을 가졌다고 해서 반드시 관우란 법은 없질 않습니까. 만일 진짜 관우가 맞다면 제가 직접 제 목을 베겠습니다."

귀가 얇은 원소는 유비의 차분한 대처에 금방 설득당했다.

"흠, 말이 되는 소리군. 내가 경솔했소. 하마터면 죄 없는 사람을 죽일 뻔했어! 그럼 함께 가보오."

한편 선봉대에 있던 문추는 가장 친한 친구였던 안량이 죽자, 분노가 들끓었다. 원소가 도착하자마자 그는 달려가서 복수를 허락해 주길 청했다. 문추마저 질리는 없다고 생각한 원소가 허락하자, 문추가 검을 뽑아 들고 질주하며 소리쳤다.

"안량 죽인 놈 나와! 붉은 얼굴에 긴 수염 어디 있느냐?"

조조의 병사들이 다시 한 번 양쪽으로 갈라서자 붉은 전사가 눈앞에 나타났다.

먼발치에서 조조 군을 바라보던 유비는 관우를 한눈에 알아보았다.

'아우, 살아있었구나. 참으로 감사하다.'

유비는 차마 기쁨을 내색하지 못하고, 다만 하늘을 바라보며 천지신명께 감사를 올릴 뿐이었다.

유비는 관우가 적장이라는 건 하나도 중요하지 않았습니다. 생사를 알 수 없었던 관우를 눈앞에서 확인한 순간 반가움과 고마움에 그저 눈물만 흐를 뿐이었지요. 유비는 과연 약속한대로 자신의 목을 스스로 벨까요?

문추와 관우가 맞붙었다. 문추 역시 연전연승으로 이름난 장수였지만 관우에겐 역부족이었다. 항상 침착함을 잃지 않는 관우와 달리 문추는 죽마고우를 잃은 분노에 휩싸였기에 더 밀리고 있었다. 누가 봐도 어깨에 힘이 잔뜩 들어가 칼놀림이 둔탁해진 것이다. 결국 관우에 의해 온몸이 두 동강나고 말았다. 문추를 제거한 후 원소 군을 몰아치는 관우의 몸짓이 얼마나 바람 같고, 적토마의 위용이 어찌나 대단한지 마치 사람 없는 곳을 달리고 있는 듯했다. 그런 관우를 유비는 하염없이 지켜봤다.

하지만 원소 역시 관우를 두 눈으로 직접 확인했다. 바로 유비를 불러와 포박하고 꿇어앉힌 후 소리를 쳤다.

"유비, 입이 있으면 말해 보게. 설마 저놈이 관우가 아니라고 발뺌하진
못하겠지. 당장 이놈의 목을 쳐라!"

"잠깐!!!!"

늘 조용조용 말하던 유비가 원소 앞에서 갑자기 큰 소리로 외쳤답니다.
그 기운이 어찌나 근엄하고 묵직한지 주변의 병사들까지 움찔하고 놀랄
정도였지요. 원소 입장에서는 적반하장이었을 텐데, 유비는 왜 그런 걸까
요? 아우 관우가 살아있다는 걸 확인했거든요. 다시 아우와 만날 수 있으
리라는, 그래서 도원결의의 맹세를 지키고 한나라를 일으킬 수 있으리라
는 희망이 불꽃처럼 되살아난 것이죠.

유비가 당당한 기세로 말을 이었다.

"원소 장군, 제가 조조를 잘 알지요. 이건 필시 계략입니다. 지금 저를 치
신다면, 조조의 꾀에 넘어가시는 겁니다. 관우는 지금 제가 장군과 함께
있다는 것을 알 리가 없습니다. 그런데 조조는 일부러 관우를 내보내 원소
장군의 손을 빌려 저를 없애려는 수작을 부리고 있습니다. 조조의 수많은
장수 중에 왜 관우만 내보내고 있겠습니까?"

원소가 말을 들어보니, 그럴 듯한 일이었다.

"그것도 일리 있군. 하지만 내가 가장 아끼던 장수 두 명의 복수는 어찌
하겠소!"

"오늘 당장 관우에게 편지를 써, 우리 쪽 진영으로 오게 하겠습니다. 아
끼는 두 장군을 잃은 원소 장군의 마음이 오죽 아프시겠냐만은, 전쟁 중

아닙니까. 관우는 군인으로서 임무를 다했을 뿐 죽은 두 장군에게 악감정은 없습니다. 관우가 원소 장군 곁으로 오면, 장군을 도와 함께 조조를 없앨 것입니다. 더 나아가 원소 장군이 천하통일을 하시는 데에, 앞서 전사한 안량과 문추, 두 장군보다 더 큰 힘이 되어줄 것입니다."

관우가 자신의 장수가 된다는 말에 안량과 문추의 복수는 까맣게 잊었는지, 원소는 이내 분노한 표정을 거두었다. 그리고 유비의 포박을 풀고, 일으켜 세우며 말했다.

"관우만 얻을 수 있다면야. 문추, 안량이 대수겠소. 그런데 정말 오게 할 수 있겠소?"

"걱정 마십시오."

그날 밤 유비는 뜨거운 눈물을 줄줄 흘리며 목간(종이가 없을 때 문자 기록을 위해 사용하던 목편)에 한 자 한 자 편지를 써 내려갔다.

"나는 아우와 도원결의를 할 때부터 함께 살고 함께 죽기로 했는데, 어째서 아우는 맹세를 저버렸는가? 아우가 공을 세워서 이름을 날리고 부귀영화 누리기를 꿈꾼다면 내 머리를 기꺼이 그대에게 주어 그대의 공로를 완성하도록 하겠네. 나 유비는 현재 원소에게 투항하여 있으나, 곧 형주에 있는 황실의 종친, 유표 형님에게 갈 계획이네. 내가 어디 있는지, 어디로 갈 것인지를 알려주었으니, 이제부터 나는 오로지 아우의 선택을 기다릴 뿐일세."

유비의 편지를 전해 받은 전령이 쉬지 않고 달려가 곧장 관우에게 편지를 건넸다. 촛불 아래서 편지를 읽던 관우의 눈에서 굵은 눈물이 뚝뚝 떨어졌다.

"형님이 살아계셨어."

그날 관우는 뜬눈으로 밤을 지새웠다. 관우는 밤새도록 목간이 유비라도 된 듯 품에 안았다 읽기를 반복했다. 그리곤 붓을 들어 유비의 편지에 답장을 써서 전령에게 전하니 그 내용은 이러했다.

"의리는 마음을 내버리지 못하고 충성은 죽음조차 두려워하지 않는다고 말했습니다. 지난번 성과 형님의 가족들을 지키지 못해 죽으려 하였으나, 두 형수님의 안위를 위해 감히 목숨을 버리지 못하고 잠시 조조에게 몸을 의탁해 형님의 소식만을 기다리고 있었습니다. 이리 형님의 소식을 전해 받으니 천지신명께 감사할 따름입니다. 이제 두 분 형수님을 모시고 돌아가려 합니다. 부디 너그러이 이 아우를 받아주시기만을 바랄 뿐입니다."

동이 트자마자 관우가 하인에게 말했다.

"오늘 두 형수님을 모시고 떠날 수 있도록 마차를 준비해 두게! 유비 형님에게 가겠네. 나는 조조 승상을 찾아뵙고 인사를 하려니, 내가 돌아왔을 때 바로 떠날 수 있어야 하네."

이 소식을 전해 들은 조조는 다리에 힘이 풀려 또 주저앉고 소리쳤다.

"안 돼, 관우의 마지막 인사는 절대 받을 수 없네. 면회 사절이야. 당장 문 앞에 회피패를 걸어 두게."

이 사실을 모르는 관우는 두 형수님들이 일어날 시간을 기다렸다가 아침 문안 인사를 드리며 목간을 보여드렸다.

"형수님들, 떠나실 채비를 하시지요."

그리고 곧장 조조를 찾아갔다. 하지만 문지기가 문을 열어 주지 않았다.

"승상께서 몸이 안 좋아, 만나지 못 하겠다 하십니다."

어쩔 수 없이 되돌아온 관우가 오후에 다시 조조에게 갔다. 하지만 같은 이유로 또 만날 수 없었다. 이틀 동안 여러 번 찾아갔으나 번번이 면회를 거절당했다. 조조의 속마음을 읽어낸 관우는 어쩔 수 없이 편지를 남겼다.

"승상께 투항할 때 저는 이미 세 가지 약조를 가지고 들어왔고, 이를 승상께서도 승낙하셨습니다. 이제 유비 형님이 어디 계신지 알았으니, 형님께 달려가려고 합니다. 부디 노여워 마십시오. 받은 은혜는 늘 기억하겠습니다."

관우는 낡은 전포 속에 입고 있던 비단옷을 벗고, 금은보화는 물론 시녀들까지 다 놔둔 채 떠날 채비를 마쳤다. 마지막으로 관우는 조조가 머무는 집을 향해 큰절을 올렸다. 그리고 형수님들을 태운 마차를 끄는 줄을 잡은 채 적토마에 올라 갈 길을 재촉했다. 금은보화, 비단옷, 시녀들은 관우에게 돌 같은 존재였지만, 적토마만큼은 포기할 수 없었던 것이다.

오관육참, 지금 만나러 갑니다

"승상, 관우 장군이 떠났다 합니다."

"하아, 하늘도 못 막는 걸 어찌 내가 막을 수 있겠는가. 옛 주인을 잊지 않고 이렇게 가는 것이 참으로 의인이니 너희들도 이를 본받고 마음에 새겨라. 그래도 마지막으로 한 번만 더 관우를 보고 싶구나."

조조는 말을 타고 병사들과 함께 관우를 쫓았다. 한참을 달리니 저 멀리 관우가 보였다.

"이보게 관우, 어찌 인사도 없이 그냥 가는가. 지금 헤어지면 언제 또 볼 줄 알고!"

조조가 애타는 목소리로 크게 외치자, 관우가 말을 멈추고 돌아봤다. 조조가 달려가 말에서 내렸다.

"승상, 저를 말리려고 오셨다면 소용없습니다."

"그래 그렇겠지. 말려도 떠날 사람이라는 걸 내가 모를 리 있나. 날씨가 쌀쌀해졌네. 내가 관우 장군 입을 겉옷 하나 선물하고 싶어서 따라온 걸 세. 직접 입혀 주고 싶구먼."

하지만 관우는 말에서 내리지 않았다. 조조의 진심을 의심하는 건 아니었으나 병사들이 많아 혹여 두 형수에게 위험한 일이 생길까 염려스러웠기 때문이다. 그는 청룡언월도의 끝으로 겉옷을 받아 망토처럼 걸쳐 입었다.

"갈 길이 멀어 말에서 내려 인사드리지 못하는 걸 용서하십시오."

당황한 조조가 두 눈을 껌뻑이며 잠시 말을 잇지 못했다.

"그, 그래. 어서 가게."

광야를 달리는 말은 마구간을 뒤돌아보지 않는다고 했던가. 관우가 빠르게 시야에서 사라졌다. 그 모습을 망연히 바라보던 조조의 다리가 또 풀어져 주저앉고 말았다.

"승상, 괜찮으신지요?"

뒤따랐던 책사 한 명이 조조를 일으키며 물었다. 조조가 혼잣말처럼 중얼거렸다.

"내가 예전에 유비와 나눈 얘기가 있지. 나는 천하를 얻기 위해서는 지략과 군사가 필요하다고 말했네. 그때 유비가 고개를 저으며 천하를 얻으려면 충의가 필요하다고 강조했지. 그때 나는 유비를 비웃었어. 그런데 오늘에야 깨달았네. 가장 아끼는 장군의 마음 하나 얻지 못하는데 어찌 천하를 얻을 수 있겠는가. 만일 내 앞길을 막는 자가 있다면 손권도, 원소도 아닌 유비일 걸세."

그때 장수 중 하나가 외쳤다.

"승상, 그냥 관우를 제거하시지요. 저대로 보내면 훗날에 반드시 우환이 될 겁니다."

조조가 나무라듯 말했다.

"이 사람아, 한때 나를 위해 전장에 나가 공을 세운 자일세. 그리고 관우 장군은 날 배반한 게 아니야. 처음에 내게 올 때 약속한 대로 떠난 것일 뿐."

조조는 말을 타고 성으로 돌아가면서도 관우에 대한 미련과 그리움이 가득한지 연거푸 탄식을 내뱉었다. 쓸쓸한 조조의 뒷모습을 따르던 참모들은 대표 참모인 정욱에게 은밀하게 말했다.

"군사(君師 군사적 작전을 맡은 사람), 관우를 살려두실 작정이십니까?"

"조용히 제거하게."

정욱의 명을 받은 병사들이 빠릿빠릿 움직였다. 유비가 있는 곳으로 가기 위해 관우는 다섯 개의 관을 지나야 했다. 그때마다 조조 군사들이 그를 막았다.

"승상이 내어주신 통행증 없이는 아무도 못 가오."

피를 흩뿌리고 싶지 않은 관우였지만 유비에게 가려면 별 수 없었다. 번개처럼 빠른 적토마에 올라타서, 한 손으로는 마차 끈을 부여잡고, 또 다른 손에는 청룡언월도를 굳게 잡은 채 질풍처럼 달려나갔다.

"형님~! 아우가 갑니다!"

관우가 허창을 나와 두 부인의 마차를 호위하며 다섯 관문을 돌파해 나가는 모습은 삼국지에서 손꼽히는 명장면이랍니다. 중국인들이 이 부분에

열광하거든요. 우리나라에서 가장 존경하는 인물이 누구냐는 질문을 던
지면, 대개 세종대왕이나 이순신 장군을 꼽습니다. 중국인들에게 같은 질
문을 하면, 관우 장군을 꼽는 이들이 많답니다. 이유는 바로 그가 '의리'의
아이콘이기 때문이지요.

조선의 제14대 왕이던 선조 시절, 왜군의 침략으로 7년간 임진왜란이
일어나지요. 당시 맹활약한 이들은 알다시피 이순신 장군과 그를 천거한
영의정 유성룡 등이었고요. 하지만 선조는 명나라에게 도움을 요청했고,
모든 공도 명나라에게 돌렸답니다. 신하들을 치켜세우면 왕으로서 위신이
안 서기 때문이었지요. 선조는 이를 상징하듯, 조선군과 명군이 왜군을 물

리칠 때 관우의 신령이 여러 번 나타나서 덕을 입었다며, 관우 묘를 만들었습니다. 서울에 있는 동묘역에 가 보신 적 있으신가요? 이곳이 바로 관우를 모시는 동관왕묘가 있는 곳입니다. 이렇게 가까운 곳에서도 삼국지의 흔적을 찾아볼 수 있습니다.

이외에도 중국인들이 관우를 신격화하고 있는 증거는 많은데요. 중국인들의 집에 가면 설날과 같은 날에는 관우 모습이 그려진 그림을 벽에 붙여 놓고 예를 올립니다. 또한 사업장에서도 관우를 모시며 재물운을 기원하는 사람들도 많지요. 중국인들의 관우 사랑, 정말 대단하지요?

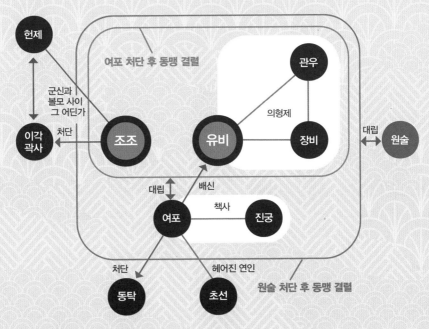

[2장 인물 관계도]

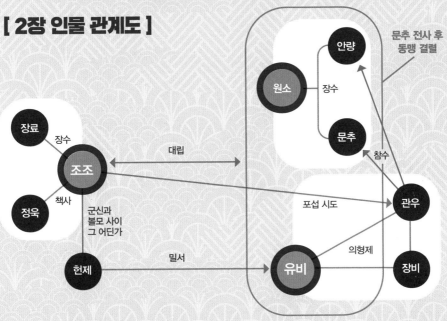

"지혜를 가진 자 산속에 숨어
진짜 밝은 주인 나타나기만을 기다렸네.
밝은 주인이 그를 칭하는가 하였으나
알아보는 것이 더디구나."

용의 지혜, 지략에 속고 꾀에 울고

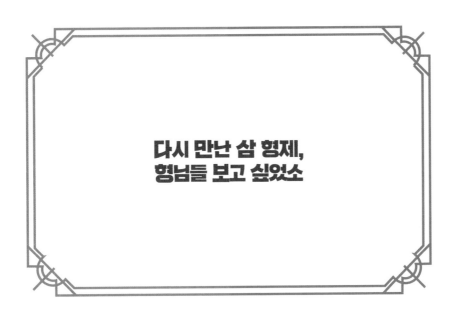

다시 만난 삼 형제,
형님들 보고 싶었소

다섯 개의 관을 격파한 관우가 긴장의 끈을 놓았는지, 실수로 길을 잘못 들고 말았다. 곧 해가 질 것 같아 형수님들이 쉴 수 있는 곳을 찾기로 했다. 밭을 가는 농부에게 관우가 다가가 물었다.

"이 동네에서 하룻밤 머물고자 하는데 괜찮겠소?"

그가 혀를 내두르며 대답했다.

"글쎄요, 두어 달 전에 어떤 괴팍한 장수가 수십 명의 군사를 이끌고 성을 차지해서요. 백성들한테는 세금도 반으로 깎아주고 잘해주긴 하는데……. 딱 보니 무장 같으신데, 조심해야 할 겁니다. 힘겨루기를 워낙 좋아해서."

"아니, 어떤 자이길래."

"두 형님을 모시고 한나라를 구하려다 역적에게 쫓기는 신세가 되어 왔다나 뭐라나."

관우의 눈썹이 움찔거렸다.

"혹시 성이 장 씨 아니오?"

"맞습니다. 장비라고 했던 것 같은데."

"나를 그곳으로 당장 안내해 주시면 고맙겠소."

'장비가 살아있었다니, 그것도 형님을 만나러 가는 길목에서 만나게 되다니! 이건 필시 하늘이 우리 삼 형제를 돕는 것이다.'

관우는 벅차오르는 가슴을 부여잡고 농부를 뒤따랐다.

"아니, 오늘 고기는 왜 이렇게 질겨?"

성주 자리에 앉은 장비가 멧돼지 뒷다리를 뜯다 갑자기 성을 버럭 냈다. 마을의 관료들은 그가 화내자 어쩔 줄 몰라 쩔쩔매고 있었다.

"술 없어? 술 더 가져와!"

그때 현승이 고개를 조아리며 다가와 장비에게 말했다.

"장군, 밖에서 기골이 장대한 자가 장군을 찾습니다."

장비가 고기 뒷다리를 내던지며 포악한 표정으로 말했다.

"무장 같더냐? 잘 됐다. 그렇지 않아도 오랫동안 힘을 못 써 몸이 근질근질했는데. 어떻게 생겨 먹은 놈이야?"

"안면홍조에, 수염이 그렇게 긴 사람은 처음 봤습니다."

"뭐야? 내 이놈을 당장……!"

장비가 씩씩대며 밖으로 나갔습니다. 아니, 그토록 애틋하던 삼 형제의 둘째 형 관우가 왔는데 왜 화가 잔뜩 난 걸까요? 장비는 소문을 들었던 겁니다. 관우가 조조에게 항복하고 호의호식하고 있다는 소문 말입니다.

관우는 장비를 보고 반가운 마음에, 말에서 내려 달려가 안으려 했다. 그런데, 장비가 욕을 퍼부으며 장팔사모로 자기를 공격하는 게 아닌가.

"이런 우라질 놈. 도원결의를 잊었느냐, 이 의리 없는 놈아! 오늘 네 제삿날인 줄 알아라."

"아우, 왜 이러느냐?"

"왜 이러느냐? 이런 벼락 맞을 놈아, 네가 형님을 배신하고 조조에게 갔다는 것을 하늘이 알고 땅이 아는데! 무슨 염치로 나를 찾아왔느냐! 내 오늘 박쥐 같은 네 놈과 사생결단 해야겠다!!"

장비가 급하게 덤비려는데 싸울 마음이 없는 관우가 슬쩍 피해, 장비는 그만 바닥에 고꾸라졌다. 그의 코에서 쌍코피가 주르륵 흘렀다.

"에잇, 이런 개놈의 자식. 오늘 내가 아작을 내주마."

다시 일어나 장팔사모를 집어 드는 장비를 관우가 말렸다.

"아우, 그건 네가 모르고 하는 소리다. 모두 오해야, 오해. 정녕 나를 못 믿겠다면 형수님들에게 여쭤보거라."

그때 두 형수도 마차에서 내려와 장비를 뜯어말렸다.

"장비 도련님, 관우 도련님 덕분에 저희가 구사일생으로 살았습니다. 이러지 마세요."

형수들이 그간의 풍상에 대해 장비에게 소상히 말해주었다. 그러자 장비가 바닥에 주저앉아 엉엉 울음을 터뜨렸다.

"형님, 나는 그런 줄도 모르고 멧돼지 뒷다리나 뜯고 있었지 뭐요. 아이고. 나는 버러지만도 못한 자식이오."

장비가 자기 머리를 쥐어박으며 말 그대로 뜨거운 피눈물을 흘렸다. 코피와 눈물이 뒤섞인 피눈물 말이다. 관우도 눈물을 씹어 삼키며 장비를 끌어안았다.

"장비야, 유비 형님의 거처를 알아냈다. 날이 밝는 대로 형님을 만나러 가자꾸나."

그 둘은 밤을 새워 술을 마시며 그간 있었던 일들에 대해 이야기꽃을 피웠다. 날이 밝아 오는데도 이들의 이야기는 그칠 줄을 몰랐다.

한편 유비는 원소의 진영에서 관우의 소식을 기다리고 있었습니다. 그러면서 한편으로 같은 황실 종친인 유표가 있는 형주로 갈 준비를 하고 있었지요. 형주는 양쯔강 일대의 평야 지대로 징저우라고도 부릅니다.

그때 전령이 와서 관우가 쓴 목간을 전해 주었습니다. 자신을 찾아오겠다는 관우의 절절한 편지였지요. 유비는 감동에 겨워 뜨거운 눈물을 흘렸습니다. 그는 어서 원소 진영에서 떠나야겠다고 결심합니다. 그런데 유비는 왜 가장 막강한 힘을 가진 원소를 떠나려고 한 걸까요? 또 그를 떠나기 위해 어떤 핑계를 댈까요?

유비는 관우의 답장을 받자마자 원소를 찾아가 말했다.

"원소 장군, 유표라는 자가 형주를 다스리는데 그곳은 땅이 비옥하고 군사들도 기강이 바로 서 기상이 천하에 드높다 하옵니다. 그와 손을 잡고 함께 조조를 치는 것이 좋을 듯 싶습니다. 남쪽과 북쪽, 양쪽에서 공격을 하면 조조도 당해내기 어려울 것입니다."

원소가 말했다.

"흐음 그렇지 형주의 유표……. 나도 알고 있소. 하지만 지난번에 내가 사람을 보냈는데, 대답이 없던데……."

"유표는 저와 같은 황실의 종친이니 제가 직접 가서 설득하면 거절하지 않을 것입니다. 게다가 지금 관우가 저에게 서신을 보내서 이곳으로 오고 있다 말했습니다. 장군께서 허락해 주신다면 유표를 설득한 후 관우까지 데리고 돌아오겠습니다."

"관우가 오고 있단 말인가? 흠, 근데 그걸 내가 어떻게 믿지? 조조 놈이 순순히 보내줄 리가 없지 않소?"

"여기 관우로부터 온 답장입니다."

유비는 전령이 가져온 목간을 원소에게 보여 주었다.

"허허, 이 정도면 진짜 목숨 걸고 달려오고 있군. 역시 의리의 장군일세. 그래 알겠소, 어서 가서 관우도 데려오고, 유표의 약속도 함께 받아 오시게."

"고맙습니다, 원소 장군."

그때 옆에서 지켜보던 원소의 책사 허유가 말했다.

"주공……."

원소가 눈치를 챈 듯 유비에게 말했다.

"잠시 자리를 비켜 주시오. 다시 부르겠소."

유비가 나가자 허유가 원소에게 말했다.

"어찌 다시 돌아올 줄 알고 보내십니까? 유비는 이번에 가면 절대 되돌아오지 않을 것입니다."

"아니야. 관우가 오고 있다는 이 편지가 있는데 무슨 걱정인가? 더군다나 유비가 나를 떠날 이유가 없지 않은가? 지금 천하에 나보다 강한 자가 없거늘, 나를 떠나 유비가 어딜 갈 수 있겠나? 내가 보니까 유비의 눈에 진심이 담겨 있었어. 내 판단을 믿고 걱정 말게나."

허유가 어쩔 수 없이 물러나자, 유비는 말을 타고 원소 진영을 쉽게 빠져나갈 수 있었다. 그런데 달리는 유비를 성 앞에서 허유가 급히 막아 세웠다.

"유비 장군, 어찌 우리를 버리고 가려고 하십니까?"

유비는 허유의 물음에 아무 말도 하지 못했다.

"내가 유비 장군을 절대 내보내면 안 된다 하니, 주공께서 의심하지 말라 하더군요. 어찌나 판단력이 흐리신지 원. 쯧쯧."

"주공의 판단력이 그렇게 못미더우면서 왜 공께서는 이곳에 있는 겁니까?"

"좁쌀 같은 은혜도 크게 갚으라 했습니다. 그래도 나를 거둬준 주공 아닙니까. 그러니 별 수 있습니까. 그러시는 장군은 왜 우리 주공을 떠나려는 것입니까?"

"유감스럽게도 한나라를 이끌 재목이 못 되는 분 같소. 지금만 봐도 훌륭한 책사의 말을 새겨듣질 않고 있잖습니까? 또 많은 책사들이 바른 소리를 했다가 옥중에 있는 걸로 알고 있소. 자고로 진정한 영웅은 충심을 얻어야 하는데 그러질 못하는 분이오. 그래서 떠나려 하오."

허유가 잘 알았다는 듯 길을 터주었다.

"가십시오, 가서서 부디 한나라를 일으키는데 공을 세우시길."

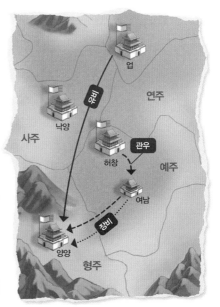

"정말 고맙소. 다시 돌아오겠다는 지키지 못할 약속을 한 것은 내가 조조를 물리치고 한 황실을 다시 세우는 것으로 반드시 갚도록 하겠소."

그렇게 유비는 무사히 형주로 갈 수 있었다.

유비가 형주의 유표에게 의탁하러 갈 수 있었던 이유는 무엇일까요? 이는 중국의 '꽌시' 문화 때문이지요. 같은 종씨인데, 유표가 유비를 내칠 이유가 없거든요. 게다가 황실의 피가 흐르는 유 씨 가문인 만큼 당연히 명분과 가문을 더욱 중요시 여기겠지요. 그렇게 유비는 유표의 도움으로, 지금으로 말하면 형주의 도청에서 두 아우를 기다릴 수 있게 되었답니다.

중국인들에게 의리는 삶에서 지켜야할 가장 중요한 덕목 중 하나랍니다. 넓은 의미로의 의리는 중국인들에게 꽌시로 통하기도 하는데, 이는 중국 사회를 움직이는 실질적인 구심점이라고 볼 수도 있습니다. 꽌시의 정확한 의미는 '관계', 즉 의리지요. 화교들이 전 세계에서 자리 잡을 수 있었던 이유 역시 그들만의 '꽌시 문화' 때문인데요. 화교들은 한 골목에서 절대 같은 업종에 종사하지 않아요. 한 명이 음식점을 차리면 다른 한 명은 식료품 가게를, 또 한 명은 카페를 열지요. 경쟁이 아닌 상생을 하는 겁니다.

중국에 진출해 크게 성공을 거둔 초코파이 광고만 봐도 이를 알 수 있어요. 우리나라에서는 초코파이 정(情)을 사랑이란 콘셉트로 표현했지요. 가족 간, 연인 간의 사랑이요. 하지만 중국에서는 똑같은 초코파이 광고지만 광고 콘셉트를 달리 했답니다. 친구 간의 의리, 어른을 향한 도리 등으로 스토리텔링을 했죠. 그들의 문화와 걸맞은 광고 콘셉트야말로 초코파이가 중국에서 성공할 수 있었던 주된 이유이기도 하고요.

유비는 두 동생이 오는 중에 변이라도 당하지는 않을까 노심초사하는 마음에 잠시도 앉아 있질 못 했다. 한참을 그러고 있는데, 한 관원이 유비에게 말했다.

"밖에서 괴상망측하게 생긴 두 사람이 장군을 찾습니다."

"괴상망측?"

유비는 두 아우가 무사히 도착했음을 알고 눈물을 주르륵 흘리며 달려 나갔다. 얼마나 고생을 했는지 얼굴이 반쪽 되어 초췌해졌지만 두 눈만큼은 봉황의 기운을 잃지 않은 관우, 무공을 펼치지 못한 스트레스를 먹는 걸로 풀었는지 살이 부쩍 올랐지만 눈빛만큼은 여전히 호랑이 같은 장비가 유비의 눈앞에 서 있었다.

"형님~!"

유비를 부르는 관우의 눈가가 촉촉하게 젖어 있었다.

"아우들~! 이게 필시 꿈은 아니겠지?"

유비가 믿기지 않는 듯 자신의 볼을 꼬집으며 눈물을 흘렸다.

"형님, 보고 싶었소. 엉엉."

　장비 역시 유비의 품에 안겨 눈물을 펑펑 쏟았다.

　다시 만난 삼 형제는 한참을 부둥켜안고 어린 아이들처럼 울었다. 마차에서 내린 유비의 두 아내도 소맷자락으로 연신 눈물을 훔쳐야 했다.

　유표의 비호 아래, 삼 형제는 형주에서 한동안 편히 쉴 수 있었답니다. 앞으로 이들의 행로에는 험난한 일들이 또 가득했지만, 어쨌든 이때만큼은 기름지고 평화로운 땅 형주에서 그들은 한 침대에서 자고, 한 밥상에서 밥을 먹으며 행복한 나날을 이어갔지요. 이때 이들에게 반가운 손님이 찾아왔답니다. 과연 누구일까요?

또 하나의 가족, 상산 조자룡

"장군, 누가 찾아왔습니다. 성은 조 씨고 이름은 운, 자(子)는 자룡이라고 전하랍니다."

시중을 드는 이가 유비에게 말했다.

"자룡이라고?"

조자룡이란 이름에 유비는 물론 관우, 장비까지 놀랐다.

그들이 밖으로 나가보니, 큰 체격은 아니었지만 다부진 몸매에 위풍이 당당한 사내가 허리를 꼿꼿이 세우고 서 있었다. 무사치고는 곱상한 외모였지만 눈썹이 짙었고, 강인한 얼굴에서 뿜어져 나오는 용맹과, 허리춤에 중간 길이의 중도를 차고 있는 모습이 예사롭지 않아보였다. 참으로 묘한 기분에 삼 형제가 잠시 멈칫할 때, 그가 입을 열었다.

"유비, 관우, 장비 장군님, 조자룡 인사 올립니다."

"자룡이! 몰라보게 달라졌구먼."

그제야 셋이서 달려가 그를 반갑게 맞아 주었다.

"공손찬 형님 소식은 들었다네. 내가 조조 진영에 잠시 머무르고 있을 때 원소와 싸우다 그만 운명하셨다고…… . 그 후에 난 도망자 신세가 되어 원소에게 의탁하러 갈 수밖에 없었지만, 공손찬 형님 생각에 백 번 천 번을 망설였어. 하지만 역적 조조에 맞서고, 한나라를 부흥시키기 위해선 어쩔 수 없는 선택이었네…… . 너그러이 이해해 주게."

유비가 조자룡의 두 손을 붙잡고 사과의 마음을 전했다.

"시간이 정말 금방 흘러. 볼 때마다 더 잘 생겨지네? 그래, 그동안 어찌 지냈냐?"

성질 급한 장비가 궁금해 죽겠다는 듯 두 사람의 대화에 불쑥 끼어들었다. 조자룡은 침착하게 대답했다.

"그간 여기저기 의탁하며 지냈습니다. 공손찬 주공께서 유언으로 유비 장군님을 찾아가라고 하셨지요. 어릴 적부터 친하게 지냈던 후배인데, 한 번 정을 맺은 사람은 어떤 어려운 상황에서도 끝까지 데리고 갈 분이라고 말씀하셨습니다. 그래서 공손찬 주공 사후에 중원 곳곳의 저잣거리와, 무림을 떠돌아다니며 항상 때를 살폈습니다. 유비 장군께서 원소에게서 벗어나 이곳 형주 지역에 오셨다는 이야기를 듣고, 지금이 찾아뵐 때라고 생각하여 이리 급히 오게 되었습니다. 갈 곳 없는 저를 부디 받아 주십시오."

조자룡이 비장한 목소리로 청하며 무릎을 꿇었다. 이 말을 들은 유비는 조자룡 옆에 앉아 그의 손을 붙잡고 눈물을 흘렸고, 곁에 있던 관우와 장비도 고개를 숙였다. 유비가 눈물 사이로 조자룡을 보며 말을 이어갔다.

"받아들이다마다. 공손찬 형님의 아들 같은 자네 아니던가. 공손찬 형님이 하북 지방에서 자리잡을 당시 자네는 아직 소년이었지. 그때 우리가 자넬 보고 얼마나 탐을 냈는데, 이렇게 만났으니 참으로 천행이 따로 없네. 공손찬 형님의 유지대로 자룡을 받아들이고 함께 힘을 모아 한나라를 부흥시킬 것을 하늘과 땅에 맹세하노라!"

그 말을 들은 조자룡은 기뻐하며 말했다.

"비록 미천한 실력이지만 장군님들을 따르도록 허락해 주시면 고맙겠습니다. 절대 폐는 안 끼치겠습니다."

장비가 선심 쓰듯 고개를 끄덕였다.

"예의 바르게 잘 컸고만. 그래, 넌 맨 뒤에서 따라오도록 해. 전쟁은 장난이 아니야. 무섭다고 오줌 싸고 그러면 안 돼, 알았냐?"

조자룡이 야릇한 미소를 짓더니 넙죽 절을 했다.

"명심하겠습니다."

그날 밤, 그들은 술잔치를 벌였다. 조자룡의 등장으로 술잔이 넘치고 흥으로 기분이 들떴다. 밤새 껄껄대며 마시다 한 침대에서 사이좋게 넷이 잠들었으니, 모두의 마음이 희망으로 가득차는 밤이었다.

조자룡이 누구인지 정확히 알려면 황건적의 난이 일어나기 전으로 돌아가야 한답니다. 유비는 어린 시절, 노식이라는 스승 밑에서 공부했는데요. 그때 노식 밑에서 같이 수학하던 공손찬이란 선배와 친하게 지냈지요. 황건적의 난이 일어나자 노식과 공손찬은 황제 곁으로 가 난을 진압했고요. 유비는 지방을 거점으로 삼아 두 아우와 함께 의병이 된 거지요.

그렇게 헤어진 후 공손찬은 황하강 근처의 하북 지방에서 세력을 키우고 있었습니다. 그는 백마를 타고 활을 쏘는 백마의종이라는 부대를 만들기도 했지요. 이 백마의종 부대는 북방 경계를 넘나드는 이방 민족들을 철저하게 막아내어, 유명세를 떨쳤습니다. 북방 이민족들 중 누구라도 그를 보면 꼬리를 내리고 도망친다는 말이 나돌 정도로요.

그리고 그를 도와 큰 공을 세운 무장이 있었으니, 그가 바로 조자룡이지요. 유비가 서주 자사가 되기 전, 잠시 공손찬에게 의탁하고 있었는데, 그때 유비 삼 형제와 조자룡은 처음 만났습니다. 조자룡은 아직 소년이었죠.

조자룡은 전장의 고아였는데요. 죽은 어미의 마른 젖을 빨고 있는 갓난아이를 차마 그냥 놔둘 수 없어 공손찬이 데려다 키운 아이가 바로 조자룡입니다. 공손찬은 황건적과 오랑캐를 토벌하는 야전의 삶을 살았기에 조자룡 역시 말 위에서 놀고 자며 자랐답니다. 칭기즈칸이 몽골 제국을 세우던 13세기 몽골인들처럼요. 당연히 어릴 때부터 전장을 누비며 활 쏘고 칼 장난하는 게 일상이었지요. 그 덕일까요? 삼국지에서 누구보다 효용하고 날랜 자가 바로 조자룡입니다. 소년 시절부터 날렵한 칼놀림으로는 그를 따를 자가 없었지요. 무신, 싸움의 신이란 별명을 얻은 건 다 이 때문이랍니다. 유비 삼 형제는 소년 때부터 조자룡을 눈독들이고 있었습니다. 싹이 달라 보였거든요. 이렇게 유비는 무공 면에서는 가히 완전체를 이루게 됐네요. 하지만 그에겐 결정적으로 부족한 게 있었어요. 그 이야기는 잠시 후에 확인해 보시죠.

Q. 조자룡이 싸움의 신이라면, 여포나 관우, 장비보다 더 대단한가요?

A. 사실 삼국지 마니아들 사이에서는 조자룡 대 여포로 편이 팽팽하게 갈린답니다. 여포로 말할 것 같으면 관우와 장비의 업그레이드 버전이라고 할까요? 먼저 장비부터 살펴보면, 지략은 좀 모자라도 그 단점을 덮을 정도로 엄청난 힘을 가진 무인이죠. 관우는 장비만큼의 힘은 아니지만, 지구력과 민첩성에서는 그를 앞선답니다. 이 둘을 합친 듯한 장수가 바로 여포지요. 힘은 물론 지구력과 민첩성까지 두루 갖췄으니까요. 싸움만 놓고 본다면 진정 무신 중의 무신이라 할 수 있어요.

반면 조자룡은 민첩함이 으뜸인 장수랍니다. 다소 왜소한 체구지만 전광석화처럼 날래지요. 조자룡이 손에 칼자루를 쥐는 순간 적의 목이 날아간다는 말이 있을 만큼요. 게다가 여러 명을 동시에 상대해도 이길 만큼 영리하고 판단력 빠른 천부적인 무인이었어요. 흔히 싸움을 할 때 사용하는 17 대 1이라는 말도 조자룡의 싸움을 나타내기 적합한 표현이 아닐까요? 이런 민첩함과 영리함은 장비와 관우에게는 없는 장점으로, 유비에게 꼭 필요한 무장이었던 셈이지요.

삼국지를 이어서 읽다 보면, 조자룡에 대한 한 가지 더 흥미로운 점이 있어요. 조자룡은 종종 싸움을 시작할 때 "내가 상산 조자룡이다."하면서 등장합니다. 그건 조자룡이 상산군 지역 출신이기 때문이에요. 우리나라에도 '낭만파 주먹 시대'가 있었잖아요. 일제 강점기를 살았던 협객들, 김두한과 시라소니 같은 사람들이 드라마에서 등장할 때마다 자기소개를 하면서 이런 말을 하지요.

"종로의 김두한이라 하오."

"동대문의 이정재요."

이런 식으로 조자룡 역시 "내가 상산 조자룡이다."라고 자기를 소개한 셈이지요. 저로 치면, "정자동의 설이오."가 될까요?

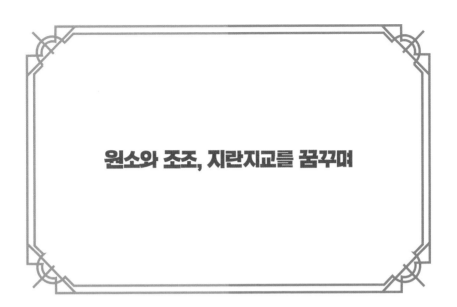

원소와 조조, 지란지교를 꿈꾸며

　유비와 그 형제들은 잠시 평화로운 시간을 즐기도록 두고, 이제 조조와 원소가 붙은 대격전, 그 유명한 관도대전을 소개할 차례입니다. 관도는 지금의 하남성 정주시 중무현 근처랍니다. 관도라는 곳에서 일어난 전투라 해서 관도대전이라 부르고요. 이 관도대전은 삼국지의 3대 대전 중 첫 번째 전쟁이에요.

　조조와 원소가 어릴 적 친구였단 얘기 기억나지요? 어제의 동지가 오늘의 적이 되고, 오늘의 적이 내일의 동지가 된다는 말이 있습니다. 삼국지야말로 이런 인간의 모습을 잘 보여주는 이야기지요. 죽마고우였던 그들이 전쟁터에서 칼을 겨눠야 하는 적이 되었으니, 이 얼마나 잔혹한 운명의 장난인가요.

　원소와 조조가 친하게 지내게 된 이유 하나는 앞서 얘기했듯, 둘 다 아웃

유주

원소

병주

기주

양주

청주

사주

업

옹주

관도

연주

낙양

조조

허창

서주

예주

양양

손책(손권)

시상

유표

익주

형주

양주

교주

사이더라는 공통점이 있었기 때문입니다. 조조는 환관의 손자, 원소는 명
문가의 서자. 하지만, 두 사람의 성향은 어릴 때부터 좀 달랐어요. 그런데
오히려 이런 다름이 서로에게 끌리는 매력이 되어 주었답니다.

　조조는 어릴 때부터 동네에 소문이 자자한 장난꾸러기였다. 미성년자 신분에 술 마시고, 저잣거리에서 여인 희롱하기를 즐길 정도였다. 물론 책도 좋아하는 다독가이기도 했지만, 주로 병법서를 읽으며 그것을 직접 실험해 보고 싶어 안달나 있었다.

　반면 원소는 어릴 때부터 주로 집에서 책만 보는 모범생이었다. 그런 그에게 조조의 자유로운 일탈은 그저 부러운 면모였다. 조조는 샌님 같은 원소를 꼬드겨 저잣거리로 끌고 나가곤 했다. 원소가 자기로 인해 본모습이 드러나는 걸 보는 게 조조의 즐거움이었다. 원소 역시 답답한 모범생의 틀을 깨주는 조조가 좋았다. 그를 따라 일탈할 때마다 숨통이 트이는 기분이었기 때문이다.

　이 둘이 한 번은 장난치고는 엄청난 일을 저지르는데, 이 역시 조조가 기획한 일이었다. 막 식을 올린 신부를 야밤에 납치하려던 것이다. 그러다 동네 사람들에게 걸려 둘이 줄행랑을 치는데, 짐승 잡으려고 파둔 구덩이에 그만 원소가 빠져 버리고 말았다. 원소는 몇 번이고 탈출을 시도했지만, 구덩이가 너무 깊어 나오지 못한 채 버둥대며 진이 빠져가고 있었다. 이때 꾀가 좋은 조조가 외쳤다.

　"신부 보쌈한 도적놈, 여기 구덩이에 있습니다!"

　이 소리를 들은 동네 주민들이 몽둥이를 들고 몰려오기 시작했고, 깜짝 놀란 원소는 초인적 힘을 발휘해 구덩이에서 빠져나와 다시 죽을힘을 다해 내달렸다. 만일 그때 조조가 꾀를 내지 않았다면 원소는 동네 사람들 매질에 목숨을 잃었을지도 몰랐다.

이런 두 사람이 서로 죽고 죽이는 전쟁터에서 원수로 만난 겁니다. 원소 입장에선 지원군을 데려오겠다 해놓고 돌아오지 않은 유비가 괘씸했지만, 유비는 언제든 쳐서 없앨 수 있는 사람이라고 생각했어요. 오히려 당시 원소의 진정한 눈엣가시는 바로 조조였답니다. 조조가 수도인 허창에서 천자를 데리고 있었지요? 원소는 당시에 가장 넓은 땅을 가지고 있었고 군사력도 가장 뛰어났습니다. 필요한 것은 딱 하나, 조조가 데리고 있는 천자, 그리고 그에 따라붙는 명분이었습니다. 그러니 조조를 쳐서 천자를 차지함으로 완전한 권력을 이뤄야겠다는 야망을 품은 겁니다. 이때 원소의 군대가 무려 70만이나 되었으니 조조 진영쯤이야 문제없을 거라 생각했고요.

그래서 조조와 천자가 있는 허창으로 가는 길목인 관도 지역으로 대군을 이끌고 옵니다. 한편 조조는 군사들에게 허창을 지키게 하고 단 7만의 군사만 이끌고 관도로 나아갑니다. 게임이 안 되는 숫자라고요? 하지만 삼국지에선 결과를 결코 단언하면 안 된답니다. 과연 어떻게 될지, 차근차근 순서대로 살펴보시죠!

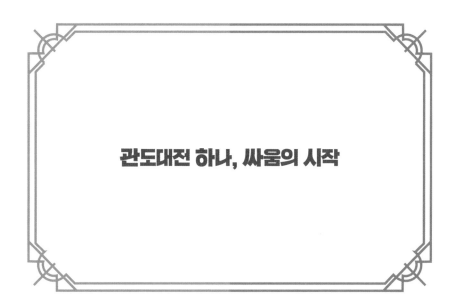

관도대전 하나, 싸움의 시작

원소가 관도를 향해 출병하기에 앞서, 책사 허유가 간언했다.

"장군! 지금은 조용히 상황을 살피면서 기회가 올 때까지 기다려야 합니다. 우리의 수가 많다고 함부로 전쟁을 일으키는 것은 옳지 않습니다."

이 말은 원소의 심기를 건드렸다.

"아니 내가 군사를 일으켜 역적 놈을 토벌하고 인의를 천하에 알리려 하는데, 어찌하여 군중에서 모두의 사기를 떨어뜨리는 말을 담는가? 내 그동안의 자네 공을 참작하여 죄를 묻지 않겠지만! 조심하게, 허유!"

원소가 군사를 재촉해 나아가니, 군사들은 들판을 덮었고 그들이 든 창과 검은 마치 움직이는 숲 같아, 그 광경이 실로 대단했다. 원소의 군대는 관도를 앞에 두고 영채를 세워 전략을 의논했다. 허유가 또 다시 나서서 간언했다.

"주공! 아군이 비록 숫자는 많으나 조조 군의 정예로움은 결코 얕잡아 보아서는 안 됩니다. 확실히 이길 수 있는 단 한 가지의 방법은 먼 길을 출정한 조조 군의 군량과 보급이 떨어질 때까지 영채를 지키며 싸움을 오래 끄는 것입니다."

그러나 군대의 위풍당당한 기세를 믿고 자만심에 도취되어 있던 원소의 귀에 이런 말이 들어올 리가 없었다.

"이보게 허유, 자네 출정 전부터 계속 함부로 입을 놀리고 있어. 죽고 싶지 않다면 이제부터는 잠자코 따라오게. 내가 이제부터 전쟁이란 무엇인지 그대에게 보여 주겠네."

원소가 곧바로 70만 대군에 명령을 내려 사방으로 진영을 펼치니, 과연 90여 리에 걸쳐 세워진 진영의 모습이 엄청난 위엄을 이루었다.

한편 조조는 관도로 나가 원소의 군대를 기다리고 있었다. 관도 지역이 뚫리면 허창까지는 막힘없이 밀고 갈 수 있었기에 조조는 이 지역을 필사적으로 지킬 수밖에 없었다. 조조는 원소의 군사에 압도되어 수군거리는 병사들의 마음을 잡기 위해 소리쳤다.

"원소의 군사가 많아 그 기세가 산천을 모두 덮을 듯함은 분명하다. 하지만 그대들은 한 사람이 능히 열 명의 적을 상대할 수 있지 않은가? 도대체 무엇이 두려워 떨고 있는가! 우리는 적진에 침투해 속전속결로 그들의 목숨을 끊어낼 것이다! 이 전쟁의 승리를 나와 함께 외칠 자 누구인가!!"

쩌렁쩌렁한 목소리에 자신감 넘치는 눈빛, 세월을 보여주듯 이마에 깊이 패인 관록, 불어오는 바람에 흩날리는 수염과 머릿결. 온몸으로 뿜어내는 조조의 카리스마는 병사들의 심장을 통째로 잡고 흔들기에 충분했다.

"조조 승상을 따르겠습니다! 조조! 조조!"

기세등등해진 조조의 군사들이 함성을 내질렀다. 그들은 원소 군을 맞을 준비가 된 것이다.

원소는 대군으로 관도를 공격해 일시에 진압하는 총공세 공성전(성을 점령하기 위해 공격하는 싸움)을 계획했다. 반면, 조조는 적들이 머무르거나 먹을 수 있는 민가와 식량을 모두 불태우고 성안으로 들어가 결사 항전하는 작전을 펼쳤다.

"적진의 거처가 될 수 있는 가옥은 물론, 말의 먹이가 될 풀 한 포기도 남김없이 다 태워 버려라. 그리고 마을의 식량은 모두 성안으로 옮긴다."

문무를 겸비한 조조의 지휘 아래서 오랫동안 훈련 받은 군사들은 일사불란하게 움직였을 뿐 아니라 다양한 실전에도 능했다. 한편, 원소 군대는 전통적인 방법으로 성채를 공격해 왔다. 성벽에 사다리를 세우고 병사들이 기어오르는 방식 말이다. 이를 조조가 예상 못했을 리 있겠는가. 이미 성 위에서 준비 태세를 갖추고 있던 병사들은 적군이 올라오는 족족 화살을 쏘고, 팔팔 끓는 기름을 부어 무찔러 버렸다.

사다리 공략에 실패하자, 원소 군대는 통나무를 매달아 앞뒤로 흔들어 성문을 부수는 충차를 가져왔다.

"이거 몇 방이면 끝이지."

원소는 오만하게 뒷짐진 채 충차의 파괴 음을 즐길 참이었다. 그런데 이게 웬걸, 그 위로 불화살이 떨어지는 게 아닌가.

"휘익, 슈웅! 슝!! 화르륵!"

충차의 굉음만을 기다리던 원소는 불타오르는 충차에 깜짝 놀라 뒤로 나자빠졌다. 충차는 결국 성문까지 가지도 못하고 재가 되어 버렸다. 그 모습에 어안이 벙벙해졌다가 화가 치민 원소가 고래고래 소리를 질렀다.

"토산, 토산을 쌓아라."

근접전은 실패했으니, 아예 거리를 두고 더 높은 지형에서 싸우기로 작전을 바꾼 것이다. 이때부터였다. 원소가 피를 토하기 시작한 것은.

영화 〈안시성〉을 본 독자들이라면 토산이 익숙할 텐데요. 안시성은 고구려와 당나라의 경계에 있던 성이었습니다. 영화에서 중국의 명장 당태종 이세민이 흙으로 산을 쌓는 장면이 나오지요. 그런데 당태종이 2개월 동안 무려 20만 명의 인력으로 공들여 쌓은 토산이 하늘에서 내린 비로 허무하게 무너져 내렸거든요. 원소의 토산 작전 역시 결과는 처참했답니다. 한 번 보실까요?

토산 위에 망루(망을 보기 위해 높이 지은 다락집)를 만든 원소 진영에서 병사들이 일제히 화살을 비 오듯 쏘기 시작했다. 원소는 이번에는 틀림없이 조조의 영채를 무너뜨릴 수 있을 거라 믿어 의심치 않으며 화를 다스렸다. 그런데 갑자기 하늘이 진동하는 소리가 들리는 게 아닌가. 화들짝 놀란 원소가 정신 차리고 보니 족히 열 근은 되어 보이는 돌덩이가 영채를 향해 날아오고 있었다. 조조가 만든 발석거의 위력이었다. 거대한 돌덩이들이 수없이 날아드는 바람에 원소가 애써 만든 토산 위의 망대들은 허망하게 무너져 내렸다.

발석거(發石車)가 뭐냐고요? 가죽 주머니에 돌덩이를 넣은 뒤, 여러 병사들이 각자 반대편에서 밧줄을 하나씩 쥐고 잡아당겨 육중한 돌덩이를 공중에 날리는 무기랍니다. 지렛대 원리와 양쪽 서로 다른 힘의 작용이 합해져 위력을 발휘하는 거지요. 날릴 수 있는 돌은 열 근까지 가능하고, 날아갈 수 있는 최장 거리는 300미터였으니, 당시 기술력으로 어마무시한 무기였던 겁니다. 원소가 원통함에 피를 토하며 쓰러질 만큼요.

토산 작전도 안 먹히니, 원소는 미치고 팔짝 뛸 것 같았다. 피 토한 입가를 닦으며 다시 명령을 내렸으니, 이번엔 땅굴 작전이었다. 땅 밑으로 기어 조조의 영채 안으로 들어갈 생각이었다. 그런데 이 또한 패착이었다.

원소의 군사들이 토산 뒤편에서 분주히 땅굴을 파는 것을 조조의 정찰병들이 목격하고 즉시 이 사실을 조조에게 전했다.

"땅굴을 파? 그렇다면 성벽 안에 둘러서 참호를 파라."

조조는 승리를 확신하며 외쳤다. 조조의 명대로 빙 둘러 참호를 파자, 거기까지 온 원소군은 모습이 드러나, 은밀하게 중심부까지 가야 하는 땅굴의 역할은 실패하고 말았다. 조조는 한발 더 나아가 원소 군이 애써 파놓은 땅굴을 역이용하기로 했다. 땅굴에 물을 흘려보내 토산 밑의 땅을 적신 것이다. 엎친 데 덮친 격으로 하늘마저 원소 편이 아니었다. 8월의 무더위를 씻겨주는 장맛비가 쏟아지기 시작한 거다. 어렵게 쌓아올렸던 토산이 물을 먹어 한 순간에 산사태가 나듯 붕괴되었다. 불운은 여기서 끝이 아니었다. 무너져 내린 흙이 길을 막으니, 군량미를 운반할 보급로가 막혀 버린 것이다. 원소가 발을 동동 구르며 외쳤다.

"후퇴! 후퇴!"

보급로까지 후퇴한 뒤 남은 군사를 헤아려 보니 어림잡아 50만이었다. 1차 공격에서 무려 20만을 잃은 것이다. 어쨌든 재정비를 하고 다시 공격하기 위해 50만 병사들의 군량미를 보관할 장소가 필요했다. 원소가 나름대로 머리를 굴려 명령을 내렸다.

"한곳에 다 몰아 두면, 저 쳐죽일 조조 놈이 또 뭔 짓을 할지 모른다. 두 군데로 나눠 보관하라."

원소는 50만 대군이 영채를 세운 곳에서 멀지 않은 오소라는 지역에 영채 하나를 더 지어 군량의 대부분인 100만 석을 숨겨 놓으라 명했다. 여기까지는 좋은 전략이었으나, 여름 장마가 문제였다. 습한 날씨에 음식들이 상하면서 역병이 돈 것이다. 토하고 설사하며 아픈 배를 부여잡고 뒹구는 토사곽란의 상태에 빠진 군사가 전체의 삼분의 일이나 되었다. 이에 남아 있던 50만 병사마저도 사기가 꺾일 대로 꺾여 버렸다.

이제 제대로 운영될 수 있는 병력의 수는 30만도 채 되지 않았다. 원소가 다시 피 토하고 쓰러지기 일보 직전일 때, 조조의 편지를 든 전령이 도착했다. 목간을 열어 보니 간결하게 딱 한 줄만 쓰여 있었다.

"친애하는 형님! 화친합시다."

괘씸하기 이를 데 없는 조조였지만, 진퇴양난에 빠진 원소에게는 내심 반가운 전갈이 아닐 수 없었다. 여름 장마가 끝나고 작열하는 태양이 내리쬐는 8월의 일이었다.

관도대전 둘,
태양을 피하는 방법

조조와 원소가 대치하고 있는 관도는 평야와 험준한 계곡 등이 두루 있는 변화무쌍한 지역이라 적들과 다양한 전투를 벌일 수 있었답니다. 게다가 당연히 허창 근처니, 조조가 손바닥 들여다보듯 속속 잘 안다는 장점도 있었고요. 반면 원소 군대 입장에서는 생소했겠지요. 전쟁에서 지형지물을 아는 자와 모르는 자의 차이는 하늘과 땅의 차이입니다. 지략가 조조는 이 점을 적극 활용하여 치밀한 계획을 짰습니다.

조조의 꼼수를 알 리 없는 원소가 이번만큼은 반드시 그의 콧대를 꺾어놓으리라 별렀다. 원소의 대군은 군사를 많이 잃었음에도 불구하고, 아직 수적으로 조조의 군대를 압도하고 있었다. 원소는 기선 제압을 하려고 앞쪽에 가장 장대한 병사들을 배치하고 평야를 메울 만큼 길게 늘어서게 했다.

"조조 이놈, 이번엔 항복해라."

이때 조조는 가마에 천자를 태워 데리고 나갔다. 부쩍 자라 청년이 된 천자는 가마에 쳐진 발을 들쳐, 두 적진의 삼엄한 모습을 바라보며 달달 떨어야 했다. 200미터 정도 거리를 두고 각자 진을 친 군대 사이에 금방이라도 선혈이 낭자할 것 같았기 때문이다. 원소 군의 상황을 파악하도록 보낸 전령이 조조에게 돌아왔다.

"얼마나 있더냐?"

"언뜻 봐도 저희의 5배 이상은 되옵니다. 어떻게 할까요, 승상."

"진은 어떻게 쳤더냐?"

"서쪽을 바라보는 평야 한복판에 길게 줄을 지어 서 있습니다."

"흠."

조조가 잠시 생각하며 하늘의 태양을 바라봤다. 시간은 오전 11시쯤으로 제법 태양이 눈부시게 비추고 있었다. 조조가 3분 정도 생각하더니 무릎을 탁 치고 명령을 내렸다.

"자, 지금부터 내가 시키는 대로 해라. 빠른 병사 1만을 차출한다. 들고 있는 방패를 싹싹 닦으라 전하고."

"승상, 대관절 방패는 왜?"

"닦으라면 닦아. 그리고 내가 이따 원소를 만나러 가기 전에, 원소 진영을 몰래 돌아서 적의 퇴각로에 그들을 투입시켜 놓아라."

그리고 조조는 병사 일부에게 다른 명령을 내렸습니다. 양쪽의 진 한가운데에 장막을 쳐놓고 협상을 위한 탁자와 의자를 준비하라는 것이었죠. 큰 해가리개도 세워두고 쾌적하게 해두라 일렀습니다. 조조 쪽 6만, 원소 쪽 30만 군사가 살벌한 표정으로 무기를 들고 서 있는 중간 지점에서 원소를 만날 예정이었거든요. 원소와 조조가 만났을 때는 태양이 하늘의 꼭대기를 조금 넘어서고 있었어요. 오후 2시경이었습니다. 전령으로부터 전갈을 받은 원소가 협상 테이블로 왔답니다. 석연치 않은 표정으로 의자에 앉으려는데, 조조가 옷소매로 의자를 싹싹 닦아주는 게 아닌가요? 과연 조조의 꿍꿍이는 무엇이었을까요?

"무슨 수작이야?"

원소가 조조를 째려보며 쏴붙였다.

"우리 귀한 원소가 앉을 자리인데, 깨끗해야지. 헤헤."

원소의 말투와는 반대로 조조가 능청스럽게 대꾸했다.

"너, 편지에도 느끼하게 친애하는 형님이라고 썼더만, 무슨 개수작이야??"

"아이고, 힘 있으면 내 형님이지. 군사 수 좀 봐. 내가 너한테 잘 대하지 않게 생겼나."

"흠."

원소는 약간 찜찜했지만 화친의 서를 받은 이후라, 무슨 이야기를 하는지 들어는 볼 참이었다.

"날도 더운데 할 얘기 있으면 빨리 해라."

"내가 지난번 공성 전투에서 너희 군사들 좀 애먹였잖아. 근데 사실 나

힘 없어. 그 전투 한 번 치르고 우리 완전 기진맥진해졌다고. 그래서 내가 화친하려고 이렇게 오시라 했지. 내가 제일 좋아하는 친구 원소야."

원소가 조조를 뚫어지게 바라보며 물었다.

"항복한다는 뜻이냐?"

"아이고 원소야, 아무리 그래도 내가 모양 빠지게 항복은 못하지~. 그럼 우리 병사들이 날 뭐로 보겠어."

"그럼 뭐 하자는 거냐? 야, 그러지 말고, 남쪽 지역 하나 떼어 줄 테니까, 거기 가서 조용히 왕 해먹고 살아 인마."

원소가 선심 쓰듯 말하자 조조가 죽는 소리를 했다.

"아이고 우리 원소, 진짜 너무하네. 그 시골 같은 땅에서 뭐 하면서 왕을 하라 그러시나. 그러지 말고 내가 준비한 선물이나 받아 가."

"뭔 선물?"

"헤헤, 저기 가마 보이지? 천자야. 내가 특별히 천자를 너한테 줄게. 진짜 아무나한테 못 주는 거 알지? 아무리 세력이 크다고 해도 너니까 내가 줄 수 있는 거야. 내가 제일 아끼는 친구니까. 그러니까 허창은 그냥 내버려두면 안 될까? 나는 허창 지키고, 우리 원소는 천자 데리고 가서 실질적 황제하면 되잖아~."

한나라 전체를 차지하려면 반드시 지나쳐야만 하는 허창을 원소가 그냥 놔두지 않을 거라는 걸 조조는 알고 있었다. 단지 시간을 최대한 끌기 위해 말을 꺼낸 것뿐.

"안 돼!"

역시 조조의 예상대로 원소가 단호히 거절했다.

조조가 계속 떼를 썼다.

"원소야~~, 나 좀 봐줘. 가만 있어봐, 왜 이렇게 더워. 우리 원소 목 타 죽겠네."

조조가 자기 쪽 진영을 향해 손짓을 하자, 기다렸다는 듯 선녀 옷을 입은 미녀 100명이 웃으며 달려나왔다.

"뭐 하는 짓이냐?"

원소가 당황해 눈을 크게 치켜떴다.

"아이고 친구야, 좋은날 뭔 눈을 그렇게 무섭게 뜨고 그러냐. 일단 내 술 한 잔 받고 얘기 좀더 나누자. 내가 천자를 준다니까."

조조가 원소에게 술 한 잔을 따른 후 건배를 청했다. 미녀들이 원소에게 부채질을 하며 어깨까지 주물러 주니, 원소의 몸이 절로 이완되고 있었다. 조조에게 아첨 소리를 들으면서 이미 기분도 풀어지고 있던 터였다.

미녀들이 이번에는 원소의 장수들에게 달려가 술을 따라 주었다. 장수들이 헤벌쭉해져 말에서 내려와 미녀들과 술을 마시는 풍경이 가관이었다. 이때 허유가 불안한 얼굴로 소리쳤다.

"전시 중에 무슨 술이야? 당장 멈추지 못할까?"

"아이고, 주공 좀 보시오. 저렇게 기분 좋게 웃고 계시는데. 조조가 아주 껌뻑 죽어 있는 거 보니, 전쟁은 안 나겠고만요, 뭘."

몇몇의 장수들이 이렇게 대꾸하며 기분 좋게 술에 취하고 있었다. 하지만 아무리 생각해도 허유는 찜찜하기 그지없었다. 그때 하늘을 바라보니 중천에 떠 있던 해가 서쪽으로 뉘엿뉘엿 넘어가고 있는 게 아닌가.

'하, 머리 위에 있던 태양을 지금은 정면으로 마주하고 있구나. 그래, 조

조 저놈이 이걸 노리고 시간을 끄는 거였어.'

허유가 발 빠른 병사 한 명을 불러 명했다.

"주공을 모셔오게, 어서 빨리. 절대 주공이 흥분하시지 않도록 하게. 행여나 지금 공격을 명하시는 일은 절대로 없게 해야 하네."

전령이 말을 타고 급히 달려가 이 말을 전했다.

"주공, 허유 책사께서 어서 오시라 합니다."

원소가 잠깐 기다리라는 듯, 전령을 향해 손짓을 했다. 미녀의 손이 어깨를 주물러 주는 데다 술까지 마셔, 기분이 째지게 좋아졌기 때문이다. 그가 선심 쓰는 척 조조에게 말했다.

"조조 이놈아, 천자랑 허창 다 이 원소에게 넘겨라. 그러면 남쪽 지역 하나 떼어 준다니까. 거기서 왕으로 잘 먹고 잘 살라고 몇 번을 말하냐?"

이때 조조가 하늘을 올려다보니, 드디어 해가 서쪽을 향해 넘어가고 있었다. 시간은 오후 4시경이었다. 조조는 미소를 짓더니 원소를 똑바로 쳐다보며 말했다.

"뭐? 그걸 어떻게 줘, 이 자식아. 오냐오냐하니까 내가 호구로 보이냐? 건방진 자식이 어디서 천하의 조조 앞에서."

갑자기 돌변한 조조가 술잔을 들어 원소 얼굴에 술을 착 끼얹어 버렸다. 몽롱해지던 정신이 바짝 든 원소는 눈을 부라리며 일어났다.

"아니, 이놈이!"

"억울하면 붙던가. 지난번처럼 개죽음 당하게 해줄게. 내가 빨리는 끝내 줄 수 있어."

조조가 이렇게 말하더니, 일부러 씰룩씰룩 엉덩이를 흔들면서 자기 진

영 쪽으로 걸어가는 게 아닌가. 얼굴이 붉으락푸르락 변한 원소가 말에 올라타 자신의 군대를 향해 달렸다.

"주공, 주공! 송구하오나, 허유 군사께서 절대 흥분하지 마시라고 말을 전했습니다만……."

원소를 데리러 왔던 전령이 황급히 따라가며 그를 불러 보았으나 원소는 그의 말을 듣는 둥 마는 둥 하더니, 군사들이 자기 말을 들을 수 있는 사정거리가 되자마자 있는 힘껏 소리쳤다.

"쳐라!"

술 마시며 해롱거리던 장수들이 정신을 차리고 황급히 말에 올라 원소의 명령에 따라 일제히 조조의 진영으로 진군했다. 그러나 이미 서쪽으로 넘어간 해가 정면에서 내리쬐니 그 빛에 눈이 부셔 앞을 보기 힘들 정도였다. 손으로 태양을 막느라 허둥댈 때, 조조 측으로부터 화살이 빗발쳤다.

이럴 때는 맞받아 화살을 쏴야 하는데, 햇빛 때문에 원소 병사들은 조준이 안 되는 겁니다. 결국 앞쪽 병사들이 화살을 맞아 고꾸라지니, 뒤따라오던 이들도 그들에 걸려 또 넘어지는 진풍경이 벌어지고 말았죠. 그렇게 사람들이 쌓여 인산을 이뤘답니다. 조조는 기분 좋게 헤헤거리고 있었고요. 그제야 왜 조조가 능청스럽게 좋은 말만 하면서 시간을 끌었는지 알게 된 원소가 발을 동동 구를 수밖에요.

"일단 후퇴!"

원소의 명령으로 병사들이 후퇴하고 있었습니다. 그런데 아까 조조가 차출한 1만 명 병사들 기억나지요? 그들은 뭘 하고 있었을까요? 원소 진영의 뒤쪽에서 조용히 깊이 1미터 정도의 구덩이를 파고 있었습니다. 다 판 후에는, 구덩이 뒤에서 방패를 내려 들고 일렬로 서 있었어요. 후퇴하던 원소 측 병사들은 저 멀리 일렬로 서 있는 한 무리의 병사를 보게 됩니다.

"주공! 조조 측 병사들이 우리의 퇴각로를 막아서고 있습니다. 구덩이도 보입니다. 어찌할까요?"

태양을 등지고 달리던 원소는 그들의 형세를 분명히 볼 수 있었다.

"기껏해야 1만 명 정도의 병사일 뿐이니 그대로 돌파한다! 구덩이는 뛰어 넘어라! 진격!"

원소의 병사들이 구덩이 가까이까지 다가오자, 조조의 병사들은 미리 닦아둔 방패를 일제히 들어 올렸다. 일렬로 서 있는 조조 군사들의 방패는 거대한 반사판이 되어 앞에서 내리쬐던 해의 빛을 반사했다. 거침없이 내달리던 원소의 군사들은 일제히 비명을 지를 수밖에 없었다.

"으악! 앞이 안 보입니다!!"

휘청이며 달려오던 원소의 최전방 군사들은 조조의 군사들이 미리 파놓은 구덩이에 떨어져 고꾸라지기 시작했다. 눈앞에 펼쳐지는 거대한 빛 때문에 무슨 일이 벌어지고 있는지 보지도 못하고 그저 뒤따라오던 군사들 또한 차곡차곡 굴러 떨어져 쌓아졌다. 맨 아래 군사는 겹겹이 올라오는 병사들에게 깔려 죽고, 밟혀 죽고, 눌려 죽고, 숨막혀 죽는 처참한 압사의 현장이었다. 아비규환, 아수라. 마치 이 상황을 위해 존재하는 단어인 듯했다.

여기서 10만 병사가 목숨을 잃었으니, 원소의 수심은 깊어질 수밖에 없었다.

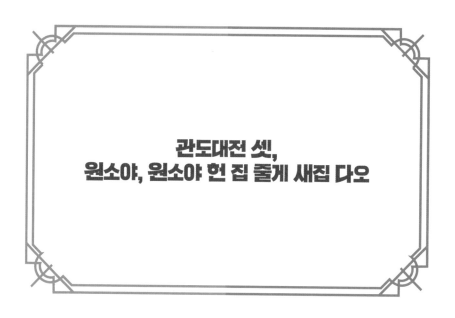

관도대전 셋,
원소야, 원소야 헌 집 줄게 새집 다오

70만 병사로 시작했던 군사가 조조에게 연달아 대패하면서 영채로 돌아온 수는 불과 20만 명뿐이었답니다. 그렇지 않아도 판단력 부족한 원소가 화병과 불안에 시달리니 그의 이성은 더욱 무뎌지고 있었어요. 이때 원소의 오른팔 책사인 허유가 나섰습니다.

"주공, 병법에 이르길 위기 상황일수록 원칙에 충실하라고 했습니다. 지피지기면 백전불패라 하지 않았습니까? 제가 지금 몰래 조조 진영으로 가 상황이 어떤지 살피고 오겠습니다."

"그래, 그러게. 자네만 믿겠네."

머리에 흰 띠를 질끈 묶고 드러누운 원소가 대답했다. 이에 허유가 야밤에 군사를 이끌고 조조 진영 앞에서 매복한 채 상황을 지켜보고 있었다.

시간이 얼마나 지났을까, 급하게 영채의 문이 열리더니 전령 한 명이 말을 타고 힘껏 달려 나왔다.

"저놈을 향해 화살을 쏴라."

허유의 명령으로 매복한 병사들이 화살을 쏘니, 전령이 말에서 툭하고 떨어지면서 목숨을 잃었다. 허유가 달려가 달빛을 조명 삼아 전령의 몸을 뒤지니 목간 하나가 나왔다.

'군량이 딱 하루치밖에 남아 있질 않다. 급히 군량미를 영채로 가져올 것을 명한다.'

딱 봐도 조조의 글씨체였다. 허유가 회심의 미소를 지으며 소매 속에 목간을 집어넣고 원소에게 달려갔다.

"주공, 이걸 보시지요. 조조 진영의 군량이 바닥났습니다. 지금 조조를 치면 됩니다."

허유가 자신만만하게 말하자 핏기 없던 원소의 얼굴에 화색이 돌았다.

"수고했네 허유! 그래, 내 이번에는 기필코!"

그러자 다른 책사가 말도 안 된다는 표정으로 원소를 말렸다.

"주공, 조조한테 두 번이나 크게 당하시고 또 속으려 하십니까? 계략입니다. 우리가 매복해 있었다는 걸 눈치챈 조조가 또 꼼수를 부린 게 틀림없습니다. 지금 가면 그야말로 독 안에 든 쥐 꼴로 다 죽을 게 불 보듯 뻔한데, 정말 가실 겁니까?"

원소가 대답했다.

"헉? 내가 또 속을 뻔했구나. 그래 조조가 어떤 놈인데. 속지 말아야지!"

허유가 답답해 죽겠다는 표정으로 목간을 다시 보여주며 간절히 말했다.

"주공. 제 말을 믿으셔야 합니다. 사람의 직감이라는 게 있질 않습니까? 전 낮에도 조조가 시간을 끄는 게 왠지 수상하고 미심쩍어, 장수들에게 술을 마시지 말라고 외쳤습니다. 조조가 두 번이나 완승했지만, 저들의 군사들은 모두 지쳐 있는 상태입니다. 지금 치면 바로 허창에 처자까지 빼앗아 올 수 있습니다. 이때 치지 않으면 도리어 화를 입게 될 것입니다!"

원소가 허유를 미심쩍은 눈으로 쳐다봤다.

"조조 놈은 내가 어릴 때부터 봐 와서 잘 아네. 분명 지금도 꾀를 가지고 때를 기다리고 있을 터!"

말을 이어가던 원소는 뭔가 생각난 듯 허유에게 화를 내기 시작했다.

"아니!!! 네놈도 본래 조조와 친구지간이 아니었더냐!! 전쟁을 나설 때부터 계속해서 옆에서 군기를 흐트러뜨리는 것이 이상했다. 조조와 짜고 나를 속여 그에게 승리를 쥐어 주려는 수작 아니냐?"

그러고는 허유의 목을 베느니, 곤장을 치느니, 감옥에 가두느니 소리를 치는데, 주변의 다른 신하들이 말려 겨우 진정하였다. 그러더니 선심을 쓰듯 말했다.

"당장 벌을 내리는 것이 마땅하나, 잠시 뒤로 미루겠다. 썩 물러가서 내 눈앞에 나오지 말거라!"

허유가 더는 도리가 없다는 표정으로 원소의 처소에서 나와 탄식했다.

"충언을 하는 신하의 목숨을 도리어 앗아가려 하는구나. 저런 속 좁은 인간과 더 이상 천하의 대사를 논할 수 없겠다!"

허유가 달밤에 어디론가 달려갑니다. 그가 어디로 갔냐고요? 바로 조조에게 갔답니다. 허유는 왜 그랬을까요? 그의 행동이 이해되기도 하면서, 또 한편으로는 이해 안 되는 독자 여러분도 있을 거예요. 유비가 원소를 떠날 때, 허유와 유비가 나눴던 대화를 기억한다면 더더욱요. 판단력 부족한 원소 밑에 왜 있냐는 유비의 질문에 허유가 좁쌀 같은 은혜도 크게 갚는다고 했었잖아요.

　이 정도로 충신이던 허유조차도 더는 원소를 믿고 의지할 수 없었던 겁니다. 팔랑귀처럼 이 말 저 말에 흔들리다 결국 늘 어리석은 판단만 내리는 그 옆에 있다가는 목숨 부지하기도 힘들게 생겼거든요.

　"승상, 적진에서 온 사람이 승상을 찾습니다. 어릴 때 같이 오리 훔쳐 잡던 허유라고 하면 아신다고⋯⋯."

　책사가 전하자 조조가 놀라 물었다.

　"허유?"

　시녀로부터 발 마사지를 받고 있던 조조는 맨발로 겅중거리며 밖으로 뛰어나갔다.

　"승상, 신발을 신으시고⋯⋯."

　책사가 권해도 귓등으로 들을 뿐이었다.

　"허유, 허유~! 어서 오게."

　조조가 허유를 얼싸안고 기뻐했다.

　"승상, 소인 허유가⋯⋯."

　"아이고, 우리 사이에 승상은 무슨. 일단 들어오게."

조조는 어릴 적 친구인 허유 덕분에 원소에게 결정적인 한 방을 날릴 수 있게 되었습니다, 과연 허유로부터 어떤 고급 정보를 얻었기에 그런 걸까요?

"여봐라, 여기 고기 안주에 술상을 내와라. 귀한 손님이 찾아오셨으니, 특별히 신경 쓰고."

"승상, 제가……."

"어허, 다시 한 번 승상이라고 하면 자네랑 말 안 할 거야? 그냥 조조라고 부르게!"

"그래도 승상 일단은 저의 항복을……."

조조는 자기 집게손가락을 허유의 입에 갖다 대고 "쉿"하며 능청을 떨었고 허유는 결국 격식 차린 항복을 멈추었다. 그때 술상이 나왔다.

"술 한 잔 받게 친구. 우리 사이에 구구절절 이유가 필요한가? 친구 보고 싶어서 온 거잖아. 그러면 된 거지. 우리가 지금 상황상 적이지, 어디 미워서 적인가? 어렸을 때 자네와 내가 오리 서리하고 야채 서리한 거 기억나지? 하, 그때가 좋았지."

조조가 이렇게 편히 반겨주니, 허유도 술을 마시며 긴장을 풀었다. 술기운이 바짝 오른 두 사람은 추억을 안주 삼아 시간 가는 줄 몰랐다.

"조조 자네가 좋아하던 옥녀는 시집갔는가?"

허유가 묻자, 양볼이 벌게진 조조가 옥녀의 얼굴을 떠올리는 듯 천장을 바라보며 대답했다.

"그러게, 옥녀 어떻게 사는지 궁금하네. 엄청 예뻤는데, 헤헤."

허유도 조조를 따라 기분 좋게 웃더니 갑자기 진지한 표정으로 속내를 드러냈다.

"이보게 조조, 내가 이렇게 온 건 말일세, 원소하고는 도저히 못 있겠어서 그런 거야. 우리 어릴 적 원소는 모범생에 사려 깊은 소년이었는데, 반동탁 연합 세력의 수장이 된 이후부터 마치 자기가 왕이나 황제라도 된 마냥 오만함과 허세가 하늘을 찌르고 있네. 우리가 알던 그 원소가 아니야. 이기적이고 조울증까지 있는 것 같네. 멀쩡하다가도 흥분만 하면 사람이 확 돌아버리거든. 오랜 친구이자 주공으로 그를 모시던 나도 과연 이 자가 따를 만한 자인지 의심한 적이 한두 번이 아니었네. 내가 정말 창피하지만 이런 일도 있었네."

"뭔데 그러나?"

"조조 자네가 유비 진영인 서주 치러 간 적 있었잖아? 자네가 삼 형제 다 흩어버렸을 그때 말이야. 그때 우리가 왜 비어 있는 허창에 쳐들어가지 않은 줄 알고 있나?"

"나도 그게 의문일세. 왜 나를 치지 않았나? 그때 나를 쳤으면 아마 나는 지금쯤 원소 진영 어딘가에 묻혀 있는 백골 신세가 됐을 텐데 말이야."

"자네 이 말 들으면 기절할 걸세. 그때 유비가 원소에게 애걸했잖나. 조조가 없는 지금 허창을 공격해야 한다고. 좀 도와달라고. 근데 원소가 뭐랜 줄 아나? '막내아들이 감기에 걸려 지금 내 마음이 아파 죽겠는데, 이 판국에 무슨 전쟁을 한단 말인가?' 이래서 공격을 안 한 걸세. 막내아들의 감기가 조조 자네를 살렸단 말일세!"

그 이야기를 듣고 조조는 어이없음에 입이 떡 벌어져 한숨조차 쉴 수 없

용의 지혜, 지략에 속고 꾀에 울고

었다.

"그뿐만이 아닐세. 원소는 첫째, 자기만 알아. 일단 아랫사람을 도통 믿으려고 하지 않지. 자기 귀에 거슬리는 말을 하면 자초지종 설명도 하기 전에 화부터 낸다네. 둘째, 아량 따위는 없어. 수장이면 아랫사람이 실수하고 그래도 때론 넓은 가슴으로 품어 주기도 하고, 알고도 모른 척도 해 주고 그래야 되지 않나. 그런데 사람을 구석까지 몰아세운 다음 집요하게 캐물어. 한 번 실수로 목 날아간 책사들 한둘이 아닐세. 한 번은 나도 곤장 200대나 맞았어. 나중에 미안한지 200냥 주더군. 허, 참."

"200냥? 그거 괜찮은 장사네, 나도 가서 좀 맞을까?"

"예끼, 이 사람아! 셋째, 원소는 자네도 알겠지만 판단력이 부족해도 너무 부족하다네. 공들여 지략을 짜주면 뭐하나? 똥인지 된장인지 구분을 못하는데. 그래서 내가 자네에게 온 걸세. 섬기던 주군을 배반했으니 사실 죽은 목숨이나 매한가지 아닌가. 내 목숨 이제 자네한테 달렸어. 자네가 죽인다고 하면 그냥 내가 혀 깨물고 알아서 죽어 주겠네."

"뭔 소리야? 잘 왔네, 이제 나랑 함께 하세. 허유, 자네 나 믿지?"

"그래, 그래, 믿지."

허유는 이내 표정을 다잡고 진지하게 말을 건넸다.

"그럼 뭐 하나만 물어보세. 자네 군량미는 얼마나 있는가?"

"그거라면 걱정 말게. 1년 치나 있다네."

허유가 알 수 없는 표정으로 자신의 술잔을 채우며 말했다.

"사람 참 안 변하네. 내가 자넬 믿고 원소 놈이랑 싸우려면, 상황 파악은 정확히 해야 할 거 아닌가? 다 알고 왔네, 거짓말 그만 하고 솔직히 말해

봐."

"허허허허."

조조가 간드러지게 웃더니 말했다.

"역시 허유, 똑똑한 친구야. 자네 앞에서는 거짓말을 못 하겠네. 사실 반 년 치밖에 없어."

허유는 껄껄 웃으면서 대답했다.

"세상 사람들이 모두 자네를 간사한 영웅이라 하더니, 그 말이 참이었 군."

그러자 조조는 헛웃음을 뱉으며 말했다.

"그래~ 내 별명이 간웅인데 어떻게 딱 한 번에 진실을 말하겠나. 병불 염사라고 병법에 속임수도 꺼리지 않는다는 말도 있는데. 못 들어 보았는 가?"

그러고는 조조가 허유의 귀에다가 입을 바짝 대고 속삭였다.

"사실 군중에는 겨우 3개월의 양식만 남아 있네."

"3개월??"

허유가 눈 한 번 깜빡 안 하고 조조를 지긋이 쳐다보니, 조조가 겁난 듯 서둘러 말을 바꿨다.

"한 달."

그때, 허유가 벌떡 일어나 조조를 눈으로 째렸다. 그러자 조조도 일어나 허유의 팔을 잡고 만류하며 말했다.

"알겠네, 알겠어. 진짜 솔직히 말하겠네. 일주일!"

이번에는 허유가 조조의 손을 확 뿌리치며 소리쳤다.

"그만 속이게! 군량미는 이미 바닥나지 않았는가? 그러고도 자네가 나한테 믿으란 말을 할 자격이 있는가?!"

그러자 조조가 곧바로 무릎을 꿇는 게 아닌가.

"허유, 사실은 하루치밖에 없네. 내가 자네를 못 믿어서가 아니야. 전시 상황이라서 그런 거니 이해 좀 해주게. 친구로서가 아니라, 군인으로서, 병법가로서, 수장으로서 이렇게 말할 수밖에 없질 않겠는가? 그래도 자네를 향한 내 마음만은 진심이니, 그만 화 풀게. 내가 잘못했네."

그제야 마음이 풀린 듯이 허유는 무릎 꿇은 조조를 일으켜 세우며 비장하게 말했다.

"조조! 나에게 원소를 이길 수 있는 한 가지 방법이 있네. 내 말대로 한다면 사흘 안에 원소의 대군을 물리칠 수 있을 것이야!"

조조가 허유의 손을 맞잡으며 말했다.

"허유!!! 자네의 반가운 얼굴을 본 순간부터 자네가 나를 살릴 것이라 알고 있었네! 어서 말해주게, 그 계책이 무엇인가?"

허유가 입 꼬리를 올려 씨익 웃더니 술 한 잔을 입에 털어 넣으며 말했다.

"긴 말 안 하겠네. 오소를 치게."

"오소?"

"원소 진영에서 지척인 곳이 바로 오소인데, 거기에 군량미 100만 석을 따로 숨겨 놨네. 그런데 자네에겐 다행스럽게도, 술을 좋아하고 기강이 해이한 장수에게 그 중요한 곳을 맡겨 놨어. 그러니 조조, 정예병을 뽑아서 그곳에 몰래 숨어 들어가게. 그런 다음 틈을 노려 군량미에 불을 지르고 처들어가 오소를 초토화시킨다면, 원소의 군사는 사흘도 못 가서 크게 흔들릴 것이 분명하네."

이때 조조가 눈을 반짝이며 허유에게 물었다.

"아주 훌륭한 계책이야. 그런데 우리가 오소를 치면, 원소는 어떻게 나올 것 같은가?"

"내가 아는 원소는, 처음에는 당황하다가 나름 지략을 쓴다고 자네의 영채를 처들어 올 것이 분명하네. 그러니 여기에 군사 절반을 남겨서 매복시켜 놓으면 되지."

조조가 고개를 저으며 대답했다.

"아냐, 그 정도로는 이 조조 성에 안 차지. 남들이 하는 것보다 하나 더 해서 적의 뿌리를 흔들어야지. 우리가 먼저 오소를 치고, 원소가 우리 쪽으로 공격을 해오면, 우리는 원소의 빈집털이를 한다! 헌 집을 내주고 새 집을 얻는 셈이지, 어떤가?"

허유가 무릎을 탁 치며 감탄했고, 둘은 밤새도록 술잔을 기울였다.

자, 과연 허유의 말대로 원소가 움직일까요? 원소는 어떤 지략을 쓸까요? 과연 이 관도대전의 마지막은 어떻게 장식될까요?

다음날 조조는 허유의 도움을 받아 원소의 깃발을 만들고, 지난 싸움에서 사로잡은 포로들의 옷을 벗겨 원소 군으로 위장했다. 그리고 한밤중에 5,000명의 군사를 거느리고 오소를 향해 나아갔다. 가는 길 곳곳에 길목을 지키는 원소 군들이 있었지만, 그들은 조조 군이 자기네 깃발을 들고 있는 것을 보고 순순히 보내주었다. 조조의 군사들은 이렇게 별 탈 없이 오소에 당도했다.

"승상! 제가 영채 안을 몰래 살피니 보초들이 모두 술에 취해 곯아 떨어져 있습니다. 당장 영채로 쳐들어가 군량미에 불을 지를까요?"

정찰병이 말하자 조조가 대답했다.

"아니야! 농민들의 피와 땀 같은 곡식 알갱이를 뭐하러 불태우는가! 저건 우리가 꼭꼭 씹어 소화시켜야지~ 우리는 영채 밖에 불을 지른다. 그리고 함성을 지르며 영채 안으로 들어가서 군사들만 진압하도록!"

"예! 승상!"

말이 끝남과 동시에 조조 군은 저마다 짊어지고 온 짚단들을 바닥에 깔고 불을 놓기 시작했다. 그리고 북을 울리고 함성을 지르며 오소의 영채 안으로 쳐들어갔다.

아니나 다를까 오소를 지키는 장수들은 정찰병의 말대로 술에 만취하여 장막 안에 널브러져 있었다. 천지를 뒤흔드는 듯한 조조 군의 함성 소리에 화들짝 놀라 일어났지만 정신을 차리지 못하고 그대로 포박되고 말았다.

한편 본진의 장막 안에서 잠을 자던 원소는 달려 들어온 병사의 보고를 받고 귀를 의심했다. 영채에서 뛰어나와 살펴보니 북쪽에서 불길이 하늘을 찌를 듯 치솟고 있었다.

"아이고, 저 불길! 어쩌나 우리 군량미!"

"주공, 어서 병력을 오소로 보내야 합니다. 무려 100만 석이라고요!"

책사도 발을 동동 구르며 원소에게 말했다. 그런데 원소가 웬일인지 눈을 가늘게 뜨며 잠시 뜸을 들였다.

"아니지, 아니지. 머리를 써야지. 지금 우리가 오소로 달려간들 불타 버린 군량미를 되살릴 수도 없는 노릇이야. 또 하나, 우리가 군량미를 지키려 5만의 군사를 배치해 둔 곳이 오소인데, 저리 불길에 휩싸일 정도면 틀림없이 조조의 병력이 전부 오소로 진격했다는 이야기가 아닌가? 그럼 조조 놈 영채가 텅 비었겠지. 그렇다면 우리는 지금부터 오소를 버리고 적의 빈집을 털러 간다. 자기의 본진이 공격당한 것을 알면 당황한 조조는 당장 지키러 돌아올 것이다."

원소는 즉시 명을 내려 조조의 영채가 있는 관도로 군사들을 진격시켰다. 조조의 영채로 달려가자, 과연 성문이 활짝 열려 있는 게 아닌가. 원소가 모처럼 흐뭇하게 웃으며 말했다.

"내가 뭐랬나? 자, 진격!"

그렇게 호기롭게 영채 안으로 돌진했는데! 들려오는 건 병사들의 비명 소리였으니 이게 웬일인가. 조조가 영채를 떠나기 전에 구덩이를 파고, 짚풀로 덮어 위장을 해놓은 함정에 병사들은 물론 말까지 다 빠진 것이다. 게다가 성채 위 망루에서 화살이 쏟아졌다.

"으악, 사람 살려!"

깜깜한 밤인지라 비명이 적군인지, 아군의 것인지 구분도 안 되는 상황이었다. 그러니 일단은 꾸역꾸역 계속 밀고 들어갈 수밖에. 밑으로는 구덩이요, 위로는 화살의 난리법석 가운데, 결국 원소 군은 살길을 찾아 급하게 후퇴하며 달려야 했다. 이 싸움에서 죽은 원소의 군사는 셀 수 없이 많았다. 그들이 흘린 피는 시냇물처럼 흘렀고, 달아나다 낙마하고, 밟히고 깔려서 압사한 자의 수는 헤아릴 수가 없었으니, 이루 말할 수 없이 처참한 현장이었다.

그런데 헉헉대며 겨우 본진으로 도망쳐 온 원소에게 또 한 번 피를 토하게 만드는 상황이 펼쳐졌으니, 바로 본진의 성문이 굳건히 닫혀 있는 것이었다. 원소가 문을 열라고 소리치려 할 때 위에서 누군가가 말했다.

"원소 이놈, 항복을 하든가, 아니면 이번엔 네가 곤장 200대를 맞아야겠다!"

위를 바라보니, 조조와 허유가 달빛 아래서 어깨동무를 한 채 서 있었다. 이때 원소는 눈이 뒤집힌 채 큰 대자로 쓰러졌고, 쓰러진 채로 뜨거운 피를 뿜어냈다.

"윽, 컥, 커억!"

"주군, 괜찮으십니까?"

병사들이 원소에게 달려가는데, 그때 위에서 또 화살이 빗발쳤다.

영채도 뺏기고, 오소까지 불탔으니 이제 원소의 세력은 어디로 가야 할까요? 황급히 북쪽으로 피할 수밖에요. 도망길에 올라 혼이 쏙 빠진 상태로 망연자실해 있는데, 날이 밝았습니다. 눈 밑에 다크서클이 진하게 드리워진데다 얼굴마저 수척해진 원소가 병사 수를 대략 헤아려보니, 고작 800여 기뿐이네요. 불과 얼마 전만해도 70만이던 원소의 병력이 조조의 꾀에 넘어가 허망하게 무너지고 만 것입니다.

원소가 목놓아 울며 한탄했습니다.

"천자만 데려오면 천하의 주인이 될 거라 믿어 의심치 않았건만. 이렇게 허무하게 무너질 줄이야!"

다시 피를 토하던 원소가 말에서 떨어져 죽으니, 이게 바로 관도대전의 말로랍니다.

"허유야, 네 덕에 대승했다."

조조가 기분 좋게 껄껄 웃으며 원소가 머물던 방안으로 들어왔다. 이때 책사 한 명이 뭔가를 들고 오며 소리쳤다.

"승상, 적장 원소의 서류 더미에서 이런 게 나왔습니다."

조조가 살펴보니, 자기 수하의 관료들과 병사들이 적진과 내통한 밀서들이었다.

"조사하고 다 참수할까요?"

책사가 물었다. 그런데 이게 웬걸, 조조가 아무렇지 않게 웃으며 이렇게 말하는 게 아닌가.

"허허허, 아닐세. 다 태워버리게. 원소의 군대가 무려 70만이었어. 그 모습이 워낙 위협적이었던 지라 나도 이길 수 있을지 확신이 없었거늘, 하물며 이 병사들이야 오죽했겠는가? 나는 이해할 수 있다네. 오늘 같이 기분 좋은 날 쓸데없는 소리 그만하고, 술상을 차려 병사들 사기 좀 북돋아주게. 그동안 얼마나 고생이 많았겠나."

이때 허유가 탄복하며 생각했다.

'하, 원소였다면 벌써 다 참수했을 텐데. 확실히 조조는 다르구나. 원소가 패망하고 조조가 대승한 데는 다 이유가 있었다.'

삼국지 시대의 흐름을 크게 바꿔 놓았던 이 전쟁에서 우리는 짚고 넘어가야 할 것들이 있어요. 첫째, 전쟁 후 조조의 뒤처리를 보세요. 허유가 이때 조조에게 반한 겁니다. 조조와 달리 원소는 한 번 잘못하면 사람을 끝까지 궁지에 몰아넣고 탈탈 털는 성격이었거든요. 게다가 원소는 귀에 거슬리지만 하나에서 열까지 옳은 말만 했던 책사를 매질하다 결국 감옥에 가두더니, 나중엔 자결하라고 명하기도 합니다. 아랫사람들은 자연스럽게 두 부류로 나뉩니다. 원소에게 거슬리지 않는 사탕발린 말들만 하거나, 강직하고 올곧음을 유지하며 원소를 떠나거나. 그런데 조조는 어떤가요? 부하들의 잘못이 뻔히 드러났는데도 모른 척 눈감아 주었지요? 이 부분이야말로 오늘날 리더들이 생각해 봐야 할 리더십 아닐까요? 직장 상사든, 한 집안의 가장이든 아랫사람이 실수했을 때 너무 궁지로 몰아세우며 혼내는 건 현명한 방법이 아니겠지요.

덕장인 유비는 아랫사람뿐 아니라 적인 황건적을 토벌할 때도 이런 태도를 보인 적이 있었답니다. 황건적들의 영채를 공격했을 때의 일입니다.

유비 측의 한 장수가 적의 영채를 포위한 다음, 사방으로 공격해서 몰살시켜 버리자고 말하자 유비가 이렇게 말했지요.

"적을 궁지에 몰면 아군에게도 피해가 옵니다. 그러니 뒷문을 열어 퇴로를 만들어 줍시다. 우리는 뒷문에 매복해 있다가 적장만 잡아 참수하면 되지 않겠습니까."

이렇듯 잘못을 저지른 이에게 빠져나갈 틈 정도는 만들어주는 것이 사람을 상대하는 하나의 방법이 아닐까요? 이 이야기는 비단 조직을 이끌어가는 리더에게만 해당되는 것이 아니라 부모 자식 간에도, 부부 간에도, 연인 간에도, 친구 간에도 모두 해당될 수 있죠. 상대의 실수나 치부를 모른 척하고 그 실수를 너그러이 덮어주는 아량은 굳건한 자기 사람을 만드는 비결일 것입니다.

둘째, 타고난 성격이 침착하고 사려 깊었던, 그리고 심지어는 유교 경전과 병법서에도 능했던 원소가 왜 이리 처참한 죽음을 맞이하게 됐을까 생각해 봐야 해요. 심지어 그에게는 조조를 압도하는 10배 이상의 군사가 있었음에도 말이죠.

상황을 복기해 보면 그 이유는 바로 그가 너무 많이 가졌기 때문입니다. 저는 작은 교육 회사를 이끌어 가고 있는데, 워크숍 때 직원들과 들었던 강사님의 강연 중 깊은 감동을 받았던 구절이 있었습니다.

"가장 잘 나갈 때가 가장 위기의 때이다."

원소는 반동탁 세력 형성 이후에 전쟁들을 연달아 이기고 세력을 점점 넓히면서 기세등등해졌습니다. 원소가 차지한 지역은 병주, 기주, 유주, 청주로 비옥하고 넓은 땅을 차지하고 있었습니다. 풍부한 군량미와 100만 대군을 호령하는 전성기를 누리고 있었죠. 그의 풍족함과 거듭된 승리들이 교만과 태만을 낳았고, 그 교만과 태만이 합하여 독선과 무지를 태동시켰고, 그 독선과 무지가 결국 관도의 패배를 낳았던 것입니다. 결국 원소의 몰락은 너무도 풍족하고 완벽했던 그의 상황이 초래한 것이라고 말할 수 있겠습니다.

이러한 원소의 모습은 오늘날을 살아가는 우리에게 큰 메시지를 주고 있습니다. 독자 여러분, 가장 잘나가는 때 그리고 가장 전성기가 우리를 가장 위험하게 한다는 것을 기억하고, 잠깐이나마 익을수록 벼는 고개를 숙인다는 말에 다시 한 번 공감하는 시간이 되셨으면 좋겠습니다.

Q. 조조와 원소는 어릴 적 친구라면서요. 그런 원소를 피 토하며 죽게 만들다니, 조조가 너무 나쁜 사람인 것 같아요.

A. 전쟁에서 군인들은 어쩔 수 없이 맡은 임무를 수행해야 하지요. 적진에 있는 사람이 아무리 친구라 해도 전시 중에는 원수일 수밖에 없어요. 조조와 원소 역시 난세에 태어나 적이 되었을 뿐, 난세가 아니었다면 그저 투닥투닥 싸우면서 함께 늙어가는 죽마고우였겠죠. 사실 미처 얘기하지 못했지만, 원전에 따르면 조조는 나중에 원소의 무덤에 찾아가 그 앞에서 하염없이 울었다고 합니다. 군대를 통솔하는 리더 입장에서는 서로 타도할 대상이었지만, 힘없이 스러진 친구의 무덤 앞에서는 비로소 통곡할 수 있었던 거지요.

난세에는 이런 비극적인 일들로 그 존재가 더욱 부각되지만, 사실 오늘날의 우리도 살면서 누구나 이런 역할 갈등을 겪기 마련입니다. 누군가에게는 선생이지만 누군가에게는 제자고, 누구의 부모이면서 동시에 누구의 자식이죠. 그러다보면 역할끼리 부딪힐 때가 있잖아요. 부모로서 자식이 잘못을 저질렀을 때 따끔하게 혼내지만, 막상 자기 부모에게는 자식으로서 대들기도 하잖아요. 이처럼 우리는 모순적인 모습을 보이면서 역할 갈등을 겪습니다. 맡은 역할이 여러 가지일수록 갈등은 더 심해질 거고요. 이 또한 인간으로 태어나 사회화되면서 어쩔 수 없이 겪어야 하는 숙명인 것 같습니다.

위기를 기회로,
두려움을 용기로 유비 서서를 만나다

자, 여기서 한나라의 형세를 다시 한 번 정리해 보겠습니다. 허창과 옛 수도인 낙양, 장안 일대는 조조가 천자를 등에 업고 차지하고 있었고요. 강동에는 손견의 아들 손권이 있었지요. 손견이 누구였나요? 조조와 함께 반동탁 연합을 이끌던 인물로, 낙양에 들어가 옥새를 차지했었지요. 이후 고향인 강동으로 돌아갔지만 안타깝게도 전쟁 중에 목숨을 잃었답니다. 이후 큰아들 손책은 갑자기 얻은 병으로 단명했고요. 둘째 아들인 손권이 그 뒤를 이어 강동 지역을 다스리고 있었던 겁니다. 이 와중에 하북 지방 대부분을 차지하고 떵떵 거리던 원소와 조조 사이에 관도대전이 일어났던 거고요.

우리가 다 봤다시피 관도대전 이후로 원소가 세상을 등졌습니다. 뒤이어 원소의 아들들이 패권 다툼을 시작했습니다. 이 형세를 보고 흔히들 골

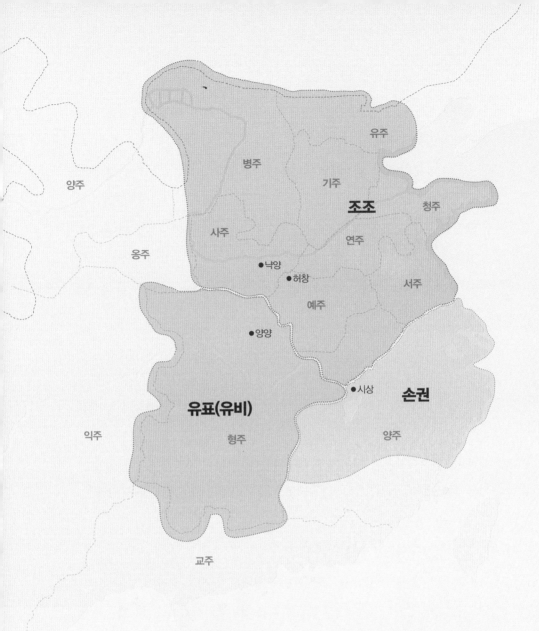

육상쟁이라 말하지요. 뼈와 살이 서로 다툰다는 뜻으로, 형제나 같은 민족
끼리 다툴 때 쓰는 말이지요. 이렇게 형제가 서로를 향해 칼날을 내미는
혼란스러운 상황을 십분 이용해 조조는 원소의 아들들을 다 물리치고, 기
주, 병주, 청주, 유주를 함락했습니다. 하북 지방을 전부 차지하게 된 조조,

그리고 강동의 손권, 또 형주에 의탁하고 있는 유비, 이렇게 셋으로 주요 세력이 좁혀졌네요.

그럼 이제 유비의 이야기로 돌아가 볼까요? 유비는 유표가 마련해 준 형주 북쪽에 위치한 신야성이란 곳으로 거처를 옮겨 세 아우들과 편안한 나날들을 보내고 있었답니다. 유비의 첫째 부인인 감부인이 유비의 유일한 혈육인 유선을 낳았던 것도 바로 이 시기였죠. 그러던 유비에게 또다시 위기가 찾아왔네요. 그를 제거하려는 자가 생겼으니, 유비는 또 도망자 신세가 되고 맙니다.

형주의 주군이던 유표는 나이가 많아, 자리에서 물러나 후사를 정할 때가 왔다. 그런데 그의 상황이 썩 편치 않았다. 이래저래 고민하던 차에 북쪽 신야성에 머물던 유비가 오랜만에 문안 인사를 왔다. 둘은 술상을 마주하고 앉아 이런저런 이야기를 나누었는데, 얼굴이 불쾌하게 물들었을 즈음 유표의 두 눈에서 갑자기 닭똥 같은 눈물이 뚝뚝 떨어지는게 아닌가.

유비는 화들짝 놀라 말했다.

"형님 갑자기 왜 그러십니까?"

"요사이 내 마음이 너무 괴로워 잠도 제대로 못 자고 있다네."

"아니 무슨 일이 형님을 그토록 힘들게 합니까? 제가 도울 수 있는 일이라면 목숨을 걸고서라도 돕겠습니다!"

"다름이 아니라 집안 문제인데, 이제 후사를 정해야 하는데 말야. 알다시피 자네 첫 형수는 일찍이 저 세상 사람 됐고, 둘째 형수는 자네도 봐서 알겠지만 성격이 보통 아니질 않나? 첫째 아들인 유기가 있는데도, 자기 배로 낳은 아들이 뒤를 이어야 한다고 매일같이 압력을 넣는데, 아주 죽겠네. 생각 같아선, 무슨 말 같지 않은 소리냐고 따끔하게 혼내고 싶은데 차마 입이 떨어지질 않네. 그러니 이를 어쩌면 좋겠나?"

거나하게 취한 유비가 평소와 달리 신중함을 잃고 목소리를 높여 말했다.

"아니, 형님! 수신제가치국평천하라 하였습니다. 가문의 질서를 바로잡지 않으시면 장차 큰 혼란이 올 것입니다. 마땅히 적장자를 세우시는 게 맞습니다."

이 말을 병풍 뒤에서 엿들은 자가 있으니 바로 그 무섭다는 둘째 형수, 채부인이었다. 채부인은 예전부터 유비를 경계해 왔기에 유비가 들어와 이야기할 때면 반드시 숨어서 엿듣곤 했는데, 이날도 유비의 말을 모두 듣고 있었던 것이다.

채부인은 평소 유표의 첫째 아들을 유난히 챙기는 유비가 거슬렸었다. 그런데 결정적으로 자신의 아들의 승계를 반대하는 유비의 말을 듣고 유비를 저대로 놔두면 안되겠다 생각했다. 당시 채부인의 동생인 채모라는 장군이 형주의 군사를 송두리째 쥐고 있던 터라 채부인은 동생의 군사들을 불러들여 유비를 없애기로 마음먹었다.

그녀는 계략을 짜 마을의 관료들이 모이는 잔치를 열었다. 유비 역시 이곳에 초대받아 왔다. 그를 제거하기 위한 군사들이 매복해 있는 곳으로 별생각 없이 들어간 것이다. 하지만 유비가 누구던가. 왕년에 쌍고검을 들고 신출귀몰한 병법으로 황건적을 물리치던 무공자였다. 비록 전장을 누빈 지 오래되어 몸이 둔해지긴 했지만, 잔치에서 술 마시다 이상한 낌새를 알아채는 일은 어렵지 않았다. 게다가 36계 줄행랑이란 병법을 가장 잘 실천하는 자 역시 단연 유비였으니, 이번에도 그는 주특기를 살려 말을 타고 성을 빠져 나와 힘껏 내달렸다.

그런데 정신없이 달리다 길을 잘못 든 유비가 뜻밖의 귀인을 만납니다. 위기가 기회를 만들었던 거죠. 유비가 만난 귀인은 과연 누구였을까요?

유비는 한밤중에 어디로 향하는지도 모르는 채 정신없이 도망쳤다. 날이 밝자, 두 아우가 있는 신야성으로 돌아가야겠다 생각한 유비는 길을 묻기 위해 민가를 찾아 헤맸다. 그러던 중 저 멀리 호숫가에서 낚시하는 선비를 발견했다. 물안개가 자욱한 호수로, 왠지 신령이라도 살고 있을 것 같은 기운이 감도는 곳이었다. 유비는 홀린 듯 그곳으로 말 머리를 돌렸다. 하얀 전포를 차려입은 선비가 꼿꼿이 서서 낚싯대를 드리우고 있었다.

"실례가 안 된다면, 말씀 좀 여쭙겠습니다."

"네, 말씀하십시오."

말소리가 들린 곳으로 눈길도 안 주며 선비가 대답했다.

"혹시 신야성으로 가려면 어디로 가야 합니까?"

"신야성이라…… 글쎄요, 저도 잘…….'"

더 묻는 건 그를 방해하는 일 같아 돌아서려는데 이상하게 유비의 발걸음이 떨어지지 않았다. 뭔가 알 수 없는 강력한 기운이 자신을 끌어당기는 기분이었다.

"그런데 물고기는 잘 잡히십니까?"

"허허, 이 호수는 이미 죽은 지 오래입니다. 황건적의 난 이후로 물고기는 흔적도 없이 사라졌답니다."

"아니 그런데 왜 낚싯대를?"

유비가 궁금한 표정으로 묻자, 그제야 그 사내가 유비 쪽으로 시선을 돌리며 이렇게 대답하는 게 아닌가.

"때를 기다리며 영웅을 낚는 중입니다."

유비가 머리를 한 대 맞은 듯한 표정으로 그를 바라봤다. 그리고 곧장 말에서 내린 다음 정중한 자세로 자기소개를 하기 시작했다.

"저는 성은 유, 이름은 비로, 자는 현덕이라고 합니다. 황실의 후손으로, 천자의 삼촌뻘 되는지라 유 황숙이라 불리기도 하지요. 탁현에서 나고 자라 돗자리를 짜며 홀어머니를 모시다, 황건적의 난 이후 의병을 모집하여 그들을 토벌했습니다. 쓰러져 가는 한나라를 구하고자 지금도 낮이나 밤이나 세력을 모으는 중입니다."

사내도 웃으며 자기소개를 했다.

"저는 서서라고 합니다. 유비 장군에 대한 소문은 오래전부터 들어왔습니다."

유비는 크게 놀라 극진히 예를 올려 말을 이어갔다.

"서서 선생님, 이 미천한 몸은 조조에게 쫓기고, 원소를 피해 나와, 유표 형님에게 의탁을 하고 있었는데, 결국 형님의 둘째 부인인 채부인의 모략으로 또 도망 중이었습니다. 이토록 쫓기고 또 쫓기는 생활만을 해오다, 저를 알아보시는 귀인을 만나 뵙게 되니 이것이야말로 하늘의 뜻이 아닌가 싶습니다. 서서 선생님, 저는 한나라를 구하기 위한 가르침을 목마르게 찾고 있으니, 부디 한 수 가르쳐 주시겠습니까?"

유비를 가늠해 보려는 듯이 찬찬히 살피던 서서가 유비 옆에 서 있는 말을 보더니 깜짝 놀란 듯 물었다.

"이 말은?"

"아, 제가 최근에 얻은 말입니다. 전투 중 적장이 타고 있었으나 명마인 것을 알아보고 특별히 데려와 기르고 훈련시키고 있습니다."

서서는 말을 유심히 살피더니 인상을 쓰며 낮은 목소리로 말했다.

"눈 아래에 눈물주머니가 있고 이마 언저리에 흰 점이 있는 말이라면 적로마일 겁니다. 제가 사람이나 동물의 관상을 좀 볼 줄 아는데, 적토마가 영물이라면 적로마는 그 반대라 할 수 있습니다. 분명히 장군께서는 이 말 때문에 큰 화를 입으실 겁니다. 차라리 다른 사람에게 선물하는 게 어떠실런지요? 그를 해치고 난 다음에, 다시 장군께서 타신다면 적토마 이상의 뛰어난 영물이 될 거라 제가 장담합니다."

유비는 그 말을 듣더니 무거운 표정으로 입을 열었다.

"저를 염려해 주시는 말씀은 감사하나, 제가 살자고 어찌 다른 사람에게 피해를 줄 수 있겠습니까? 죽고 사는 일은 모두 하늘의 뜻이거늘, 한 필 말에 책임을 미루겠습니까. 선생은 저에게 옳은 길을 인도해 주시지 않으시고, 나 하나 살자고 남을 희생시키고자 하시는군요. 그런 가르침이라면 제가 배우기 어렵겠습니다."

그러자 갑자기 서서란 자가 낚싯대를 내려놓고 유비에게 황급히 다가와 정중히 고개를 숙이며 말했다.

"제가 드디어 영웅을 낚은 것 같습니다. 오랫동안 이곳에서 바로 유 황숙과 같은 분을 기다렸습니다."

잠시 어리둥절하던 유비는 서서가 자신을 시험한 것을 깨닫고 그의 두 손을 꽉 잡았다.

"과찬이십니다. 저 역시 오랫동안 서서 선생과 같은 책사를 기다려 왔습니다. 서글픈 도망길에 이런 귀인을 만날 줄은 꿈에도 몰랐습니다. 같이 술 한 잔 하며 이야기를 나누고 싶습니다."

자, 드디어 유비가 실력 있는 책사를 만난 듯하네요. 조자룡의 합류로 무공의 완전체를 이루었지만, 결정적으로 부족한 게 있다고 했었잖아요. 그건 바로 이 장수들을 제대로 써 줄 책사였답니다. 책사까지 얻었으니 유비는 더 이상 도망치지 않아도 될까요?

슬픈 인연,
눈물을 머금고 서서를 보낸 유비

신야성으로 돌아온 유비는 서서를 책사로 삼아 군사들의 지휘를 맡겼습니다. 그런데 유비의 행운을 두고 볼 수가 없는지, 곧바로 조조 군이 공격해 옵니다. 신야성 남서쪽에 번성이라는 곳이 있었는데, 이곳이 조조의 영토였거든요. 이곳에서 호시탐탐 유비의 허실을 살피던 조조의 장수 조인은 유비가 신야에서 군사를 모집하고 말을 사들이며 군량을 모아, 세력을 형성하는 모습을 보고 유비를 치기로 결심하지요. 이때 조인이 팔문금쇄진이란 진을 치고 무력시위를 하는데요. 이게 뭔지 궁금하지요? 팔문금쇄진을 알려면 먼저 진법에 대한 이해가 필요합니다.

'진을 친다.'란 말은 들어봤지요? '적의 진중으로 들어가', '학익진' 같은 말에도 다 '진'이 들어가고요. 조선 왕조의 설계자였던 정도전은 훌륭한 병법가이기도 했는데요, 그 역시 진법이야말로 군사 훈련에서 가장

중요하다 여겨 병법서인
『진법』을 편찬하기도
했답니다.

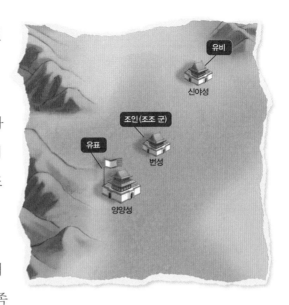

진법의 종류는 매우 다
양한데요, 이순신 장군의
전술로 유명한 학익진 또
한 병법서에 나오는 진법
을 실전에 응용한 것입니
다. 학익진은 적군에 비해
아군의 수가 턱없이 부족
할 때 주로 쓰는 방법입니다. 열을 맞추어 진군하던 적군은 아무리 그 수
가 많아도 앞에 마주한 군사들과만 싸울 수 있었죠. 반면에 학익진은 학의
날개로 적군을 에워싸는 형태니, 적군을 사방에서 공격할 수 있었습니다.
학익진의 전술이 그래서 위대한 것이었죠.

이번엔 다른 진법을 소개해 볼까요? 고대 로마 제국의 병사들이 유럽과
아시아, 그리고 아프리카를 제패한 비결 역시 진법에 있답니다. 영화에서
병사들이 열을 맞춰 방패로 위와 옆을 모두 막은 채 앞으로 걸어나가는 걸
본 적 있나요? 명령에 맞춰 방패를 열고 적을 찌른 후, 재빨리 다시 방패를
닫고 제자리로 돌아가지요.

바로 이런 군사들의 전술 형태를 집대성한 것이 진법이에요. 그렇다면
조조 군이 사용한 팔문금쇄진은 어떤 방식일까요? 팔각형을 생각하면 쉬
워요. 여덟 개의 면에 군사들이 다닥다닥 붙어 있어, 뚫고 들어갈 틈이 보

이질 않지요. 아마도 세를 과시하거나 적의 공격을 방어하는 형태의 진법이 아닌가 추측됩니다. 원전에는 이 팔문금쇄진도 단점이 있다고 기술됩니다. 상대적으로 허술할 수 있는 후방으로 빙 돌아가서 진을 무너뜨리며 내부로 치고 들어갈 수 있다는 것입니다. 이렇게 균열이 생기면 전반적으로 진이 느슨해지고 이때 주력 부대가 정면을 치고, 비어 있는 가운데로 들어가면 쉽게 이길 수 있다고 말하고 있네요. 자, 서서가 구체적으로 어떤 책략을 냈는지 살펴볼까요?

조조의 장수 조인이 팔각형 모양의 팔문금쇄진으로 신야성 앞에서 무력시위를 하고 있을 때, 유비와 서서는 바둑을 두고 있었다. 이때 장비가 눈을 부릅뜨고 달려와 소리쳤다.

"아이고 이게 무슨 말도 안 되는 짓거리요, 형님? 지금 조조 놈이 떼거리

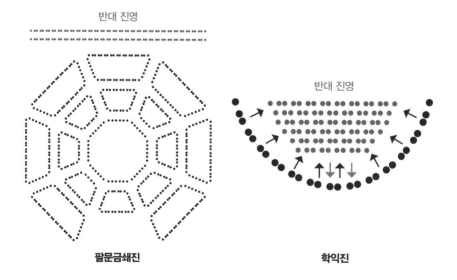

팔문금쇄진　　　　　　　학익진

로 병사를 몰고 와 있는데 한가하게 바둑을 두고 있는 거요?"

유비 역시 서서에게 물었다.

"서서 선생, 지금 적이 눈앞에 와서 진을 치고 있는데……."

"주군, 괜찮습니다. 바둑 계속 두시지요."

이때 서서는 바둑으로 팔괘를 만들고 있었다.

"팔괘의 모양으로 보아 가운데가 비어 있을 겁니다. 이럴 때는 소수 병력의 선발대가 후방을 치고 들어가 혼선을 빚는 게 우선입니다. 적의 후방 측 병사들이 우왕좌왕할 때 우리의 후발대가 적진의 가운데로 밀고 들어가면 끝이지요. 다만 제가 걱정인 것은, 선두로 나가 순식간에 후방으로 돌아 칠 만큼 빠른 장수가 있습니까?"

조자룡이 말했다.

"제가 나가겠습니다! 일 대 다 싸움으로는 저를 당할 자가 없습니다."

"좋소."

서서의 짧은 답을 듣고 조자룡은 곧 말에 올라 창을 쥐고 적진의 후방으로 과감히 진격했다. 신들린 듯한 공격으로 적군을 혼미하게 만들자, 그 틈을 타 후발대로 관우와 장비가 흐트러지기 시작한 진의 가운데를 비집고 들어갔다. 늘 같은 진법으로 적을 막아 내던 조조의 군사들은 유비 군의 색다른 공격 방식에 당황해 오합지졸이 되어 버렸다. 유비의 군사들이 거침없이 적병을 치고 베고 찌르니, 마침내 조인의 군사는 도망치기 시작했다. 유비 군이 그 뒤를 쫓아 번성까지 함락하니, 신야성에서 소식을 들은 유비는 크게 기뻐했다.

유비는 황건적을 격파한 이후, 연합군이 아닌 혼자서는 한 번도 제대로 된 전투에서 승리한 적이 없었지요. 맨날 쫓겨 다니는 도망자 신세였잖아요. 비록 소규모 전투였지만 가장 막강한 세력의 조조 군을 이겼으니, 유비 입장에서는 눈물나게 감동적이었겠지요? 책사 서서가 없었다면 불가능한 승리였을 겁니다. 책사의 중요성을 유비는 다시 한 번 뼈저리게 느꼈습니다. 반면 조조는 어땠을까요? 네, 엄청난 충격을 받았습니다.

"팔문금쇄진을 유비가 어떻게? 아, 두통!"
"승상, 괜찮으십니까?"
이마에 손을 얹고 쓰러지려는 조조에게 책사가 급히 다가가 물었다.
"말 좀 해보게. 유비가 도대체 어떻게 이겼단 말인가?"
"제가 얼마 전 장터에서 접한 소문을 흘려 들은 게 화근인 것 같습니다.

그냥 지나가는 풍문으로만 여겼는데, 그 말이 사실이었나 봅니다. 유비가 책사를 얻었다고 합니다."

"유비가 책사를?"

"네, 서서라는 자인데, 형주 일대에서 전설과도 같은 사람이지요. 초야에 묻힌 선비라 하나, 천문, 지리, 주역에 능할 뿐 아니라 다양한 병법을 익혔다고 합니다. 가끔 노래를 흥얼거리는데, 그 노랫말에 미래를 내다보는 신통함과 비범함이 담겨 있어 들은 이들 모두가 놀란답니다."

그 말을 들은 조조는 저도 모르게 한숨을 쉬었다.

"마침내 유비가 책사를 얻고 말았군. 이를 어찌한단 말인가! 당장 우리 진영의 형주 출신 사람들을 다 모아 오게!"

사람들이 모이자 조조가 물었다.

"서서를 아는 자가 있는가?"

몇몇이 손을 들자 조조가 재차 물었다.

"그를 깨뜨리거나, 아니면 더 좋은 것은, 회유할 방법은 없는가?"

조조의 책사 정욱이 입을 열었다.

"서서는 어릴 때부터 소문난 효자였습니다. 어려서 아버지를 여의고, 얼마 전에 그 아우가 죽어서 어머니를 모실 사람이 없는 상황이라 합니다. 하오니 승상께서 사람을 보내어 어머니를 모셔 놓고, 아들을 부르는 편지를 쓰게 한다면 반드시 이쪽으로 올 것입니다."

조조는 크게 기뻐하며 말했다.

"오호, 아주 좋은 계책이구나. 당장 그 부인을 모셔 와라."

서서의 어머니는 하루가 안 되어 허창에 도착했다. 조조는 극진히 서서의 어머니를 대접하곤 말을 꺼냈다.

"듣자하니 아들 서서는 그 신통함과 비범함이 천하에 뻗어 있다 하지요. 그런데 지금 황제의 후손을 칭하는 역적 유비를 도와 조정을 이리 농락하고 있습니다. 아름다운 옥이 진흙탕과 함께 어울리는 격이라, 안타까워 눈물이 다 날 지경입니다. 그러니 지금 어머니께서 직접 편지를 써서……."

조조의 말이 다 끝나기도 전에 노부인이 소리를 버럭 질렀다.

"뭐야? 이 역적 놈이 어디서 그 따위 거짓된 소리로 입을 함부로 놀리는 게냐? 유 황숙의 덕성이 얼마나 뛰어난지 내가 익히 들어 알고 있거늘. 내 아들이 유 황숙을 섬긴다니 이는 올바른 주인을 얻었다고 칭찬할 일이다! 감히 천자를 끼고 허세나 부리는 불한당 같은 놈이 어디서 입을 함부로 나불거려? 네 별명이 뭔지 아느냐? 살 뺀 동탁이다, 이놈아!"

"이 할머니가 미쳤나! 여봐라, 당장 이 여편네를 끌어내 죽여 버려라!"

길길이 날뛰는 조조를 책사가 만류했다.

"승상답지 않으십니다. 노부인을 어찌 그리 심하게 대하십니까? 만일 승상께서 서서의 어머니를 죽인다면, 백성들의 원성을 사고 결국 서서와 유비의 덕만 높이는 꼴이 될 것입니다. 진정하십시오, 승상."

"그래, 내가 좀 흥분했네. 그래도 그렇지, 살 뺀 동탁이라니! 자네라면 흥분 안 하겠나?"

조조는 잠시 숨을 고르며 서서의 어머니를 물끄러미 쳐다보다가, 말로 설득될 인물이 아님을 알아보았다.

"놀라셨을 테니 일단 우리가 마련한 거처로 보내드리게."

조조는 어떻게 하면 서서를 불러올 수 있을지 머리를 짜내느라 밤새 두통에 시달렸다. 다음날 날이 밝자마자 조조가 책사를 불렀다.

"영지버섯을 서서의 어머니에게 보내려고 한다. 당장 준비해 와라."

조조는 선물과 함께 보낼 편지를 썼다.

"어제는 제가 실례가 많았습니다. 전시 중이라 직접 찾아뵙고 사죄드리지 못하는 것을 부디 용서하십시오. 다시는 그런 무례를 저지르지 않을 테니, 부디 몸 건강히 잘 지내시길 바랍니다. 선물은 별것 아니오나, 이 조조의 사죄의 의미로 받아 주시면 감사하겠습니다."

편지와 선물을 전달 받은 서서의 어머니는 어떤 반응을 보였을까요?

"주신 버섯은 감사하나, 이렇게 귀한 음식은 제게 맞질 않습니다. 손도 안 대고 반송하니, 병사들에게 나눠 주십시오. 그저 마음만은 잘 받겠습니다."

답장과 함께 반송된 선물을 보고 조조가 회심의 미소를 지었다. 그리고 그날부터 서서 어머니의 편지를 보면서 그녀의 필체를 연구하기 시작했다. 사흘이 지나 글씨체가 거의 흡사해지자 바로 책사에게 명령했다.

"목간을 가져와라."

어머니를 사칭해 서서에게 편지를 쓸 셈이었다. 자고로 명필인 조조다운 지략이 아닐 수 없었다.

"서서야, 어미가 지금 옥중에 있다. 간웅인 조조에게 잡혔다. 어미가 그만 그놈에게 살 뺀 동탁이라고 했지 뭐냐. 그놈이 어찌나 화를 내고 길길이 날뛰던지. 너를 이곳으로 오게 하지 않으면, 내 사지를 찢어 놓겠다나? 근데 이 어미가 그런 말에 눈 하나 깜짝할 사람이냐? 나는 여기서 죽어도 여한이 없으니, 편지 받고 동요하지 말고, 부디 유 황숙을 도와 한나라를 일으키는데 힘써라."

하지만 편지의 마지막 당부와 달리 서신을 읽은 서서는 이성을 잃고 눈물을 펑펑 쏟았다. 이 모습을 본 유비가 크게 놀라 물었다.

"아니 서서 선생, 무슨 일이오?"

서서는 편지를 유비에게 바치며 말했다.

"죄송합니다, 주군. 이제야 뜻을 합할 주군을 만나 은혜와 덕을 입으며 진정으로 기뻤습니다. 그러나 늙은 어머니가 조조의 간계에 빠져 목숨이 위태로우시니 제가 어찌 가만히 있겠습니까?"

편지를 확인한 유비가 되물었다.

"아니, 이런 뻔한 거짓말에는 나도 안 속는데, 하물며 득도한 서서 선생께서 속는다는 게 말이 됩니까?"

"필시 저희 어머니의 필체가 맞습니다."

"아니, 필체가 중요한 게 아니라, 이건 그냥 계략이잖습니까. 제가 조조를 잘 아는데, 사람이 무자비하고 잔머리를 잘 쓰긴 해도, 노부인을 가둬 죽일 만큼 저질이진 않습니다."

"주군, 그걸 제가 어찌 모르겠습니까? 하지만 아무리 세상의 이치를 깨달았다 한들, 자기 일에는 미숙한 법입니다. 어머니를 조조 진영에 홀로 계시게 하는 것 자체가 제게는 불효입니다. 이렇게 마음이 흔들리는 상황에서 제가 어찌 주군께 올바른 책사 노릇을 할 수 있겠습니까? 가야 합니다."

유비가 흐느껴 울기 시작했다.

"드디어 유능한 책사를 만나 뜻을 펼쳐 보나 했는데, 이 몸이 복이 없어 선생과 함께 오래도록 지내지 못하나 봅니다. 바라건대 부디 좋은 주공을 만나 뜻을 펼치십시오."

서서가 울며 답했다.

"지혜도, 재주도 한참 모자란 사람이 주군의 은혜를 크게 입었습니다. 이렇게 불행히 도중에 떠나게 된 것은 오로지 홀로 계신 어머니 때문입니다. 주군을 위해 끝까지 목숨 바쳐 일하고 싶었던 마음을 부디 알아 주소서."

유비는 구슬프게 서서를 바라볼 뿐이었다. 차마 그대로 보내지 못하고 그를 멀리까지 배웅했는데, 한 걸음 따라가고, 또 한 걸음을 따라가며 못내 헤어지지 못했다. 그 모습을 본 서서 역시, 차마 발길이 떨어지질 않아 울면서 떠났다. 유비가 탄식하며 서서와 인사를 나눈 자리에 그대로 서 있는데, 숲속으로 사라졌던 서서가 다시 보이는 것이 아닌가. 급히 되돌아온 서서가 숨을 고르며 말했다.

"주군, 마음이 너무 혼란하여 드릴 말씀을 깜빡 잊었습니다. 이렇게 불충한 저의 추천도 받아 주신다면 한 사람을 소개해 드리겠습니다. 와룡산에 거주한다 하여 와룡이라 불리는 자가 있습니다. 성은 제갈이요, 이름은 량, 자는 공명입니다. 천문, 병법, 지리, 주역, 윤리서까지 능한 도인 중의 도인입니다. 그 사람을 찾아가 모시고 오십시오."

이 말을 들은 유비가 눈물을 뚝 그치고 놀라 물었다.

"아니, 서서 선생보다 더 대단한 분이 있단 말입니까?"

"제가 까마귀라면 그는 봉황이고, 제가 둔한 말이라면 그는 기린이라고 할 수 있습니다. 하늘이 유 황숙을 위해 저 대신 공명을 부르는 것 같습니다. 부디 그와 함께 한나라를 재건하십시오. 단 그를 만나러 가실 때 이 두 가지는 반드시 명심하셔야 합니다. 첫째, 포기하지 마십시오. 공명은 처음부터 주군께 마음을 열지는 않을 것입니다. 하지만 몇 번이 됐든 뜻을 다해 그를 찾아가십시오. 둘째, 반드시 예를 갖추시고 대하십시오. 조금이라도 무례한 언행을 하시면, 그를 놓친 회한으로 땅을 치게 되실 겁니다."

그렇게 제갈공명이란 사람을 추천하고 서서는 홀연히 떠나 버렸다. 그가 떠나는 뒷모습을 바라보며 유비는 또 하염없이 눈물을 흘려야 했다. 아쉬움과 고마움이 뒤섞인 눈물이었다.

Q. 눈물로 헤어졌지만 결국 서서와 유비는 이제 적이 된 거잖아요. 그 뒤에 다시 만나나요? 어떻게 됐나요?

A. 조조 진영으로 간 서서는 조조에게 항복 문서를 올리기가 무섭게 어머니의 거처로 달려가요. 목숨의 위협을 무릅쓰고 절대 아들을 불러오지 않겠다고 했건만, 갑자기 아들이 나타나니 어머니가 얼마나 놀랐겠어요? 어찌된 일인지 자초지종을 들은 어머니는 서서를 크게 꾸짖습니다. 그리고 급기야 서서가 잠시 나간 사이에 자신이 서서에게 짐이 된다 여겨 목을 매답니다. 서서는 크게 슬퍼하며 조조를 위해서는 절대 단 한 가지의 책략도 내지 않으리라 다짐합니다.

그러면 그냥 유비에게 돌아가면 되는 거 아니냐구요? 그 당시 중국인들, 특히 책사 같은 문인들은 체면을 아주 중요시 여겼어요. 자기가 이미 떠나왔는데 다시 돌아가는 것은 세상 사람들의 비웃음과 욕을 먹을 일이라, 차마 할 수 없다고 생각했지요. 그래서 서서는 남은 인생, 조조 진영에서 조조의 책사로 있기는 했지만 조조를 위해 일하지는 않았답니다.

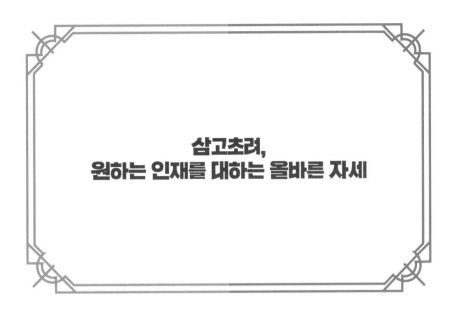

삼고초려, 원하는 인재를 대하는 올바른 자세

'삼고초려(三顧草廬)'라는 말을 아마 한 번씩은 들어보셨을 거예요. 유비가 제갈공명을 책사로 모시기 위해 초야에 있는 그의 집을 세 번 찾아갔다는 데에서 나온 유명한 한자성어지요. 귀한 사람과 무언가 함께하려고 할 때 정성과 시간을 들여 여러 번 부탁한다는 의미로 요즘도 자주 쓰이는 말입니다. 이 삼고초려는 사실상 유비 인생의 분수령이었다고 볼 수도 있어요. 꿈, 명분, 무공까지 다 갖추었지만 도망자와 유숙객 신세를 벗어날 수 없었던 유비가 드디어 전환기를 맞이하게 되죠. 유비와 제갈공명과의 역사적 만남! 얼른 살펴보도록 하지요.

서서를 배웅하고 신야로 돌아온 유비는 두 아우와 함께 제갈공명을 찾아갈 채비를 하고 와룡산으로 향했다. 와룡산의 경치를 보니, 과연 청량하고 신비한 기운이 가득했다. 물은 깊지 않았지만 맑았고, 땅은 넓지 않았지만 평탄했으며, 숲은 크지 않았지만 무성한 곳이었다. 숲에서는 원숭이와 학이 어울려 놀고 대나무와 소나무가 신록을 다투고 있었다. 저 멀리 와룡산이 우뚝 서 있었는데, 그 짙푸름 안에 작은 오두막집이 보이는 것 같았다.

한나절을 걸려 산속 깊숙이 있는 제갈공명의 오두막집을 발견한 유비의 얼굴이 환해졌다. 자기도 모르게 걸음이 빨라졌다. 얼른 그를 만나고 싶은 마음뿐이었기 때문이다.

"형님, 걸음이 왜 그렇게 빨라지쇼? 저곳에 고기라도 숨겨 놨수?"

장비가 따라오기 힘들다는 듯 툴툴댔다.

"장비야, 그 입 좀 다물지 못하겠느냐?"

"알겠수다."

장비가 입을 삐죽대다 조용해졌다.

오두막집에 다다르자, 맑은 얼굴을 한 젊은이가 문 앞에 나와 서 있는 게 보였다. 유비가 옷매무새를 가다듬은 후, 두 손을 모으고 정중히 물었다.

"혹시 제갈 선생 아니신가요?"

젊은이도 두 손을 모아 정중히 인사하며 대답했다.

"아, 저는 선생님을 모시는 사람인데, 선생님은 며칠 전 여행을 떠나셨습니다."

"언제 돌아오시는지 알 수 있을까요?"

"글쎄요, 귀인이 찾아올 거라며 당분간 돌아오지 않겠다는 말씀만 남기셨습니다."

그때 뒤에서 듣고 있던 장비가 버럭 화를 내며 소리쳤다.

"뭐야? 우리 형님이 오시는 줄 알면서 일부러 집을 비웠단 말이냐? 이런 건방진 놈을 봤나?"

관우도 굳은 얼굴로 수염을 쓰다듬는 게 영 기분이 안 좋아 보였다. 이때 유비가 엄한 얼굴로 장비를 꾸짖었다.

"장비야, 무슨 무례냐? 조용히 하지 못할까?"

'아차' 싶었는지 장비가 주먹으로 자기 입을 틀어막았다. 장비도 신야성을 떠나기 전에 유비로부터 반드시 예를 갖춰야 한다는 말을 인이 박히도록 들었기 때문이다.

"그럼 성은 유, 이름은 비, 자는 현덕이라는 자가 찾아왔었다고 전해주시면 고맙겠습니다."

유비가 공손히 고개 숙여 부탁하자, 젊은이도 역시 고개를 숙이며 대답했다.

"오시면 꼭 그렇게 전하겠습니다."

첫 번째 만남은 이렇게 무산되었네요. 이후 유비는 시종을 보내 제갈공명이 돌아왔는지 수시로 확인했답니다. 하지만 신록이 우거진 여름에 찾아갔었건만, 가을이 깊어가도록 희소식은 들리지 않았지요. 유비의 마음에 먹구름이 끼어가던 중 계절이 또 바뀌었습니다.

매서운 바람이 휘몰아치더니 흰 눈이 펑펑 쏟아지는 어느 날, 유비가 울적한 마음으로 뜰에 나와 하늘을 바라보고 있을 때! 시종이 부리나케 달려와 전했지요. 제갈공명이 여행에서 돌아왔다고 말입니다.

제갈공명이 돌아왔다는 소식에 유비의 안색이 밝아졌다. 그가 두 아우에게 말했다.

"어서 와룡산으로 가야겠네, 제갈 선생이 오셨다 하네."

관우가 어두운 표정으로 대답했다.

"형님, 이런 날씨에 그 산속을 어떻게 간다 하십니까?"

"지금이 아니면 언제 만날지 기약할 수 없질 않은가. 당장 가야 하네."

두 아우는 어쩔 수 없이 유비를 따라나섰다.

"에취, 추워 죽겠네. 데운 술을 가져왔으니 망정이지, 가다가 얼어 죽기 딱이오."

장비가 병에 든 술을 마시며 툴툴댔다. 이에 유비가 냉정한 목소리로 쏘아붙였다.

"그렇게 추우면 장비 너는 돌아가거라. 나랑 관우만 제갈 선생을 만날 테니."

"아니 형님, 무슨 그런 섭섭한 말씀을. 두 형님이 가는데 제가 빠지면 쓰겠소. 갑니다, 가요. 입 꾹 다물고."

"장비야, 술 좀 다오. 나도 추워 죽겠다."

관우가 유비 들으란 듯 큰 소리로 장비에게 말했다. 유비가 관우를 한 번 슬쩍 보니, 관우도 눈치를 보며 묵묵히 말을 몰았다.

오두막 문을 두드리자, 지난번에 봤던 젊은이가 나와 인사를 올렸다.

"지난 여름에 다녀가신 유비 장군이시군요."

"네, 제갈 선생이 돌아오셨다 하여 다시 찾아왔습니다만."

"네, 어제 돌아오셨습니다. 추운데 어서 드시지요."

유비가 두 아우에게 말했다.

"너희 둘은 이곳에서 기다려라."

"얼어죽겠… 아니오, 여부가 있겠소, 형님. 대신 빨리 나오시오."

장비가 대답했다. 유비가 안으로 들어서자 도인의 면모를 갖춘 훤칠한 사내가 그를 맞았다.

"제갈 선생이십니까?"

"그렇습니다만… 아, 혹시 저희 형님을 찾아오신 건지요? 저희는 삼 형제입니다. 제일 큰 형님이 제갈근, 둘째 형님이 제갈량, 저는 제갈균이라고 합니다."

유비가 정중하게 말했다.

"동생 분이라도 뵙게 되어 영광입니다. 둘째 형님은 아직 안 돌아오셨는지요?"

"왔다 다시 떠나셨습니다. 사나운 날씨에 헛걸음하신 점, 제가 대신 사과드리겠습니다."

"아닙니다. 혹시 목간이 있다면 주실 수 있겠습니까? 공명 선생께 몇 자 적어 전할까 합니다."

유비는 얼어붙은 손으로 벌벌 떨며 목간에 꼭 한 번 뵙고 싶다는 간절한 마음을 담아 적었다.

"살펴 가십시오."

제갈공명을 시중드는 청년이 인사하자, 유비도 예를 갖춰 인사했다.

"또 오겠습니다."

"뭐요? 또 온다고? 오늘도 못 만난 거요?"

장비가 소리를 지르더니 급기야 삿대질을 했다.

"야, 너네 선생이란 그 염병할 놈 어디로 튀었는지 바른대로 말 못할까?"

유비가 급히 장비의 귀를 잡아당기며 꾸짖었다.

"감히 어디서 막말이냐?"

"아아아아! 형님 좀 놓고 얘기하시오. 알았소. 내 잘못했소!"

유비가 놔주자, 장비가 귀를 부여잡고 죽는 시늉을 했다. 유비가 관우에게 말했다.

"공명 선생의 동생을 만났으니, 아예 헛걸음한 건 아니다."

"어쨌든 못 만나신 것 아닙니까. 제갈공명이 현자일지 아닐지 확실하지도 않은데, 그저 서서 선생 말만 믿고 이러는 건 무모한 일 같습니다."

관우의 말에도 유비는 단호했다.

"공명 선생은 현자가 확실하다. 나는 그를 믿어. 그가 있어야 해. 반드시!"

"반드시요?"

관우의 되물음에 유비가 아무 말 없이 말에 올라탔다.

"쳇, 여기만 오면 고개를 조아리느라 바쁘시다니까, 아주 보살 나셨어."

뒤따라 말에 오르는 장비가 궁시렁대는 소리였다. 귀 밝은 유비가 듣고 그를 쳐다봤다. 그러자 장비가 딴청을 피우며 말했다.

"예에, 반드시 꼭 그렇게 될 거요, 형님. 난 형님을 믿소."

괴도유비, 공명의 심장을 훔치다

얼음이 녹고, 새가 지저귀는 봄이 찾아왔다. 유비의 시종이 숨을 헐떡이며 달려왔다.

"주공, 이번엔 진짜 제갈 '량' 선생님이 오신 걸 직접 이 두 눈으로 확인했습니다."

지난 번 실수를 만회하려는 듯, 자기 두 눈을 손가락으로 가리키며 그가 말했다.

"그게 정말이냐? 내 느낌에도 이번엔 진짜일 것 같구나. 어서 떠날 채비를 해야겠다."

입이 잔뜩 나온 두 아우를 데리고 유비가 다시 와룡산으로 향했다. 그런데 고을에 도착한 유비가 말에서 내리는 게 아닌가. 장비가 물었다.

"형님, 왜 그러시오?"

"여기서부터 걸어가자. 성의를 보여야지."

"아니 누가 본다고 벌써 그러시오? 여기서 그 집까지 거리가 얼만데?"

"하늘이 보고 땅이 보질 않느냐? 진정한 성의란 남에게 보이는 것이 아니라, 자기 자신에게 보이는 거다."

"그러다 또 그 자가 없으면 어쩔 거요?"

"이번엔 틀림없이, 반드시 만나 뵐 수 있을 거다."

"두 번이나 헛걸음 했으면서, 아주 잘 나셨수."

장비가 말에서 내려오며 또 툴툴댔다. 관우도 굳은 표정으로 말에서 내렸다. 어디 이번에는 진짜 제갈공명이 있나 없나 두고 보자는 마음으로.

오두막에 도착하자, 젊은이가 다시 나와 인사를 올렸다. 유비는 떨리는 마음을 애써 누르며 물었다.

"제갈공명 선생, 안에 계시는지요?"

"네, 여행에서 어제 돌아오셨습니다. 지금 낮잠 주무시는 중이세요."

"아, 그럼 밖에서 기다리겠습니다."

유비가 공손히 대답하자, 젊은이가 손을 내저으며 말했다.

"아니 될 말씀입니다. 그랬다간 선생님께 저 혼납니다. 안으로 드셔서 기다리시지요."

"아니, 이 자가 해도 해도 너무하네. 뭐? 낮잠을 자? 야 인마, 얼른 가서 그놈 깨우질 못할까?"

"장비, 이놈! 너야말로 입 닥치지 못할까? 또 귀 잡히고 싶으냐? 조용히 밖에서 기다리고 있지 않으면 혼쭐날 줄 알아라."

유비가 장비를 꾸짖은 후, 안으로 들어갔다.

과연, 한 선비가 침소에서 옆으로 드러누워 잠을 자고 있네요. 유비는 그 앞에서 숨소리도 내지 않고 조용히 서서 기다렸습니다. 혹시라도 자신이 낸 기척에 제갈공명이 깨면, 지금까지의 노력이 수포로 돌아갈까 걱정이 됐던 겁니다. 서서가 제갈공명을 찾아갈 때 반드시 꼭 지켜야 할 일들이 있다고 했었지요? '포기하지 말고 여러 번 찾아갈 것.' 그리고 '반드시 예를 갖출 것.' 이 두 가지요. 그런데 제갈공명이 어찌나 곤히 잠들었는지, 두 시간이 지나도 깨어나질 않네요. 유비는 점점 다리가 아프다 못해 쥐가 날 지경이었지요. 하지만 꾹 참으리라 결심하고 버텼답니다.

이때 밖에서 장비는 화가 나 씩씩거리며 관우에게 말했다.

"형님, 저놈 저거 확 불 질러 연기 피우면 기어 나오지 않겠소?"

"그러다 또 큰형님께 혼나면 어쩌려고 그러느냐? 음…… 형님이 보실 수도 있으니 지금 바로 가서 나무부터 베어오자."

관우도 더는 참기 힘들었던 것일까? 땔감을 구하러 앞장서 가는 걸 보면 말이다.

이거 참 큰일이네요, 관우와 장비가 이런 큰 결례를 저지르면, 유비가 여태 지켜온 예의는 모두 말짱 도루묵이 되는 거잖아요?

그 시각. 안에서는 드디어 제갈공명이 잠에서 깨 몸을 일으켰다. 그러더니 시 하나를 읊는 게 아닌가.

큰 꿈에서 먼저 깬 것이 누구더냐?

일생에 나 스스로 자신을 깨치노라

초당에 봄 냄새 따사로운 단잠 자고 나니

창밖 햇살이 차차 짖아드누나

시를 듣던 유비는 숨이 멎는 줄 알았다.

'필시 이 자는 현자가 틀림없다.'

제갈공명은 뒤를 돌아봤다가 유비가 서 있는 것을 보고 놀라 말했다.

"아니 손님이 와 계셨군요! 왜 서 계셨습니까, 들어와 앉으십시오! 예의
를 갖추고 나오겠습니다."

그는 서둘러 의관을 정제하고 나오더니 특이하게 생긴 부채를 들고, 유
비에게 다가왔다.

"번번이 죄송합니다. 낮잠을 자느라 또 기다리시게 하는 결례를 범했습
니다."

유비가 제갈공명을 바라보니 키는 185cm 남짓이오, 얼굴은 옥과 같이
빛났다. 바람에 나부끼는 듯 가볍고 거침이 없는 모습이 마치 신선과 같은
모습이었다. 유비가 절을 올리고 제갈공명에게 말했다.

"아닙니다, 정식으로 인사드리겠습니다. 저는 성은 유, 이름은 비, 자는
현덕이라 하옵니다. 황실 후손으로 유 황숙이라고도 불리지요."

"그런데 어인 일로 이리 누추한 곳까지 오셨는지요?"

"대의를 천하에 떨치고자 하나 이 몸이 부족하여 뜻을 이루지 못하고 있
습니다. 부디 선생께서 제 어리석음을 살피시고 나라를 구해주시길 간청

드립니다."

"제가 도와드릴 일이 있기나 할는지요. 일단 차나 한 잔 하십시오."

두 사람이 찻잔을 앞에 두고 앉으니, 유비가 입을 열었다.

"동탁이 역모를 저지른 이후, 간웅들이 사방에서 일어나니 천하가 어지럽습니다. 저는 지난 20년간 한나라 재건을 위해 죽을힘을 다했지만, 덕과 지혜가 부족해 도망만 다니고 있습니다. 그간의 일을 다 고하자면, 부끄러워 접시 물에 머리를 박고 싶습니다. 천신만고 끝에, 서서 선생을 만나 드디어 뜻을 펼치나 했지만 그 역시 절 떠나게 되었지요. 하지만 서서 선생이 공명 선생을 천거하여, 이렇게 찾아뵙게 되었습니다. 부디 저와 함께 내려가셔서 큰 지혜를 주시면 고맙겠습니다."

"말씀은 감사하지만, 저는 큰 세상에는 뜻이 없습니다. 평생 초야에 묻혀 세월이나 낚으며 한세상 살 것을 결심한 지 오래지요."

여러 번 회유와 거절이 오가고 나서, 미안한 듯 제갈공명이 말했다.

"대신 여러 번 먼 걸음 하셨으니, 한 말씀 올리겠습니다."

제갈공명이 이때 유비 앞에서 내놓은 계책을 천하삼분지계(天下三分之計)라 합니다. 그가 서천 지역이 그려진 지도를 펼쳐 놓고, 유비가 천하를 다스릴 수 있는 방법을 말해준 것이죠.

"동탁 이후 여러 제후들이 일어났지요. 조조 세력은 본디 원소만 못했지만 원소를 멸망시키고 스스로 컸습니다. 그 이유는 첫째, 하늘의 시기요, 둘째, 사람의 계책이 있었기 때문입니다. 지금 조조는 100만 군사와 더불어 천자를 끼고 있어 그 위세가 대단하니, 다퉈서는 안 될 상대지요. 한편 손 씨 형제는 3대가 강동에 터를 잡고 있으며, 위기에는 백성들이 똘똘 뭉칠 뿐 아니라 병력도 강합니다. 그러므로 동맹을 맺으셔야지 공격해서는 안 됩니다. 마지막으로 형주는 교통의 요충지로 백성들도 태평하고 부유하지요. 하지만 유표는 평범하고 나약해 오래가질 못합니다. 천문을 보니 병세가 깊어 곧 세상을 하직할 겁니다. 이건 필시 하늘이 유비 장군께 기회를 주신 거지요. 형주를 원하십니까?"

"선생의 말씀을 듣고 있자니 드디어 어리석은 눈이 열려 세상을 바로 보는 듯합니다. 허나 형주의 유표 형님은 같은 한나라 황실의 종친이니 어찌 그 땅을 빼앗겠습니까?"

그러자 제갈공명이 말했다.

"말씀드렸다시피 형주는 조만간 주인 없는 땅이 될 것입니다. 장군이 갖지 않으면, 조조의 손으로 넘어갈 텐데 설마 그러길 바라시는 건 아니겠지요? 장군께서 형주를 얻은 뒤 중원을 피해 서쪽의 익주를 공략하십시오. 그곳이 바로 서천입니다. 서천은 지형이 험난하여 지키긴 쉽고 공격하긴 어려운 곳으로, 예부터 하늘이 내린 땅이라 불렀지요. 땅이 비옥하여 곡식이 많으니, 100만 군사를 키우기 적합합니다. 형주에 이어 서천을 얻으시면 천하의 반을 얻는 게 됩니다. 그때 조조를 공격하십시오. 이렇게만 하시면 10년 내 대업을 이루실 수 있고, 20년 후에는 천하가 안정을 찾게 됩니다. 또한 한나라를 구한 이로 장군의 이름이 역사에 길이 남을 겁니다."

천하삼분지계를 요약하자면, 동쪽으로 손권 세력과는 동맹을 맺고, 북쪽으로 조조 세력은 견제를 하면서 형주와 서천 땅을 얻으라는 것입니다. 지금의 형세가 어떻지요? 북쪽의 조조 세력이 가장 크고, 강동에는 손권 일가가 오래전부터 자리잡고 있습니다. 가장 힘이 약한 유비 세력이 이들 틈바구니에서 살아남기 위해선 현명한 전략이 필요했습니다. 천하통일이라는 궁극적인 목표만 바라보고 좌충우돌 되는대로 싸우거나 아무 곳에서나 터전을 잡으면 조조나 손권 세력에게 진멸되고 말 터였죠. 그래서 유비에게 가장 필요한 땅은 어디인지, 전략은 무엇인지 알려준 거예요.

그리고 사실은 강동에도 이런 외교가 필요하다는 것까지 제갈공명은 알고 있었어요. 지금 조조의 세력이 너무 세서 유비 세력이 멸망하고 나면 조조의 다음 타겟은 바로 강동이 될 테니까요. 우리나라 삼국시대 때에도 하나의 나라가 전성기를 맞으면 나머지 두 나라가 동맹을 맺곤 했답니다.

이렇게 외교 정책과 적절한 지역 선점으로 균형을 이루고 나서야, 천하통일의 희망이 생길 수 있었던 겁니다. 그러니까 제갈공명은 시대 흐름을 정확히 읽어내고, 각국의 욕망을 파악하여 결국 자국의 이익을 만들어내는 법을 알았던 것이죠.

유비가 눈을 동그랗게 뜨고 물었다.

"정말 이렇게 하면 20년 안에 천하를 안정시킬 수 있단 말씀입니까?"

"이대로만 하신다면, 확실합니다. 그런데… 콜록콜록, 아니 어디서 연기가?"

유비도 기침을 하며 놀라 밖을 내다봤더니, 세상에 이럴 수가!

"뭐? 와룡? 네 놈이 누운 용이라 낮잠을 오래 퍼질러 자는 게냐? 어디 다

태워도 안 일어나나 보자!"

　장비가 밖에서 오두막 옆 작은 처소에 불을 확 지른 것이다. 그의 성격을 익히 잘 아는 유비가 '아이고, 저 철없는 놈' 하며 자리에 주저앉고 말았다. 반면 제갈공명은 기침을 하느라 장비의 말을 듣지 못했다. 그때 관우가 '이래도 안 일어나?' 하는 심보로 문을 빠끔히 열어 안을 들여다보다 그만, 제갈공명과 눈이 딱 마주쳤다. 화들짝 놀란 관우가 문을 닫고 몸을 숨기니, 제갈공명은 무슨 생각이 들었을까?

　'가만 있어 보자, 이게 무슨?'

　제갈공명이 사태 파악에 나섰다.

　'지금 나와 눈이 마주친 자는 조조가 내린 금은보화를 마다한 채 적토마를 타고 유 황숙께 달려온 의리의 관우 장군? 엄청난 무공을 가진 이가 나와 눈이 마주쳤다는 이유로 저렇게 수줍어하며 얼굴까지 빨개질 줄이야! 게다가 저 장비라는 자는 지금 과거의 역사는 물론, 내 마음에 똬리 튼 미련과 애환을 없애고, 새 주군을 맞아 새로운 세상을 열라는 의미로 초가를 다 태우고 있구나. 하, 이렇게까지 나와 한나라를 위하는 마음이 클 줄이야!'

이 모든 것이 감격스러워진 제갈공명이 유비를 바라봤다. 아니, 그런데, 유비가 울고 있는 게 아닌가. 유비는 모든 게 끝났구나 싶어 다리에 힘이 풀려 무릎을 꿇은 채로 눈물을 쏟고 있었던 것이다.

"아니, 유 황숙. 황실의 후손께서 미천한 저의 마음을 얻고자 이리 자세를 낮추고 눈물을 보이십니까?"

"흑흑"하고 울던 유비가 "어흑?"하며 잠시 생각하더니, 제갈공명의 두 손을 덥석 잡고 더욱 서럽게 울며 말했다.

"공명 선생, 부디 절 좀 도와주십시오. 우리가 무공은 되는데 지략과 책략이 태부족입니다. 제발 저희의 스승이 되어주십시오."

그러자 제갈공명도 무릎을 꿇었다.

"지금까지 저를 이렇게까지 인정해주신 분들은 처음입니다. 자고로 사나이는 자신을 알아주고 믿는 이를 위해 목숨을 바친다 하였지요. 비록 미력하나마 저 제갈공명이 유 황숙을 주군으로 모시고 한나라 재건을 위해 힘쓰겠습니다."

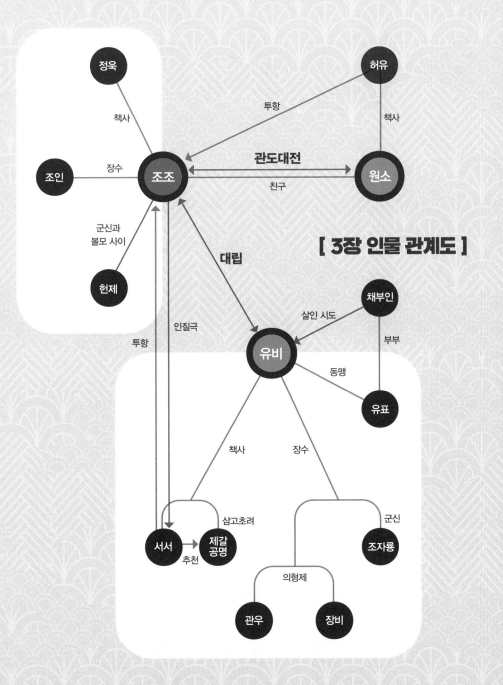

[3장 인물 관계도]

"찬바람 사내로 살면서
이름 하나 남기려 하네.
이름을 남겨 공명을 완성하면
더 바랄 것이 무엇이리.
더 바랄 것이 없으니
이제는 마음껏 취해 보리라.
취한 후엔 무얼 하겠는가
미친 것처럼 노래 한 수 부르리라."

용의 발현, 주사위는 던져졌다

손권 아버지 손견, 형 손책을 계승한 강동의 주인입니다.
나이는 어리지만 현명한 정치가에요. 때로는 완강하게 전쟁으로,
때로는 적절한 외교로 강동을 지켜가는 수성의 달인이랍니다.

 주유 강동 최고의 장수에요. 손책의 친구였기도 한 그는 군 통솔력, 무공, 지략 등
전쟁에서 승리하기 위한 모든 능력들을 고루 갖추고 있죠.
강동의 것을 빼앗아 가는 사람이 있다면 그 누구도 가만두지 않아요.

 노숙 유비 진영과 손권 진영의 동맹을 성사시키는 강동의 책사입니다.
온유한 성격으로 불화들을 잠재우지만, 오로지 강동의 이익만을 위하죠.
주유와 함께 강동을 지켜 내는 충신입니다.

박망파 전투, 내가 공명이다

드디어 최고의 책사인 제갈공명과 함께 유비는 신야성으로 돌아왔습니다. 애지중지하는 동생들의 반대를 무릅쓰고 세 번이나 힘들게 찾아갔죠. 그런데 장비가 급한 성격을 못 이겨 불을 질러 버렸고, 모든 것이 수포로 돌아가나 했는데! 꿈보다 해몽이라고, 볼수록 유비가 마음에 들고 있었던 제갈공명은 모든 것을 좋게 해석하여 극적으로 유비 진영에 합류하게 되었어요. 그러니 유비 입장에서는 얼마나 감격스러웠겠어요.

유비는 제갈공명을 스승의 예의를 갖추어 대하였습니다. 온종일 마주보며 천하 만사를 논의했죠. 반면 관우와 장비는 불만이 많았답니다. 제갈공명이 유비에 비해 무려 스무 살이나 어린데도, 유비가 존대하며 예를 갖추니 아니꼬웠던 거지요. 게다가 온전히 자기들에게만 쏟아지던 신뢰와 정이 갑자기 제갈공명에게 나누어지니 더욱 눈엣가시였고요. 그랬던 그들이 제갈공명에게 진심을 다해 무릎을 꿇었답니다. 과연 제갈공명의 어떤 면모에 감탄한 걸까요?

유비를 주군으로 섬기기로 결심하고 신야성으로 온 제갈공명이 제일 먼저 한 일은 군량미 확보와 군사 훈련이었다. 전시 중이었으니, 무엇보다 이 두 가지가 중요한 건 당연지사. 먼저 군량미를 수확하는 땅인 둔전을 마련했다. 둔전은 변경 지역이나 군사 요충지 등에서 군량미 마련을 위해서 경작한 땅을 말하는데, 제갈공명은 수확물의 일부를 가져가는 대신에 농민들을 안전하게 지켜줄 뿐 아니라 군사들이 하루 일과 후에 직접 농사를 돕게까지 하였다.

당시 한나라는 전형적인 농경 사회임에도 상황이 상황인지라 백성들이 유목민처럼 떠돌아다니며 생활을 하던 터였다. 그런데 안전을 보장해 주고, 정해진 양 이상으로 수탈해 가지도 않는 유비의 둔전 제도는 백성들에게 마치 유토피아와 같았다. 안 그래도 유비의 덕치에 대한 소문이 널리 퍼져있던 참에 둔전까지 정착이 되니 백성들이 그들 곁으로 우르르 몰려왔다. 군량미가 안정적으로 쌓여갔음은 말할 필요도 없을 것이다.

또 제갈공명은 다양한 병법으로 군사들을 훈련시키며 자주 이런 말을 하곤 했다.

"어떤 장수가 지휘하더라도 병사 스스로 절도가 있으면 백전불패의 군대가 될 것이고, 병사 스스로 혼란하면 오합지졸이 되고 말 것이다."

즉 자기 자신을 먼저 다스릴 줄 알아야 적도 대적할 수 있다는 생각을 모든 병사 한 명 한 명에게 각인시킨 것이다. 이렇게 유비는 문무를 완벽히 갖춰 나가고 있었다.

그런데 백성들에게도 다 퍼진 이 소식이 조조의 귀에 들어가지 않을 리 없었다.

조조의 책사가 간언했다.

"승상, 유비는 황실의 후손이라 백성들이 하나같이 믿고 따릅니다. 게다가 관우 장군은 어떻습니까? 충심으로 똘똘 뭉친 명장 중의 명장 아닙니까? 그들이 책사 제갈공명을 만났으니, 문과 무가 합일을 이뤘습니다. 세가 확장되기 전에 먼저 쳐서 그 싹을 없애야 합니다."

"맞는 말이다, 빨리 손보자."

조조도 지체 없이 결정을 내렸다.

이때 조조의 오른팔인 하후돈이란 장군이 나섰다.

"제갈공명 그놈 별 거 아닙니다. 제 아무리 대단한 책사라고 하더라도 이 하후돈 앞에선 말린 지푸라기와 같을 뿐입니다. 제가 산 채로 잡아 바치겠습니다. 만일 그러지 못하면 제 목을 승상께 바칠 걸 약속드립니다."

그가 큰소리를 뺑뺑 치니, 조조도 진군을 허락했다.

"그래 어서 나가서 우리 군의 위력을 천하에 드높이고, 승전보를 울려주어라!"

하후돈은 조조와 작별하고 군사를 거느리고 출병했다.

유비는 하후돈이 10만 명의 군사를 이끌고 신야성을 공격하러 온다는 소식을 듣고 사색이 되었다. 제갈공명이 공들여 훈련시킨 군사는 불과 3,000명뿐인데, 이를 어쩐다. 유비는 부랴부랴 관우와 장비를 찾았다.

"아우들 어서 무장하게. 조조 군이 오고 있네."

"형님, 조조 놈이 쳐들어온다니 이제야 우리 생각이 났수? 맨날 제갈공
명만 끼고 돌더니. 난 우리는 잊은 줄 알았지 뭐요?"

관우와 수련을 하고 있던 장비가 비꼬자, 유비가 혼을 냈다.

"공명 선생은 책사고, 너희들이 무장인데 어찌 그런 소리를 하는 게냐?
전쟁이 났으니 너희들이 앞장서는 게 당연하지."

"형님, 그러지 말고 내게 계책이 있소."

여전히 딴청을 피우던 장비가 문득 결연한 표정으로 유비에게 이렇게
말했다. 장비에게 계책이라니, 뭔가 싶어 유비가 묻자 그가 답했다.

"물을 내보내쇼."

"물? 그게 무슨 뜻이냐?"

"아니, 내가 제갈공명이 아직 한 일도 없는데 뭐가 그렇게 대단하냐고
물었잖소. 그랬더니 그때 형님이 뭐랬수? '내가 제갈공명을 얻은 것은 마
치 물고기가 물을 만난 것과 같다!' 그러지 않았소? 그러니까 이번엔 그
대단한 물을 내보내면 되지 않겠냐, 이 말이오!"

흔히 어떤 사람이 자신과 딱 맞는 사람이나 상황 등을 만났을 때 "물 만
났다."라고 표현하지요? 마치 퍼즐을 맞춘 것처럼 잘 맞고, 떨어질 수 없이
친밀한 사람들을 '수어지교'라고 말하기도 하고요. 그 수어지교(水魚之
交)가 바로 여기서 나온 말이랍니다. 유비와 제갈공명의 사이를 표현하는
말이에요. 정말 그렇게 잘 맞았는지, 확인해 볼까요?

유비는 한숨을 푹 쉬더니 답답하다는 듯이 호통쳤다.

"너와 관우는 나와 한몸과 같다. 하지만 아무리 뛰어난 무공을 가졌다고 한들 훌륭한 전략이 없으면 힘들다는 것을 여태 번번이 경험하지 않았더냐! 그러니 나와 너희가 함께 물을 만난 것과 같거늘 대체 왜 이해하지 못하느냐!"

이 모습을 지켜본 제갈공명이 나섰다.

"아닙니다. 그동안 실적 하나 없었으니 이번에 제가 뭔가 보여드리는 게 맞습니다. 다만……."

제갈공명이 유비에게 할말이 있다는 눈짓을 하자, 유비가 그와 함께 방으로 들어갔다.

"주공, 관우, 장비 장군이 제 말을 잘 따르지 않을까 걱정입니다. 제가 장군들을 맘껏 지휘할 수 있게 보검과 인장을 주십시오. 그러면 이번 전투를 반드시 승리로 이끌겠습니다."

"좋습니다. 제 아우들이 비록 지금은 무례하나, 뛰어난 장수들이라는 것은 보장합니다. 부디 이 전투를 승리로 이끌어 주시기 바랍니다."

"걱정 마십시오."

이렇게 대답한 제갈공명은 차분히 나가서 장군들을 한 자리에 모이라 명했다. 그리고 근엄한 목소리로 말했다.

"주공께 보검과 인장을 받았으니 이제부터 제 명령을 받들지 않는 자는 참수하겠습니다."

"우이씨. 머리에 피도 안 마른 게. 형님, 저 핏덩이가 지금 뭐라고 씨불이는 거요?"

장비가 관우에게 씩씩대자, 관우도 못마땅했는지 얼굴이 더욱 불타올랐다.

"일단 뭐라고 하는지 들어나 보자."

그때 제갈공명이 명령을 내리기 시작했다.

"먼저 장비 장군! 하후돈의 영채가 있는 박망의 오른쪽에는 숲이 있습니다. 군사 1,000명을 줄 터이니 그 숲에 매복하며 기다리세요. 우리 진영 쪽에서 불이 오르는 것을 신호로 하후돈의 영채에 불을 놓으세요.

그리고 관우 장군! 하후돈의 영채에서 우리 진영으로 들어오는 길의 입구에 예산이 있습니다. 관우 장군에게도 1,000명의 군사를 드릴 테니 그 산기슭에 매복해 있으세요. 그리고 적들이 우리 진영으로 쳐들어올 때 절대 공격하지 말고 그냥 보내주세요. 적의 후방 보급 부대가 예산을 지날 때쯤 우리 진영쪽에서 불길이 올라올 테니, 그것을 신호로 보급 부대를 불태우세요.

마지막으로 자룡 장군에게는 군사 500명을 드리겠습니다. 자룡 장군의 역할이 매우 중요합니다. 선봉으로 최전방에 나가서 하후돈과 전투를 벌이세요. 하지만 절대 이기시면 안 됩니다. 밀리는 척하면서 계속 하후돈을 우리 진영으로 유인해 오세요. 하후돈이 자룡 장군을 계속 쫓아오도록 하는 것이 중요합니다. 나머지는 나와 유비 주공께서 준비하고 있을 겁니다. 모두 제 계책대로 행동해 주시면 됩니다."

유비가 앞으로 나와 양손을 모아 고개를 숙이며 말했다.

"군사(君師)의 말에 따르겠소."

큰형님인 유비가 어린 제갈공명에게 고개를 숙이다니! 심기가 불편해진 관우가 물었다.

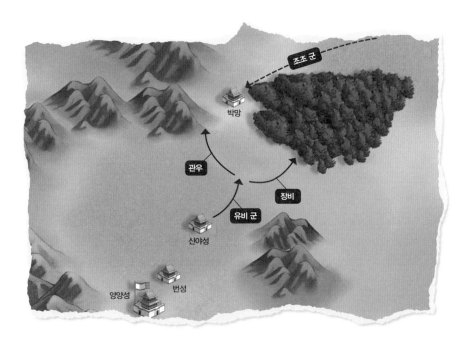

"우리가 나가서 싸우는 동안 군사는 뭐하고 있을 것이오?"

제갈공명이 부채질을 하며 태연하게 대답했다.

"저는 성을 지키고 있겠습니다."

이번엔 장비가 죽는 시늉을 하면서 비아냥거렸다.

"아이쿠, 부러워 죽겠네. 우리는 몸이 부서져라 싸우는데, 집에서 편히 부채질이나 하고 있고."

제갈공명이 잠시 미소를 짓더니 이내 매서운 말투로 말했다.

"제게 주공의 보검과 인장이 있습니다. 명을 받들지 않는 사람은 참수하겠습니다."

순간 장비의 동공이 흔들렸다.

"알겠소. 알겠다, 이거요. 시키는 대로 하긴 하겠는데, 만약에 뜻대로 안 되면 어쩔 셈이쇼?"

"그땐 제가 제 목을 치지요."

제갈공명이 웃으며 답하자, 장비가 더 이상 대꾸하지 못하고 관우의 팔을 잡아당겼다.

"형님, 뭐하쇼, 얼른 나갈 채비합시다."

유비도 제갈공명의 명령을 따라 전투를 준비했으나, 내심 관우와 장비처럼 걱정되는 것은 마찬가지였다.

못마땅하긴 했지만 보검과 인장이 제갈공명 손에 있는 이상, 그의 명령을 따를 수밖에 없었지요. 그렇게 그들은 하후돈의 군사와 맞서기 위해 길을 떠났습니다. 선봉에서 조자룡이 500명의 병사를 데리고 하후돈과 맞닥뜨렸네요. 10만 대군을 이끌고 나온 하후돈이 고개를 뒤로 젖히며 껄껄 웃었습니다. 딱 봐도 수적으로 차이가 너무 나잖아요? 게다가 그간 숱한 싸움에서 이름을 날린 관우나 장비도 아니고 조자룡이 나왔구요. 여러모로 만만하게 볼 수밖에요. 하지만 제갈공명이 누구입니까? 조자룡을 선봉장으로 세운 이유에는 치밀한 계산이 있지 않았겠어요?

"곱상하게 생긴 녀석이 겁도 없이 나섰네? 이거 자존심 상하잖아? 고양이가 표범한테 덤비겠다는 거 아냐?"

하후돈의 비아냥거림에도 조자룡은 아랑곳 않고 달려나갔다. 조자룡이 누구던가. 칼을 빼는 즉시 사람의 목이 달아난다는 무신이었다. 하지만 웬일인지 1합 2합 싸우더니 등을 돌려 후퇴했다.

하후돈이 가소로운 듯 중얼거렸다.

"제갈공명이 대단하다더니만, 그것도 모두 헛소문이구만. 저런 장수를 선봉으로 내세우다니. 다른 계책을 세웠다고 해봤자 그 꼬락서니가 뻔하다. 모두 뒤쫓아라!"

조자룡은 민첩할 뿐 아니라 영리했답니다. 조자룡은 큰 힘을 쓰며 싸우질 않아요. 상대방이 지쳐 절로 나가떨어지는 전략을 쓰지요. 권투 선수로 비유하자면, 미국의 프로 복서 메이웨더 같다고 할까요? 그 역시 엄청난 스피드와 가벼운 스텝을 이용해 상대의 공격을 피하지요. 한편 공격할 때는 그의 주먹이 스치기만 해도 상대가 쓰러지고요. 한마디로 나비처럼 날아 벌처럼 쏜달까요.

그와 상대해 KO를 당한 선수들이 입을 모아 하는 말이 있어요.

"메이웨더는 너무 영리해요."

조자룡 역시 영리한데다 힘을 자유자재로 조절할 수 있기 때문에 연기도 썩 잘 한답니다. 힘을 적절히 내려놓고 내빼면 상대가 감쪽같이 속는 거지요. 이게 바로 제갈공명이 조자룡을 선봉에 내세운 이유랍니다. 장비였다면 어땠을까요? 워낙 힘이 세고 성질이 급하다 보니, 지는 척하라는 책사의 명에도 불구하고 어떻게든 상대의 머리를 두 동강 내려고 덤벼들었겠지요. 그러면 적장을 벨 수 있었을지는 몰라도, 겁을 먹고 뿔뿔이 도망간 병사들이 조조에게 돌아가는 것을 다 막진 못하겠죠. 관우의 경우엔 책사의 말을 듣기는 했겠지만, 속아 줄래야 속아 줄 수 없는 연기를 했을 겁니다. 맞부딪쳤을 때 관우의 천둥 같은 힘이 분명히 느껴지는데, 갑자기 후퇴를 한다면 그런 유인책에 조조의 오른팔, 하후돈이 속을 리 없었겠지요.

결국 조자룡은 선봉을, 관우는 후방을, 장비는 적군의 기지를 맡으라고 명령한 제갈공명의 용인술이 얼마나 뛰어났는지 알 수 있는 대목이지요.

흥분한 하후돈이 조자룡을 빠르게 뒤쫓았다.

"이놈! 거기 서지 못할까?"

눈에 불을 켜고 조자룡을 뒤따라가는데, 조자룡은 잡힐 듯 잡히지 않아 하후돈은 결국 꽤 먼 거리를 추격해 들어갔다. 그때 주변을 살피던 눈치 빠른 부하가 말했다.

"장군, 멈추시는 게 좋겠습니다."

"왜? 저놈이 자꾸 깝죽대다 도망치기를 반복하잖냐. 제 속깜냥에 해보려고는 하는데 무서우니 그러는 거지."

"그게 아닌 것 같습니다, 장군. 진정하시고 주위를 살펴보십시오!"

부하가 제법 진지하게 말하자 하후돈은 그제야 조자룡의 등에 고정되어 있던 눈을 들어 주변을 보았다. 어느새 골짜기에 들어와 있었는데, 길은 협소했고 사방에 펼쳐져 있는 갈대는 거센 바람에 흔들리고 있었다. 그제야 하후돈도 퍼뜩 정신이 들었다.

"아뿔싸. 전군 멈춰라! 후퇴……."

10만 대군을 이끌고 후퇴하려 했으나 이미 때는 늦었으니, 하후돈의 말이 채 끝나기도 전에 협곡 위에서 불화살이 빗발쳤다. 매복해 있던 유비의 500명 병사가 제갈공명의 명령에 따라 미리 준비한 불화살을 일제히 쏜 것이다. 마른 갈대에 불이 붙고 강한 바람이 가세해 삼시간에 불이 번졌다. 앞만 보고 달려오던 하후돈의 병사들은 급히 뒤를 돌아 후퇴하려 하였으나, 길이 좁아 결국 서로를 밀치고 밟으며 길을 막게 되었다. 그리하여 골짜기에 갇히게 된 군사의 상당수가 연기에 질식사하는 참극이 일어났다. 일부는 서로 뒤엉켜 압사당했으며, 골짜기를 겨우 벗어나 살아난 자들도 화상으로 온몸이 타들어가는 고통에 시달렸다.

유인을 당해 골짜기에서 혹독한 패배를 겪은 하후돈. 하지만 여기서 끝이 아니었습니다. 불이 오르기만을 기다리고 있던 후방의 관우, 장비가 있었지요? 일단, 조자룡이 유인한 전방 부대는 화공으로 대부분 죽었습니다. 그런데 그들 뒤엔 후방 부대가 수레에 군량미를 싣고 뒤따르고 있었습니다. 남쪽에 불이 난 것을 보자마자 관우는 하후돈의 후방 부대에 불화살을 날려, 군량미를 싹 태워 버렸답니다. 마지막으로 치솟는 불길을 멀리서 확인한 장비가 하후돈의 영채에 불을 질렀으니, 세 번의 불길이 일어난 셈이네요. 그런데다가 목숨을 부지해 도망쳐 오는 하후돈의 군사들을 관우가 1차, 장비가 2차로 막아서니 마지막까지 살아서 다시 조조에게 돌아간 군은 손에 꼽았지요. 원전에 따르면, 날이 밝자 조조 군사의 시체가 온산을 뒤덮고 핏물이 강을 이뤘다고 합니다. 이게 바로 박망파 전투랍니다. 조자룡이 성공시킨 첫 번째 화공, 관우의 보급 부대를 불태우는 두 번째 화공, 장비가 하후돈의 영채를 공격한 세 번째 화공까지 총 세 차례의 엄청난 불길이 일어난 이 일대의 지명이 박망이었거든요. 하후돈이 이끈 부대가 10만 명인데 비해 고작 3,000명의 군사밖에 없었던 유비의 압승이었습니다. 책사 제갈공명의 첫 업적이었다는 점에서 의미가 깊답니다.

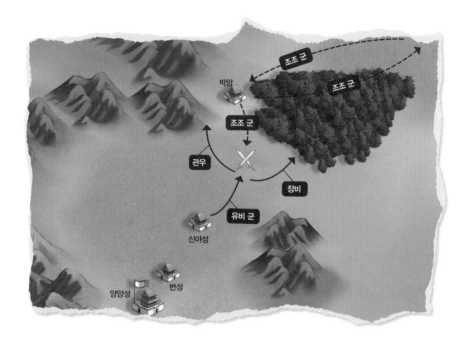

　10만 적군을 궤멸시키고 돌아온 관우와 장비는 기분이 좋아 입이 귀에 걸렸다. 그런 그들을 제갈공명이 정중히 맞아 주었다.

　"두 장군, 고생이 많으셨습니다."

　관우와 장비가 서로 눈치를 보며 팔뚝을 툭툭 치더니, 결국 동시에 무릎을 꿇었다.

　"참으로 영민한 호걸이신 걸 몰라 뵈어 송구합니다."

　관우가 먼저 예를 갖추어 사과했다. 장비도 뒤이어 말했다.

　"거, 맨날 부채질만 하길래 얕봤수다. 죄송하게 됐소. 앞으로 깍듯이 모실 테니 염려마시오."

　"허허, 두 명장께 이런 후한 대접을 받다니 몸 둘 바를 모르겠습니다."

　제갈공명이 고개 숙여 인사했다.

이 모습을 바라보던 유비는 헤벌쭉해지는 입을 애써 꾹 다물어야 했다.

한편, 겨우 목숨만 건져 본진으로 돌아온 하후돈은 죽기로 작정했다. 스스로 자기 몸을 밧줄로 꽁꽁 묶고 조조 앞으로 가 무릎을 꿇었다.

"승상, 죽여 주십시오."

"대체 뭐가 문제였나?"

"제가 교만한 나머지 조자룡이란 자를 얕봤습니다. 그의 후퇴가 유인책이란 걸 깨달았을 때는 이미 갈대밭 한가운데였습니다. 죽여 주십시오."

"됐다. 병가지상사, 즉 전쟁에서는 이기기도 하고 지기도 하는 것이라 했다. 이번 경험을 통해 크게 깨친 게 있을 테니, 다음 전투는 꼭 승리로 이끌어라. 알겠냐?"

"명심하겠습니다, 승상! 이 은혜에 반드시 보답하겠습니다."

하후돈이 눈물을 흘리며 물러가자, 조조는 만성 두통으로 머리를 감싸 쥐었다. 하지만 이내 눈을 부라리며 이를 부득 갈았다.

"10만이면 씨를 말리고도 남을 줄 알았는데. 이런 망할! 감히 잠자는 사자의 코털을 건드리다니. 어디 두고 보자. 내 친히 대군을 이끌어 이번엔 유비 이놈을 기필코 죽이리라."

그리하여 조조는 50만 대군을 일으켜 산에는 길을 만들고, 물을 만나면 다리를 지으며 유비가 있는 곳, 형주로 밀고 들어갔다.

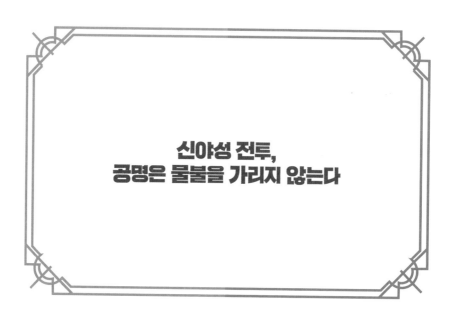

신야성 전투,
공명은 물불을 가리지 않는다

조조가 대군을 이끌고 형주로 향하고 있을 때, 형주의 주인 유표는 사경을 헤매고 있었답니다. 전령으로부터 유표가 위독하다는 전갈을 받은 유비가 지체 없이 유표에게로 달려갔죠. 핏기 없는 얼굴로 눈을 가늘게 뜨고 누워 있는 유표를 보고 유비는 하염없이 눈물을 흘렸답니다. 그때 유표가 주변 사람들을 다 물러가게 한 후, 유비에게 유지를 남깁니다. 과연 어떤 유지였을까요? 유비는 그 유지를 받들었을까요? 유표의 죽음과 유비의 선택으로 인해 한나라의 정세는 또 한 번 크게 흔들립니다. 과연 어떤 일들이 벌어질지 궁금하지요?

"유비…… 나는 이미 병이 깊어 죽을 날이 얼마 남지 않았네. 어진 아우에게 내 자식들을 부탁하네. 어긋난 길을 가지 못하게 오직 아우의 인덕으로 스승처럼 보살펴 주시게. 또한 이곳 형주를 다스려 주게나. 내 두 아들은 자네와 같은 영웅이 아니니 내가 맘이 놓이질 않네."

"형님, 무슨 말씀이십니까? 당연히 아드님께 물려주셔야죠. 전력을 다해 조카를 도울 뿐 제가 어찌 다른 뜻을 품겠습니까?"

"아닐세, 꼭 자네가 맡아야 하네. 안 그럼 형주 백성들이 도탄에 빠질 걸세. 부디 내 유지를 받들어 주게."

유표가 두 번이나 부탁을 했지만 유비는 그럴 맘이 없었답니다. 덕장인 유비 입장에서는 용납이 안 되는 일이었습니다. 왜냐면 형주 땅을 받는다면 자신의 조카 유기를 저버리는 것이었기 때문이죠. 게다가 '애초에 형주 땅을 집어삼킬 야망으로 유표에게 의탁했다.'는 손가락질을 받을 것도 유비에겐 참을 수 없는 일이었죠.

이렇게 유표와 실랑이를 벌이고 있는데 전령이 와, 조조가 몸소 50만 대군을 거느리고 오고 있다 하니, 유비는 급히 신야성으로 돌아갔습니다. 이튿날 유표는 하는 수 없이 유비 대신 유기를 후계자로 삼고, 유비가 그를 보좌하라는 명을 남기고 세상을 하직했어요. 그러자 악어의 눈물을 흘리며 야심을 품은 이가 있었으니, 바로 채부인이었습니다. 유비를 제거하려는 계략을 꾸몄던 유표의 둘째 부인 말입니다.

유표가 죽자마자 채부인은 그의 필체를 본 따 거짓 유서를 만들었다.
"둘째 아들 유종이 내 뒤를 잇게 하라."
결국 거짓 유서 덕분에 고작 14세인 유종이 형주의 새 주인이 되었다.

어린 아들을 내세워 자신이 권력을 휘두르려는 게 채부인의 속셈이었다. 일찍이 이를 간파한 큰아들 유기는 목숨을 부지하기 위해 성밖으로 나가 있었고, 채부인은 유비와 유기에게는 부고도 전하지 않은 채 서둘러 장례를 치렀다.

유표가 세상을 떴다는 소식을 전해 들은 조조는 더욱 진군의 발길을 재촉했습니다. 제갈공명의 선견지명이 돋보였던 천하삼분지계를 기억하는지요? 유비가 삼고초려할 당시, 제갈공명이 말했었지요. 형주는 교통의 요충지이며 비옥한 땅인데, 주인인 유표가 오래 가지 못할 것이라고요. 그리고 유비가 형주를 받지 않으면 조조가 뺏을 거라는 말까지 덧붙였었어요.

네, 제갈공명의 예언처럼 유비가 형주를 차지하지 않으면, 조조의 손에 넘어갈 상황이었습니다. 하지만 유비는 형주를 갖고 싶은 마음이 없다고 누차 얘기해 왔고요. 과연 형주는 누구의 차지가 될까요?

욕심이 있어 형주를 차지하기는 했지만, 사실 형주를 다스릴 능력도 용기도 없었던 채부인은 조조가 대군을 이끌고 내려오고 있다는 말을 듣자 까무러치게 놀랐다.

"조조에게 항복해야 한다."

채부인이 아들 유종에게 강한 어조로 말했다.

"어머니, 아버지라면 절대 형주를 넘기지 않으셨을 겁니다."

"우리가 저 막강한 조조를 싸워 이길 수 있다고 보느냐? 계란으로 바위치기밖에 안 된다. 설령 조조를 막았다 한들, 유비 놈이 가만히 있지 않을 것이다. 분명 네 아버지는 유비에게 형주를 맡아달라고 부탁했을 거다. 그렇다면 유비가 네 형 유기와 손잡고 우리를 칠 것이야. 오히려 조조는 미리 항복하는 자들은 후하게 대해 준다고 하더구나. 결국 우리의 진짜 적은 조조가 아니라 네 형과 유비 놈이란 뜻이다. 조조에게 항복하고 형주를 내준 후, 그의 도움으로 유비와 유기 놈들을 내쳐야 한다. 그게 우리가 살 길이야. 어미 말이 이해되느냐?"

결국 유종은 항복의 뜻을 밝히는 서신을 조조에게 보냈다. 조조가 양양성으로 오면 바로 조조 앞에서 무릎 꿇고 절을 하며 형주 자사의 인장을 바치겠다는 내용이었다. 이 사실을 전해 들은 유비는 목놓아 울었다. 장비가 발끈해 소리쳤다.

"참 답답하네. 아니, 큰형님! 이참에 그 몹쓸 여편네랑 핏덩이 놈 다 몰아내고 우리가 형주를 차지하면 되잖소."

제갈공명도 거들었다.

"주공, 저도 같은 생각입니다. 제가 말씀드린 천하삼분지계를 잊진 않으셨겠지요?"

관우 역시 수염을 쓰다듬으며 고개를 끄덕였으며, 조자룡도 눈에 힘을 주어 유비를 바라보았다. 무장들과 책사 모두 한마음으로 형주를 원하고 있었던 것이다. 하지만 유비의 생각은 변함없었다.

"아우들, 자룡이, 유표 형님이 돌아가시면서 나한테 두 아드님을 부탁했다. 그런데 어찌 내가 조카 유종을 끌어내리고 땅까지 빼앗겠느냐? 공명 선생, 내가 그러고 어찌 지하에서 유표 형님을 뵐 수 있겠습니까?"

제갈공명이 답답한 표정으로 물었다.

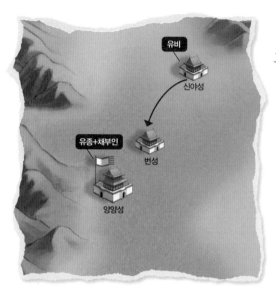

"주공, 지금 저희가 머물고 있는 신야성은 작고 군사도 적으며, 군량미도 부족합니다. 반면 지금 채부인과 유종이 머물고 있는 양양성은 이 형주 지역의 중심지이며, 크고 방비가 튼튼하다는 것을 아시지 않습니까? 그곳에서 유표 자사의 유지처럼 형주의 주인 자리에 앉으시고, 형주의 물자와 군사를 얻으시는 게 최선입니다. 그렇지 않으면 조조 군사를 어찌 막아낼 작정이십니까?"

유비가 잠시 생각하더니 대답했다.

"우선 남쪽 번성으로 내려갑시다. 지난 번 서서 선생과 함께한 전투에서 우리가 차지한 후 든든히 방비한 우리의 거점 중 한 곳이 아니오. 거기서 조조 군을 방어하는 게 좋겠습니다."

대쪽 같은 유비의 성정을 어찌 말릴 수 있을까. 제갈공명은 어쩔 수 없이 그의 뜻에 따르기로 했다. 문제는 유비를 믿고 정착해 살고 있던 신야성의 백성들이었다. 그대로 두고 가면 드디어 찾았다고 생각한 보금자리가 엉망이 될 터였다. 백성들을 위한 대책을 마련하라는 유비의 성화에 못 이겨 제갈공명은 방을 써서 성 곳곳에 붙였다.

"번성으로 이동할 것이니, 신야의 남녀노소 백성 가운데 유비 주군을 따를 자는 따르시오.”

제갈공명이 따를 자는 따르라고 한 데는 이유가 있었답니다. 노인과 어린이, 몸이 불편한 사람들 모두 다 따라온다면, 군사들의 행군이 그만큼 늦어질 수밖에 없으니까요. 보통 병사들이 한 시간에 4km 정도 행군한답니다. 그런데 민간인을 대동하면 속도가 반의반으로 줄어들게 되지요. 결국 금세 조조 군에게 추격당하고 말 겁니다. 그런데 이를 어쩐답니까? 신야성의 모든 백성들이 다 따르겠다며 짐을 꾸리고 있네요.

“휴.”
제갈공명의 한숨이 깊어졌다.
“행군이 늦어질 게 뻔하니, 일단 조조 군사의 추격을 늦추는 게 그나마의 방책이겠구나.”
제갈공명이 관우와 장비, 조자룡을 부른 다음 작전 명령을 내렸다.
“자룡 장군, 군사 3,000명을 데리고 염초와 유황 가루, 그리고 마른 짚을 준비하십시오. 관우 장군, 군사 1,000명을 드릴 테니, 모래와 진흙을 담은 포대를 준비하십시오. 그리고 백하강의 상류 부근으로 가서 신야에서 불이 오르는 것을 기다리십시오. 장비 장군께도 군사 1,000명을 드리겠습니다. 백하강의 하류, 물살이 약해지는 곳에서 큰 물소리를 기다리십시오.”
그리고 또 다른 장군을 불러 말했다.
“군사 500명을 드릴 테니 푸른 깃발과 붉은 깃발을 준비하십시오. 조조군이 신야성에 다다르기 전, 숲에서 저의 신호를 기다리시면 됩니다.”

지난번 박망파 전투에서 제갈공명의 위력을 본 장군들은 제갈공명이 말한 대로 빈틈없이 준비를 했다. 제갈공명은 무엇을 위해 이런 것들을 준비시킨 것일까?

이튿날 조조의 군대 50만 중 먼저 달려온 10만의 선봉대가 신야성 가까이 다가왔다. 선봉대 중에서도 앞서 달리는 3,000명의 철갑 기병을 이끌고 있는 자는 평소엔 조조의 호위무사를 하는 장군, 허저였다. 조조가 깊이 신임하는 장수답게 허저의 군사는 폭풍 같은 기세로 몰려왔다. 해가 뉘엿뉘엿 지는 시각. 유비의 군대가 화살의 사정거리 안에 들어올 듯 말 듯 했는데, 숲이 보이자 갑자기 유비의 후방 부대가 진군을 멈추고 전투태세를 갖추는 것이 아닌가. 허저도 경계를 세우고 동태를 살피는데 갑자기 유비 군에서 푸른 깃발과 붉은 깃발이 솟아올랐다. 그러더니 깃발이 양 갈래로 나뉘며 푸른깃발은 숲의 동쪽 길로, 붉은 깃발은 서쪽 길로 나누어 이동했다.

"동쪽을 쫓을까요, 서쪽을 쫓을까요?"

장수들이 허저에게 물었다. 그때 한 장수가 말했다.

"매복이 있을 것 같습니다."

허저 역시 같은 생각이었다.

"조금 더 지켜본 후 공격한다."

잠시 멈추고 전세를 지켜보다 보니, 금세 까만 밤이 되었다. 그새 합류한 10만의 선봉대 병사들이 묵을 숙영지가 필요했다. 밥도 지어야 하고, 말에게도 물을 먹여야 하니 물가 근처로 가야 했다. 어쩔 수 없이 매복이 있을 것 같던 숲으로 정찰병을 보냈으나, 물을 찾지 못했을 뿐 아니라 매복 군도 하나 발견하지 못했다. 그제야 허저와 장군들은 발을 동동 굴렀다.

"매복이 아니라 진군 속도를 늦추기 위한 계략이었다! 속았구나, 망할."

이때 한 장수가 말했다.

"장군, 저희 부대의 바람 같은 진격 속도를 아시면서 무얼 걱정하십니까? 조금만 더 들어가면 신야성 옆에 백하강이 있으니 거기서 숙영하면 됩니다."

"그래? 어서 서둘러라."

지친 병사들을 이끌고 신야성 근처로 더 진군해 갔다. 비옥한 평야 지대 특성상, 밤이슬이 내리자 기온이 뚝 떨어져 오슬오슬 몸이 떨렸다. 병사들이 감기라도 걸리면 사기가 떨어지니 서둘러 숙영지를 찾아야 했다. 그런데 신야성 앞까지 진군하여 보니, 성문이 모두 열려 있는 것이 아닌가.

"정찰병, 성안을 살피고 오거라."

잠시 후 정찰병이 달려와 전했다.

"장군, 성안이 텅텅 비어 있습니다."

"확실하냐? 매복이 없는지 확인해 보았더냐?"

"네 확실합니다. 집들도 다 비어 있고, 오래 버려진 곳처럼 짚들이 길거리에 굴러다닙니다."

"흠, 우리가 무서워 벌써 줄행랑쳤구나. 오늘밤은 이곳에서 묵는다. 백하강에 가서 물을 길어 오거라."

주린 배를 부여잡고 병사들이 물을 길어 왔다. 드디어 밥을 지을 수 있게 된 것이다.

그런데 갑옷을 벗어둔 채 긴장이 풀어질 즈음, 갑자기 서문을 지키던 병사 하나가 뛰어와 말했다.

"장군, 불입니다!"

"놀라긴, 어떤 얼빵한 놈이 밥 짓다 불낸 모양이지. 걱정 말고 어서 뜸이 나 들여라, 뱃가죽이 등가죽에 붙어 버리겠다."

별일 아닐 거라 생각하고 두 다리를 쭉 뻗으려는데, 남문과 북문을 지키던 병사들도 잇따라 뛰어와 불이 났다고 보고했다. 무언가 잘못되었다고 느끼는 찰나, 성채 밖에서 불화살이 쏟아져 들어오는 게 아닌가. 길거리에 뿌려져 있던 짚풀들은 좋은 땔감이 되었고, 더군다나 조자룡이 미리 지붕에 발라 놓았던 염초와 유황 가루들이 불과 반응하여 성안은 물론 하늘과 땅 모두 금세 불바다로 변했다. 이때의 불길은 지난 번 박망파에서 세 번의 불길보다도 더욱 세찼다.

"젠장, 함정이다! 벗어날 수 있는 길을 찾아라!"

"다행히 동문은 불이 나지 않았습니다!"

"어서 동문으로 피한다. 서둘러라!"

10만 병사가 무질서하게 동문으로 몰려드니, 서로 먼저 나가려다 밟혀 죽은 군사들이 부지기수였다. 산 넘어 산이라더니, 우여곡절 끝에 살아남은 병사들에게는 동문 밖에서 매복해 있던 조자룡의 군대가 달려들었다. 밥 짓다 급하게 불길을 피해 나오느라 갑옷도, 말도, 창도 버리고 줄행랑치던 병사들은 맨몸으로 살육당하고 말았다.

겨우 목숨을 건진 병사들도 온몸에 화상을 입은 채 내달리고 있었는데, 눈앞에 백하강이 보였다. 수심은 딱 봐도 가슴 정도까지밖에 오지 않는 것 같았다. 몸을 너무나 식히고 싶었던 수많은 군사들이 강에 몸을 풍덩 던졌다. 그런데, 아뿔싸! 갑자기 우레와 같은 소리가 들리더니 쓰나미 같은 물길이 순식간에 그들을 덮쳤다. 백하의 상류에서 모래와 진흙 포대로 물길을 막고 있던 관우가 신야성의 불길을 보고 타이밍을 맞춰 둑을 터트린 것이다. 물길은 미친 듯이 날뛰며 마치 초원을 달리는 범과 같은 형세로 조조의 군사들을 향해 쏟아져 내렸다. 갑자기 밀려오는 물길에 휩싸여 대다수가 빠져 죽고 말았다. 수영을 잘 하는 몇몇의 병사들만 겨우 살아남아 강기슭으로 올라왔다.

혼란 속에서 다행히 목숨을 보전했다고 안도의 한숨을 내쉬던 바로 그때, 갑자기 천지를 울리는 함성이 일며 한 무리의 군마가 길을 막고 나섰다. 하류에서 기다리던 장비였다.

"조조의 똘마니들이 스스로 죽으러 왔구나!"

장비가 큰소리로 외치며 군사를 끌고 나오니, 갑옷도 없고, 화상도 입었으며, 물도 잔뜩 먹은 조조의 선봉대는 결국 모두 장비에게 도륙되고 말았다. 무려 10만 명의 군사가 불속과 물속에서 사라졌으니, 이것이 바로 신야성 전투였다.

신야성 전투는 제갈공명이 이뤄낸 두 번째 대승입니다. 화공과 수공을 모두 사용한 전투였지요.

제갈공명이 장수들에게 분부했던 내용들을 기억하시나요? 우선 조자룡에게 유황 가루와 염초, 짚을 준비하라고 했었죠. 그것은 신야성 안의 집들과 거리에 뿌려 놓기 위함이었어요. 지친 조조의 군사들이 신야성에 머물며 방심하고 쉴 것이 분명하니, 그때 성에 불을 질러 조조 군을 한 차례 처치했지요. 뒤이어 관우에게는 모래주머니를 들고 가서 백하강 상류의 물을 막아 놓으라고 했어요. 불에서 살아남아 겨우 도망친 군사들이 물로 갈 것을 알고 있었던 것이죠. 조조의 군사들이 물을 보고 좋아할 때 모래댐을 터트려, 막아 놓았던 물이 한꺼번에 조조 군을 덮치게 한 겁니다. 또한 하류에는 장비의 군사들을 매복시켜서 불과 물을 피해 달리는 마지막 병사들까지 철저하게 섬멸시키는 전략을 구상한 것이죠.

고려 시대에도 수공을 활용해 대승을 거두었던 전투가 있는데요. 바로 강감찬 장군이 이끈 귀주대첩이랍니다. 만주 지역의 거란이 세력을 뻗쳐 고려를 무려 세 번이나 침입했을 때였어요. 고려 현종이 수도 개경을 버리고 피신을 갈 정도로 처참한 상황이었답니다. 10만 대군을 이끌고 거란이 3차 침입을 시도했을 때, 강감찬 장군은 큰 밧줄로 소가죽을 엮어 거란군이 지나가야 하는 흥화진의 강물을 막아두고 숨어 있었습니다. 당시 고려 군을 얕잡아보고 있던 거란군은 쉽게 계곡 쪽으로 유인당했죠. 거란족이 계곡을 건널 때 막았던 둑을 터뜨리니, 물길에 휩쓸려 죽은 거란 병사들이 수없이 많았답니다.

▌Q. 조자룡은 왜 신야성의 동문에는 불을 안 질렀어요?

A. 병목 현상을 노린 거지요. 보통 영화관엔 비상구가 여러 개 있지요? 그런데 비상구가 하나만 있다고 생각해보세요. 만일 영화를 보다 불이 나면 어떻게 될까요? 서로 먼저 나가려고 비상구로 사람들이 몰리겠지요. 결국 밟고 밟히다 압사되는 이들이 늘어날 거고요.

마찬가지로 불로 공격하는 화공을 쓰되, 세 군데만 불을 지르면 불이 붙지 않은 동문에만 사람들이 몰리겠죠? 질식사한 병사들, 빠져나가려다 압사된 병사들이 넘쳐나게 된 거지요. 만일 모든 문에 불을 질러 적군들이 한쪽으로 몰리지 않고 각자 살길을 찾아 뿔뿔이 흩어졌다면, 제갈공명의 설계처럼 순차적으로 10만 병사를 몰살시키긴 어려웠을 거예요.

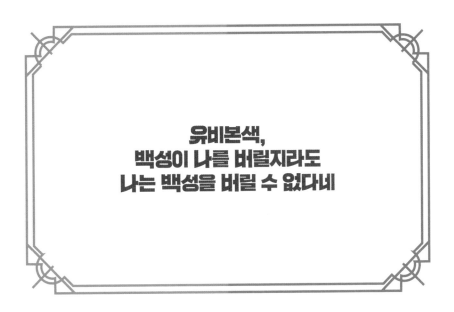

유비본색,
백성이 나를 버릴지라도
나는 백성을 버릴 수 없다네

10만 적군을 몰살하기는 했지만 신야성 전투는 시간 벌기 싸움이었답니다. 후속 부대까지 들이닥치면 무려 40만인데다가, 꾀 많은 조조가 직접 오고 있으니 얼마 되지 않는 유비의 군사로는 그들을 대적할 수 없었어요. 그러니 제갈공명이 할 수 있는 최선은 조조 군의 진군 속도를 최대한 늦춰 유비의 군대는 물론 백성들까지 안심하고 번성에 도착할 수 있게 하는 것이었어요.

그렇게 제갈공명 덕분에 번성까지는 무사히 왔지만 이도 임시방편일 뿐, 조조가 대군을 이끌고 포위해 버리면 번성 같이 작은 성은 통째로 짓밟힘 당하거나, 성에 갇힌 채 다 같이 아사 당할 것이 뻔했죠. 결국 조조 군이 신야성 전투의 충격을 정리하는 틈을 타서 유비는 번성을 떠나 채부인의 아들 유종이 있는 견고한 양양성을 찾아가기로 합니다. 신야성부터 따라왔던 백성들을 포함해서 이번에는 번성의 백성들까지 모두 짐을 싸들고 유비를 따랐답니다. 사람을 끄는 유비의 매력은 정말 엄청나지요?

수많은 백성들을 이끌고 겨우 양양성에 이른 유비가 성문 앞에서 크게 외쳤다.

"유종 조카! 문을 열어주게! 내 목숨이 중한 것이 아니라, 나는 오로지 백성을 구하려 이곳에 왔다네. 여기 이 백성들을 보게. 형주 지역의 백성들은 결국 자네의 백성 아닌가."

그러나 이미 조조에게 항복 문서까지 보낸 겁먹은 어린 유종과 유비를 오래전부터 싫어했던 채부인이 지키고 있는 양양성의 문이 열릴 리가 없었다. 유비는 자신의 백성을 이렇게 저버리는 유종을 믿을 수가 없어, 몇 번 더 문을 열라고 소리쳤다. 하지만 조조 군이 쫓아오고 있다는 것을 아는데 되지 않는 설득을 계속할 수도 없었다. 다른 방도를 찾아야만 했다.

"주공, 강릉은 형주의 중심지며 물자도 풍부합니다. 그곳이라면 조조 군을 막아낼 수 있을지도 모릅니다. 우선 그리로 가서 백성들을 보호하고, 조조와의 전투를 준비하는 것이 이롭겠습니다."

결국 나지막이 말하는 제갈공명의 말을 따라 유비와 백성들은 발걸음을 돌릴 수밖에 없었다.

유비가 다닌 경로를 지도로 확인해 볼까요? 신야, 번성, 양양은 그래도 가까이 있는 편인데 지금 가려는 강릉은 상당히 멀리 있는 것이 보이시죠. 그런데 그 먼길을 가야 하는 유비 무리의 속도가 더뎌도 너무 더딘 겁니

다. 노인, 병자, 어린아이
까지 다 따라 나왔으니
오죽했겠어요. 결국 제
갈공명은 유비한테 한 번
더 간언하지요. 이러다 모
두 죽게 생겼으니까요. 이
번에는 유비도 맘을 바꿀
까요?

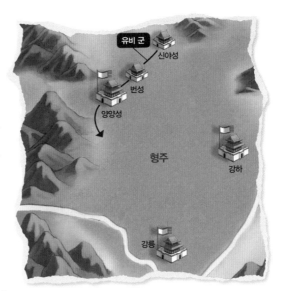

　유비를 따르는 3,000여
군사와 10여 만 백성들은 자주 멈추어 쉬며 더디게 강릉으로 나아갔다. 유
비는 장수들에게 백성을 우선으로 호위하라 이르며 느린 행군을 계속했
다. 조자룡은 지시대로 노인과 병약한 사람들을 보호했고, 장비는 조조의
군사들을 대비하여 후방에서 경계하며 뒤따랐다. 이런 모습으로 며칠을
행군하다가 결국 장수들과 책사들을 대표해서 제갈공명이 말했다.

　"주공, 이대로는 안 됩니다. 하루에 50리 길은 가야 조조 군을 따돌릴 수
있는데, 그제 20리, 어제는 겨우 10리 밖에 오지 못했습니다. 백성들이 갈
수록 지치고 힘들어하니 속도가 더 느려질 수밖에요. 뒤처지는 백성들은
과감히 포기해야 강릉까지 갈 수 있습니다. 연민에 휩싸여 큰일을 그르치
는 우를 범하시면 안 됩니다."

　유비가 정색하며 대답했다.

　"어찌 백성을 두고 나만 도망가라고 하십니까? 일생을 도망자로 살았지

만 이번만큼은 그럴 수 없습니다.

"주공, 현명하게 판단하셔야 합니다. 이러다 다 같이 죽으면, 한나라 부흥은 어찌 이루실 겁니까?"

제갈공명의 말에 유비는 고개를 숙이고 생각하는 듯 하더니 말을 멈춰 세웠다. 제갈공명이 자신의 설득이 통했다고 생각한 순간, 유비는 눈물이 맺힌 눈으로 제갈공명을 쳐다보며 말했다.

"공명 선생, 민심을 잃고 어찌 천하를 얻을 수 있겠습니까? 백성은 나를 버리고 떠날 수 있어도, 나는 백성을 버릴 수 없습니다."

누군가 대화를 듣고 있을까 하여 지어내는 말이 아니었다. 유비의 눈에는 순전한 진심만이 담겨 있었다. 제갈공명은 절로 고개가 숙여졌다.

"주공의 큰 뜻에 그저 부끄러워질 따름입니다."

덕심이 깊은 줄은 알았지만, 이 정도일 줄이야. 백성들이 모두 피난길에 오른 이유는 바로 이런 유비를 전적으로 믿기 때문이었다. 내심 한편으론 유비가 답답하기도 했던 제갈공명은, 이 순간 유비에게 크게 감동했다. 두 차례 전투에서 유비가 제갈공명에게 반했다면, 이번에는 제갈공명이 유비를 더 존경하게 된 것이다.

그러나 단호하게 자신의 뜻을 전하긴 했지만, 조조 군이 언제 덮칠지 몰라 불안한 것은 유비도 마찬가지였다. 백성들과 모두 살아서 강릉까지 갈 현실적인 방법을 생각하다가 관우를 불렀다.

"아우야, 유표 형님의 큰 아들 유기를 기억하느냐? 채부인의 모함을 피해 목숨을 부지하고자, 지금은 강하 지역에서 세력을 키우고 있다고 하더구나. 지금 유기에게 가서 도움을 요청해라. 형주 백성을 살릴 지원군을 보내달라고 하여라.”

“형님, 곧장 다녀오겠습니다.”

적토마를 타고 바람처럼 관우가 달려갔다.

유기가 하루 속히 와주길 바라며, 유비와 제갈공명은 하루에 10리씩 강릉으로 가고 있었다.

이미 양양성에서 채부인과 그의 아들 유종의 항복을 받고 자리를 잡은 조조에게도 이 소식은 전해졌다. 조조는 정예병 5,000명을 조직해, 밤을 새워서라도 빠른 속도로 추격해 유비를 붙잡으라 일렀다.

“지금 유비를 붙잡지 않으면 분명 큰 후환이 생길 것이다. 무슨 일이 있어도 하루 안에 유비를 붙잡아라.”

조조의 명을 따라 가장 빠른 군사 5,000명이 밤낮으로 유비를 쫓으니, 유비는 꼼짝없이 따라잡히고 말았다. 서북쪽에서 점점 더 가까이 북소리와 고함소리가 들려왔다. 유비는 말에 뛰어올라 직접 2,000명의 군사를 몰아 후방을 지켜 보려 했으나, 오랜 행군에 지친 소수의 군사로 10여 만 명의 백성들을 지켜내긴 역부족이었다. 군사들은 쓰러지고, 백성들 또한 뿔뿔이 흩어지면서 조조 군에게 치이니, 말 그대로 피를 뿌리는 전쟁통이 되었다.

제갈공명이 사정하다시피 말했다.

“주공, 도리가 없습니다. 빨리 피하시지 않으면 목숨이 위태롭습니다. 이대로 무너지실 작정입니까?”

“못 갑니다. 백성들이 저리 죽어 가는데 어찌 나만 삽니까? 같이 죽을 수밖에요.”

유비가 눈물을 흘리며 똥고집을 부렸다. 제갈공명이 더는 안 되겠다 싶어 장비에게 눈짓했다. 장비가 곧장 알아채고 유비를 들쳐업었다.

"놔라, 이놈아! 뭐하는 짓이냐?"

유비가 버둥거렸지만 장비는 아랑곳없었다.

"형님 죄송하지만, 좀 잠자코 계쇼."

유비를 자신의 말에 태운 뒤, 장비가 힘세게 '이랴!' 하며 달렸다. 제갈공명은 조자룡에게 유비의 식솔, 즉 두 부인과 아들 아두를 부탁한 뒤, 자신도 장비에게 바짝 붙어 호위했다.

Q. 유종과 채부인이 너무 얄밉네요. 조조에게 항복한 그들은 결국 잘 살았나요?

A. 채부인이 유종을 설득할 때 말하지요. 조조는 항복한 사람들에게 잘 대해준다고요. 실제로 조조는 수많은 전투와 전쟁을 하면서 적군이었던 많은 장수들이나 책사들을 설득하여 자기편으로 만듭니다. 그리고 그들을 차별 없이 중요 직책에 중용하지요. 조조가 이 방면에서 유독 두각을 나타내기는 했지만, 이 당시에는 이렇게 편을 바꾸는 일들이 드물지 않았어요. 한나라라는 한 국가에서 같은 국민으로 살던 이들이 난국에 휘말려, 하루가 멀다 하고 싸움이 일어나는데, 세력도 끊임없이 엎치락뒤치락 하니 당연한 일이었죠.

그런데 흥미로운 점은 조조, 유비를 포함하여 많은 주군들이 오히려 끝까지 자신에게 항전한 사람들을 더 귀히 여겼다는 거예요. 이전 주인을 쉽게 배신하지 않았으니 자신도 쉽게 배신하지 않을 거라고 생각한 거죠. '충성'이란 것 자체가 당시에 훌륭한 인재를 감별하는 중요 기준이기도 했고요.

　자 그러면 다시 질문으로 돌아가서, 유종과 채부인은 어떻게 됐을 것 같나요? 조조는 아버지가 물려준 형주라는 어마어마한 유산을 이렇게 유약하게 저버린 유종이 마음에 안 들었어요. 게다가 대대로 그 땅의 주인이었던 자를 그대로 두었다간 그를 중심으로 반란이 일어날 수도 있었죠. 결국 조조는 그를 멀리 청주 땅의 벼슬을 주어 보냅니다. 그리고 몰래 군사를 시켜 채부인과 유종을 암살하게 하지요. 결국 자신들의 목숨만 부지하고자 형주 백성은 나 몰라라 했던 모자는 이렇게 생을 마치고 맙니다.

무신 조자룡, 유비의 아들 구하기

한편, 조자룡은 끊임없이 밀려오는 조조의 군사들과 맞서다가 동이 트고 날이 밝아지는 모습을 보고 퍼뜩 정신이 들었다.

"큰일이다! 싸움에 정신이 팔려 주공의 가족들을 놓치고 말았구나."

주변을 사방팔방 뛰어다니며 살펴봐도 부인들이 타고 있던 수레가 버려져 있는 것만 발견했을 뿐 가족들은 발견할 수 없었다. 심장이 덜컥 내려앉은 조자룡은 잽싼 군사 10명을 데리고, 난리통이 된 전장의 중심부로 내달렸다.

"미부인! 감부인! 어디 계십니까?"

북새통에 아녀자만 봐도 유비의 부인이 아닌지 들여다볼 정도로 조자룡의 마음이 초조하고 다급해졌다. 백성들이 얼른 도망갈 수 있도록 길을 터주면서도 끊임없이 물었다.

"혹시 미부인과 감부인을 보지 못했습니까?"

"저기……"

수십 번의 절박한 질문 끝에, 드디어 피와 땀으로 얼굴이 얼룩진 한 여인이 손가락으로 자신의 앞쪽을 가리켰다. 그쪽을 보니, 과연 유비의 첫째 부인인 감부인이 머리를 풀어헤치고 맨발로 땅을 내딛으며, 피난 가는 백성들 틈에 걸어가고 있는 게 아닌가.

"감부인!"

조자룡의 목소리를 알아듣고 급히 고개를 돌린 감부인은 안도의 한숨을 내쉬었다. 그런데 그 모습에는 반가움과 슬픔이 공존했다.

"자룡 장군."

조자룡은 황급히 감부인에게 다가가서 그 안색을 살피며 말했다.

"부인께서 이토록 고생하시는 것이 모두 저의 불찰입니다. 용서하십시오. 미부인과 작은 주공은 어디 계십니까?"

감부인이 참아오던 울음을 터트리며 대답했다.

"갑자기 들이닥친 조조 군사에게 쫓겨 모두 뿔뿔이 흩어져 버렸습니다. 정신을 차리니 내 아들 아두와 미부인이 안 보입니다. 자룡 장군께서 꼭 그들을 찾아 주세요."

"부인 고생이 많으셨습니다. 이제 걱정 마시고 안전하게 주공께 가 계십시오. 작은 주공과 미부인은 제가 반드시 찾아서 함께 가겠습니다."

조자룡이 자신을 따르던 10명의 기병들에게 큰 소리로 명령했다.

"어서 감부인을 모시고 주공께 가라!"

10명의 기병들마저 감부인의 호위병으로 보낸 조자룡은 홀몸으로 점점 더 깊숙이 조조 군이 있는 후방으로 달려갔다. 어떻게든 미부인과 유비의 아들 아두를 찾아야 했다. 백성과 장수들이 쓰러져 피바다가 된 곳을 지나는 조자룡의 가슴이 미어졌다. 매의 눈으로 두리번거리는데, 무너진 담벼락 끝에 한 여인이 아이를 안고 울고 있는 게 보였다.

"미부인!"

급히 달려가 보니, 미부인의 왼쪽 어깨를 관통하는 창이 꽂혀 있었다. 핏물로 옷이 빨갛게 물든 채 아두를 품에 안은 그녀가 힘없이 하늘을 바라보다, 조자룡의 목소리에 고개를 돌렸다. 조자룡을 보자, 미부인의 입가에는 희미한 미소가 떠올랐다.

"꼭…… 오실 거라 믿었습니다. 자룡 장군을 만났으니 이제 아두는 무사하겠군요. 서방님께서 반평생을 돌아다니며 얻은 피붙이라고는…… 이 작은 아두 한 명뿐입니다. 부디…… 잘 보호하시어 저희 서방님께 데려가 주시길 부탁드립니다."

한 마디 한 마디 힘겹게 이어가던 미부인은 팔을 덜덜 떨면서 아두를 조자룡에게 건네려고 하였다. 조자룡은 아두를 받았으나 이내 다시 미부인의 치마폭에 내려놓으며 말했다.

"미부인, 아두만 잘 품어 주십시오. 제가 두 분을 호위하여……."

"아니. 아닙니다. 저는 두고 가십시오. 아두만……!"

미부인은 있는 힘을 끌어모아 단호한 목소리로 말했다. 이 말에 조자룡은 놀라며 말했다.

"미부인, 아니 됩니다. 함께 갈 수 있습니다! 조금만 기다리십시오."

조자룡은 조심조심 그녀의 어깨에 꽂힌 창을 뽑았다. 미부인은 비명소리를 낼 힘도 없는지 낮은 신음 소리만 낼 뿐이었다. 조자룡은 다급하게 자신의 어깨에 걸쳤던 망토를 쭉 찢어 상처 난 미부인의 어깨를 꽁꽁 싸 맸다.

"부인!! 포기하시면 안 됩니다. 주공께서 저에게 부인을 보필하라 하셨습니다. 정녕 저를 죄인으로 만드실 작정이십니까! 어서 말에 오르십시오."

미부인은 조자룡의 부축하는 손길을 저지하며, 고개를 가로저었다.

"제가 말에 오르면 장군은요?"

"제가 말을 끌고 모시겠습니다."

"그럼 저희 다 죽습니다. 제발 우리 아두만 살려주세요."

조자룡도 완강했다.

"절대 그럴 수 없습니다. 같이 가셔야 합니다. 미부인!!! 함성이 점점 가까워져 옵니다. 어서 빨리 말에 오르셔야 합니다!"

미부인이 몇 걸음 떨어져 있는 우물 쪽으로 고개를 돌리더니 말했다.

"그럼…… 목 좀 축이고 올게요."

"제가 가져다 드리겠습니다."

"아니에요. 갈 길이 먼데 자룡 장군은…… 잠시만 쉬고 계세요."

그녀가 강보에 쌓인 아두를 조자룡에게 넘긴 후, 비틀거리며 우물로 갔다. 우물 앞에 선 미부인은 웬일인지 뒤를 돌았다. 아련한 눈으로 아두를 한 번 더 바라본 미부인은 지체 없이 우물로 뛰어들었다. 워낙 순식간에 일어난 일이라 조자룡은 눈앞이 아득해졌다.

"미부인……! 미부인!!!"

조자룡이 흐느끼며 우물로 달려갔다. 무릎을 꿇고 통곡을 하는데, 우물 모서리에 미부인의 찢겨진 치맛 자락이 나풀거리고 있었다. 적군의 함성 소리는 점점 더 가까워졌다. 조자룡은 미부인의 치마 조각을 소중히 떼어 아두의 품에 넣었다. 그리고 미부인의 상처를 싸매고 남았던 망토를 포대로 이용해 아두를 가슴팍에 꽁꽁 싸맨 후, 결의에 찬 목소리로 말했다.

"작은 주공, 아버님께 가십시다. 제가 반드시 아버님께 모시고 가겠습니다."

우물을 향해 두 번 절을 올린 조자룡이 말에 올랐다.

하지만 유비에게 가는 길은 결코 녹록치 않았습니다. 언뜻 봐도 몇천은

되어 보이는 조조 군사들이 진을 형성하고 있었거든요. 모두 방패와 창은 물론 화살까지 들고 있네요. 조자룡이 아무리 싸움의 신이라지만 이곳을 뚫고 살아서 유비에게 갈 수 있을까요?

　조자룡도 일순 당황했다. 그는 품에 안은 아두를 바라봤다. 아이는 울지도 않고 말똥한 눈으로 조자룡을 바라보고 있었다. 순간 조자룡의 눈빛이 비장해졌다. 그는 말을 달려 적진을 향해 미친 듯이 달려갔다. 정면 돌파를 시도한 것이다. 조조 군사들이 일제히 화살을 날렸다. 조자룡은 한 번 휘두른 창으로 수십 개의 화살을 쳐낸 후, 있는 힘껏 창을 던졌다. 적진의 최전방에 있던 군사들이 창을 피해 주춤할 바로 그 찰나, 조자룡은 그들이 들고 있던 방패들을 뛰어넘어 진의 가운데로 들어섰다. 마치 말이 날개를 달고 날아가는 듯한 모습에 적군들도 넋을 잃고 바라봤다.

　조자룡이 길을 뚫고 나가려 하자 퍼뜩 정신을 차린 조조 군사들이 일제히 창을 들고 조자룡을 재공격하니, 조자룡은 번개처럼 검을 빼들고서 적군을 향해 내찔렀다. 여러 장수에게 포위된 상황에서도 용맹하게 달리며 싸우니, 조자룡의 칼에 닿은 적군의 갑옷이 그 움직임대로 갈라졌고, 병사들은 차례대로 쓰러졌다. 이 모습을 먼발치에서 바라보던 조조가 자리에서 일어나 물었다.

"저 장수는 누구냐?"

그러자 마치 그에 대답이라도 하듯이 조자룡의 외침이 들려 왔다.

"나는 상산 조자룡이다! 목숨이 아깝다면 길을 비켜라!"

조조가 감탄사를 내뱉었다.

"저런 호랑이 같은 장수가 또 있다니! 유비는 정말 인덕이 있는 영웅이다. 저 조자룡이란 자가 탐나는구나. 내 수하로 만들어야겠다. 절대 죽이지 말고 생포해라."

조조의 명을 받은 병사들이 더이상 함부로 창을 내찌르지 못하고 주춤주춤거렸습니다. 태풍의 눈처럼 적진의 한가운데 있던 조자룡에게는 신이 주신 기회 같았습니다. 바로 그 틈을 타서 포위망을 뚫었죠. 아이러니하게도 조조의 사심 덕분에 조자룡은 살 수 있었어요. 아무리 싸움의 신이라지만, 수천 대군이 일제히 화살을 쏘고 창을 들이대는데, 어찌 아두를 안고 전부 막아낼 수 있었겠어요. 하지만 기적처럼 길이 열렸으니, 조자룡은 적군을 물 베듯 베며 무서운 속도로 달려나갔지요.

조자룡이 포위를 뚫은 것을 보고 책사가 조조에게 간언했다.
"승상, 관우를 잊으셨습니까? 유비의 수하들은 절대 배신하지 않습니다. 바로 죽여야 합니다."
"그래, 그 말이 맞군. 내가 또 욕심이 지나쳤네. 어서 참수하라고 전하라!"
하지만 이미 때는 늦었다. 조조의 진영을 일직선으로 돌파한 조자룡이 번개처럼 내달리고 있었기 때문이다.

이 장면이야말로 조자룡의 무시무시한 무공을 보여주는 백미랍니다. 아두를 망토에 싸 품에 묶은 채 죽을 각오로 몇천 대군과 싸우는 모습에 다들 입을 다물지 못하니까요. 몇 번이나 창에 찔린 데다 투구까지 벗겨진 채 만신창이가 된 조자룡의 모습에 울컥하기도 하고요.

　아무리 속도가 장기인 조자룡이라지만, 끝도 없이 밀려드는 조조 군과 맞서 달리다 보니 말도 사람도 지쳐갔다. 조자룡은 이미 피투성이가 되어, 흘러내리는 피가 시야를 가로막을 정도였다. 어떻게든 아두만은 살려야 한다는 집념으로 모든 힘을 끌어모아 달리고 있었다. 지친 말의 발걸음이 점점 느려지는 것을 느낄 때쯤, 등 뒤로 조조 군의 함성이 점점 가까이 들렸다.

　"미부인, 제 목숨을 걸고 아두를 지키려 하였으나…… 아아……."

　막막함에 저도 모르게 탄식이 나왔다. 조자룡은 그래도 마지막까지 아두를 지키며 싸우다 죽으리라 다짐했다. 눈앞으로 흘러내리는 피를 닦기 위해 잠시 고개를 수그리고, 다시 칼을 다잡으려는 순간.

　"어이! 조자룡!"

　익숙한 목소리가 전방에서 들려왔다. 소리 나는 쪽을 올려다 본 조자룡은 순간 너무 안도가 되어 눈물이 날 뻔했다. 장판교 위에 장비가 떡하니 서 있었던 것이었다.

　"장비 장군! 도움을……!"

　"자룡이, 얼른 지나가라구. 여긴 이 장비가 맡아 줄테니 말이야."

　"장군, 정말 고맙습니다!"

　장비가 홀로 서 있는 것이 걱정되기는 했지만 어떻게든 해주리라고 믿고, 갈 수밖에 없었다. 아두를 지키는 것이 우선이었기 때문이다. 조자룡은 마지막 남은 힘을 끌어내 장비를 지나쳐 장판교를 건넜다.

"주공!"

조자룡이 다리를 건너 20여 리를 세차게 달리니, 저 멀리 서 있는 유비와 사람들의 모습이 보였다. 조자룡은 유비 앞에 이르기 전, 말에서 내려 예를 갖추려고 했지만, 절뚝거리는 다리는 중심을 잡지 못하고 넘어졌다. 그 모습 그대로 일어나지 못하고 엎드려 흐느끼기 시작하니, 유비가 달려왔다. 조자룡이 목멘 목소리로 유비에게 말했다.

"주공, 저는 죽어도 마땅합니다. 미부인께서 중상을 입으셨는데, 제가 아무리 청해도 말에 오르지 않으시더니…… 결국 우물 속에 몸을 던져 스스로 목숨을 끊으셨습니다. 꼭 함께 모셔 왔어야 했는데……."

유비는 슬픔이 복받쳐 말을 잇지 못했다. 조자룡이 하는 말도, 조자룡의 몰골도 모두 처참하여 가슴이 무너져 내렸기 때문이다.

"미부인께서 맡겨주신 작은 주공을 가슴 속에 품고 힘을 다해 포위를 뚫고 달려왔지만……. 울음소리가 그친 것을 보니, 이마저도 지키지 못한 듯합니다. 저를 죽여 주십시오."

조자룡이 품에 꽁꽁 묶은 망토를 풀며 눈물 사이로 말했다. 이때 강보에 싸인 어린 아두가 '으앙!' 하고 울음을 터뜨렸다.

"작은 주공이 살아계십니다!"

조자룡이 아두를 조심스럽게 유비에게 건넸다. 처연한 표정으로 아두를 받아든 유비가 상처 하나 없는 아두의 얼굴과 상처투성이인 조자룡을 번갈아 보았다. 일순 그의 얼굴이 일그러지더니 갓난아기인 아두를 바닥에 내동댕이쳐 버렸다. 깜짝 놀란 제갈공명이 서둘러 달려와 아두를 품에 안았다. 조자룡도 놀라 물었다.

"주공, 왜 그러십니까?"

유비가 조자룡의 두 손을 부여잡고 눈물을 쏟았다.

"고작 저 어린놈 때문에 소중한 내 사람을 잃을 뻔하지 않았는가."

"주공!!!"

흐느끼던 조자룡이 맹세했다.

"이리도 저를 생각해 주시니 이 은혜를 어찌 갚겠습니까! 주공을 위해 싸우다 간과 뇌가 땅에 으깨어지더라도 보답할 수 없을 것입니다. 이 한 몸 바쳐 충성을 다하겠습니다!"

조자룡이 엎드려 통곡했다. 유비도 그 앞에서 무릎을 꿇고 함께 울었다.

"자룡이, 미안하네. 미안해……. 의원을 불렀으니 조금만 참게……!"

"주공, 저는 괜찮습니다. 정말 괜찮습니다."

묵묵히 그 모습을 지켜보던 제갈공명도 고개를 들어 하늘을 바라보았다. 가슴이 뜨거워지며 눈물이 절로 났기 때문이다. 좀처럼 평정심을 잃지 않는 그 역시 이 순간만큼은 어깨가 들썩일 수밖에 없었다.

Q. 유비는 너무 잔인한 아빠 아닌가요? 조자룡도 중요하지만 아들도 소중하잖아요.

A. 네, 물론 유비의 행동이 다소 이해가 안 될 수 있습니다. 젖먹이 아이를 바닥에 내동댕이치는 아버지라니, 너무 비정하지요. 하지만 유비의 이런 행동은 시대상을 반영하고 있어요. 사실 난세에 일어난 영웅호걸들의 가족은 대부분 비참하게 살았답니다. 이순신 장군을 예로 들어 볼까요? 억울하게 옥살이하고 벼슬도 없던 백

의종군일 당시, 그런 아들을 보러 오겠다던 이순신 장군의 어머니가 객사하게 됩니다. 설상가상으로 이순신 장군의 아들은 왜군에 의해 죽임을 당하고요. 조정에서는 상 대신 벌을 주고, 어머니와 아들을 비슷한 시기에 잃었으니, 이순신 장군의 심정이 어땠을까요?

"나라에 충성을 다하고자 하나 이미 죄에 이르렀고, 어버이에게 효도를 하고자 하나 어머니는 돌아가셨네."

그가 어머니의 부음을 듣고 탄식한 말입니다. 이후 명량 대첩에서 혁혁한 공을 세워 이름을 떨치게 되었지만, 그의 가족이 당한 고통은 누가 알아줄까요?

김구 선생님도 마찬가지였답니다. 독립운동 중 아들이 폐결핵에 걸렸습니다. 며느리가 와서 치료제인 페니실린 좀 구해달라고 부탁하죠. 그때 김구 선생님이 이렇게 말합니다.

"동지들에게도 약을 구해 주지 못하고 있는데, 어찌 내 아들만 살리겠다고 약을 쓰겠느냐? 돌아가거라."

결국 아들은 죽게 됩니다. 우리나라가 광복되기 불과 몇 달 전의 일이예요. 이게 바로 영웅들의 비극적인 가족사랍니다. 평범한 일상을 살아가는 우리들이 이해하기 쉽지 않지요. 하지만 대의를 위해 사사로운 감정을 포기해야만 했던 게 당대 영웅들의 삶이었답니다. 어쩌면 그런 영웅들을 감내해주고 묵묵히 응원해 준 가족들도 숨겨진 영웅들이라 할 수 있지 않을까요?

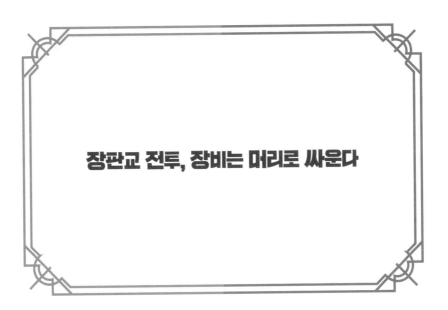

장판교 전투, 장비는 머리로 싸운다

"관우는 살려 보냈지만, 저놈만큼은 내 손으로 잡는다."

순간의 판단 실수로 조자룡을 놓치자 조조는 부아가 치밀었다. 그래서 직접 말을 몰아 그를 잡으러 나갔다. 이때 그를 맞은 이가 있으니, 바로 장비였다. 장비가 조조를 맞이한 곳은 장판교라는 다리였다. 구사일생으로 살아온 조자룡을 유비에게 보내고, 그가 대신 조조와 한판 승부를 벌일 참이었다.

상대는 무려 조조였다. 다른 장수였다면 이런 상황에서 오금이 저렸을 것이다. 하지만 장비는 무슨 배짱인지 혼자 우뚝 서서 배를 볼록 내민 채 쩌렁쩌렁한 목소리로 고함을 질렀다.

"조조 이놈, 나 장비를 기억하느냐? 네 놈의 머리를 안주 삼아 오늘밤 술판을 벌이려고 마중나왔다. 어서 덤벼라 이놈아!"

순간 조조가 놀라 그만 말에서 떨어질 뻔했다. 마치 미친 사자가 포효하는 모습 같았기 때문이다. 반동탁 세력을 모집할 때 안면을 익힌 장비였건만, 그때보다 덩치가 더 커져 있었다. 터질 듯한 얼굴로 눈까지 부라리며 장팔사모를 휘두르니, 절로 몸이 움찔했다. 게다가 결정적으로, 목소리가 어찌나 큰지 조조는 심장이 내려앉는 줄 알았다. 근처의 계곡에서 메아리까지 울려 정신이 혼미해질 지경이었다.

"조조조조…, 안주안주안주……."

말 머리를 붙잡은 채 조조가 정신을 다잡았다.

"무식하게 힘만 센 놈이 뭘 믿고 감히."

돌격을 외치려는 순간, 뭔가 이상한 낌새가 느껴졌다. 장비가 서 있는 다리 건너편 숲에서 흙먼지가 올라오고 있었던 거다.

"매복이구나. 그래서 저놈이 천하의 조조 앞에서 기세등등한 거였군. 오늘은 일단 후퇴한다!"

조조 군이 물러서자, 장비는 신이 나서 카랑카랑하게 외쳤다.

"안주 이놈아, 어딜 가냐? 거기 서지 못하겠느냐?"

조조가 줄행랑치는 모습을 본 장비의 기분이 어찌나 좋은지, 마무리까지 깔끔하게 하잔 심정으로 장판교에 불을 질러 태우고 유비에게 돌아왔다.

장판교 전투는 개인적으로 상당히 의미가 있다고 봅니다. 왜냐고요? 힘만 장사이던 장비가 처음으로 지략을 써서 조조를 물리쳤기 때문이지요. 더욱 놀라운 건 장비가 거느린 군사가 겨우 20명이었다는 겁니다. 어떤 지략이었는지, 군사 20명은 무얼 하고 있었는지 장비의 입으로 직접 들어 보시죠.

장비가 헤헤 웃으며 달려와 유비에게 자랑을 늘어 놓았다.

"형님 이 몸이 모처럼 머리를 썼더니 조조 놈이 놀라서 내뺐수다."

"무슨 소리냐?"

장비가 머리를 썼다는 말에 유비가 놀라 물었다. 그리고 그보다 더 놀란 사람은 제갈공명이었다.

"아니, 군사가 20명밖에 안 되니, 저라고 별 수 있겠소. 그래서 머리를 좀 굴려봤지. 일단, 군사들이 타고 있는 말 꼬랑지에 빗자루를 달았소. 그리고 내가 조조와 맞서는 동안 다리 뒤 숲속에서 여기저기 뛰어다니며 먼지 바람을 일으키게 했다는 거 아니요. 그러면 조조 놈이 매복인 줄 알고 도망갈 것 아니겠소. 아, 지략을 쓰니 힘도 안 들이고 참 좋구만. 역시 싸움은 머리로 하는 거요, 안 그렇소, 공명 선생?"

장비의 말을 들은 유비는 자신의 심각한 상황에도 불구하고 피식 웃음을 터트리고 말았다. 제갈공명도 간만에 환하게 웃으며 말했다.

"허, 장비 장군은 그저 용맹함만 갖춘 맹장인 줄만 알았는데, 이렇게 지략을 뽐내시다니 이제부터 지장이라 불러 드려야겠습니다."

"뭐, 내가 안 해서 그렇지 한 번 머리를 쓰면 웬만한 책사 뺨따귀를 날리고도 남소. 마무리도 깔끔하게 해놨으니, 조조 놈은 더 이상 못 올 거요. 다리에 불을 확 싸질러 버렸으니. 헤헤."

순간 제갈공명이 부채를 떨어뜨렸다. 유비도 표정을 싹 바꾸며 물었다.

"다리를 불태웠다고?"

"그래야 그놈이 못 건너오질 않겠소? 으헤헤."

장비는 여전히 웃고 있건만, 제갈공명은 심각한 얼굴로 말했다.

"이거 참 큰일입니다."

"아니, 왜 그러쇼?"

"조조는 의심이 많은 자라 반드시 사람을 다시 보내 우리의 동태를 살피려고 할 것입니다. 다리가 남아 있었다면 우리가 군사력에 자신이 있다는 것으로 생각하고 돌아가겠지만, 다리가 불타 버렸으니 사실 우리가 불리하다는 걸 알고 군사를 이끌고 오겠지요."

"잉? 다리를 불태웠는데 어떻게 온단 말이오?"

"아이고 이놈아, 군사가 수십 만인데, 그들끼리 어깨동무만 해도 강을 메울 수 있지 않겠느냐?"

어리둥절해 하는 장비에게 유비가 답답하다는 듯이 말했다.

"엥?"

"장비 장군, 지장이라는 말 취소하겠습니다. 덕분에 오늘밤 못 쉬고 곧장 떠나야겠습니다."

제갈공명이 유비를 바라보며 행군을 재촉했다.

> **Q. 아무리 장비가 뛰어난 장수라지만, 천하의 조조가 말에서 떨어질 뻔했다는 건 좀 과장 아닌가요?**

A. 좀 그렇지요? 그런데 조조는 장비에 대한 두려움이 있었어요. 왜냐구요? 그걸 알기 위해선 잠시 과거로 돌아가야 합니다. 관우가 원소의 장수인 안량과 문추의 머리를 단숨에 베어 왔던 일, 기억나시지요? 그때 관우의 실력에 조조가 감탄을 금치 못하자, 관우가 아무렇지 않게 한마디 툭 던진 말이 있었거든요.

"저는 아무것도 아닙니다. 제 아우 장비는 적장의 머리 베어 오는 것을 주머니에서 물건 꺼내 오듯 하지요."

조조가 가장 두려워하면서도 흠모한 명장은 관우였답니다. 그런 관우가 최고로 치켜세운 자가 바로 장비였던 거지요. 장판교에서 조조가 발길을 돌린 결정적인 이유는 사실 관우의 그 한마디 때문 아니었을까요?

출형주기,
조조여 잘 있거라

처참한 전투의 상처를 미처 다 회복하기도 전에 유비와 그를 따르던 자들 중 남은 사람들은 또다시 고난의 행군을 시작해야만 했다. 이미 조조에게 길이 막힌지라, 목적지였던 강릉은 포기하고 유기의 도움을 바라며 강하로 방향을 틀어야 했다. 백성들과 병사들의 수가 현저히 줄어든 것을 보며 유비는 가슴이 아팠다.

그때 앞서 정찰을 나갔던 한 장수가 달려와 전했다.

"주공, 앞에 강이 있는데 나루터에 배가 한 척도 없습니다. 어떻게 할까요?"

배가 한 척도 없다는 것은 생각하지 못한 변수였다. 유비가 망연자실하여 제갈공명을 쳐다보자, 제갈공명이 탄식했다.

"조조 군이 반나절이면 우리를 따라잡을 겁니다. 배도 다리도 만들 시간이 없고, 군사도 백성도 너무 지쳐 있어 강을 그냥 건너는 것은 자살 행위입니다."

이 말까지 마친 제갈공명은 뒷말을 꺼내기가 어렵다는 듯, 망설이다 힘겹게 말했다.

"더는 방법이 없겠습니다. 제가 생각지 못한 복병입니다. 죄송합니다, 주공."

그때 유비가 장비를 바라봤다.

"형님, 미안하게 됐소. 나는 그냥……."

"그게 아니다, 장비야. 너는 너의 할일을 다 하였다. 그래도 내 부탁 하나만 들어주겠느냐?"

"여부가 있겠소."

"그럼 이 형님, 목마 한 번 태워 줘라."

장비가 몸을 숙이자 유비가 그의 어깨에 올라탔다. 거구 장비 위에 올라앉은 유비를, 모든 사람들이 쳐다보았다. 유비가 침착하고도 비장하게 외쳤다.

"나는 황실의 후손 유비요. 나는 우리 조상들이 대대로 살아온 아름답고 영광스런 나라, 한나라를 되살리고자 지난 25년 간 쉬어본 적이 없소."

고함을 치고 있는 것도 아닌데 잔잔하게 멀리 울려 퍼지는 목소리에 백성들과 장수들은 유비 앞으로 더욱 모여들었다.

"지금 역적의 손에 천자께서 인질로 잡히신 지도 어언 20년. 그동안 나라는 더욱 황폐해지고, 주인을 잃은 백성들은 각 지방에서 일어나는 각종 역적들의 세력에 떠밀려 마치 하루살이처럼 살게 되었소. 도적질을 하지 않고서는 살아갈 수가 없는 나라, 그 나라가 내 나라, 우리들의 나라가 되어 버렸소. 그렇기에 나는 천자를 구하고 질서를 바로 세워, 다시 이 나라 백성들이 마음껏 농사 짓고, 이 나라 관리들의 상과 벌이 분명해지는, 그 소박하고도 힘겨운 꿈을 꿔왔소. 내 보잘 것 없는 목숨을 바쳐 노력해 왔건만 이제는 벼랑 끝에 몰린 듯하오. 하지만!"

유비는 자신을 쳐다보고 있는 수많은 눈들을 하나하나 마주치며 천천히, 그러면서도 분명히 말했다.

"나는, 황실의 후손으로서 우리들의 나라를 살리기 위해 끝까지 포기하지 않을 것이오. 나는, 무릎 꿇고 사느니 서서 죽겠소! 여러분들은 어떻게 하겠소?"

평소의 얌전하고 겸손한 말투와 달리 위엄 있는 유비의 연설에 제갈공명은 놀라 그를 멍하니 쳐다보고 있었다. 그때 갑자기 병사들이 고함쳤다.

"서서 죽겠습니다!"

백성들도 모두 일어나 소리쳤다.

"유 황숙의 뜻이 곧 저희 뜻입니다. 서서 죽겠습니다!"

한마음으로 똘똘 뭉친 함성이 이어졌고, 그 기세에 제갈공명이 또 한 번 유비에게 크게 감동했다.

'아, 내가 주군을 정말 잘 만났구나. 이분을 평생 모시리라.'

그렇게 모두 비장한 마음으로 배수의 진을 친 채 전열을 가다듬었다. 멀리서부터 달려오는 조조 군이 일으킨 먼지바람이 보였다. 그때 조자룡이 외쳤다.

"주공, 배들이 몰려오고 있습니다!"

유비는 물론 모든 이들이 고개를 돌려 강 쪽을 바라보았다. 앞서 오는 뱃머리에 전포 자락을 휘날리며 유기가 서 있고, 그 뒤로 배 수백 척이 몰려오고 있었다. 유기가 큰 소리로 인사를 올렸다.

"숙부님, 조카가 왔습니다."

"와, 살았다, 만세!!"

백성들이 좋아서 팔짝팔짝 뛰는데, 장비가 고함을 질렀다.

"형님, 반대쪽에도 배가 오고 있소!!"

혹시나 조조 군이 벌써 강으로 추격했나 싶어 놀란 유비가 뒤를 돌아봤다. 그런데 익숙한 붉은 얼굴이 팔짱을 낀 채 배를 몰아오고 있는 게 아닌가. 관우였다.

결국 유비 군과 백성들은 모두 배를 타고 무사히 강을 건널 수 있었다.

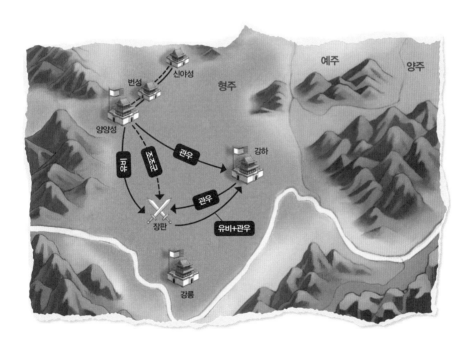

서로 손을 잡아 끌어주고 밀어주니, 이보다 더 훈훈한 광경이 있을까.

노예였던 유대 민족을 이집트에서 탈출시켜 약속된 땅으로 이끈 모세의 출이집트기가 성경에 있다면, 삼국지에는 유비가 백성들을 이끌고 형주를 가로지른 '출형주기, 조조를 벗어나기 위한 여정'이 있었네요. 뜨거운 전우애로 조조 군을 따돌리고 기적을 이뤄냈습니다. 백성이 나를 버려도 나는 백성을 버리지 않는다는 약속을 유비가 끝까지 지키게 됐네요. 한마음 한뜻으로 그들은 무사히 유기의 근거지인 강하에 입성할 수 있었답니다. 정성이 지극하면 하늘도 감동한다는, 지성이면 감천이라는 말이 떠오르는 대목이 아닐 수 없지요?

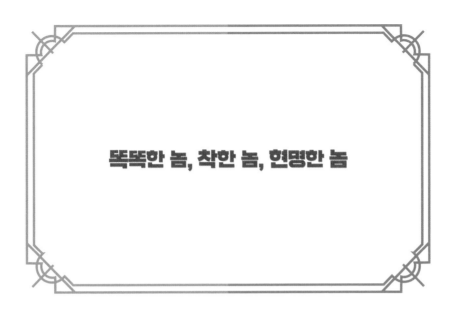

똑똑한 놈, 착한 놈, 현명한 놈

"내가 천하를 버릴지언정, 천하가 날 버리게 놔두진 않으리."

조조가 작은 아버지와 같은 여백사를 가차없이 죽인 뒤에 했던 말이지요.

"백성이 날 버릴지라도, 나는 결코 백성을 버리지 않을 것이다."

이는 피난길 위에서 유비가 제갈공명에게 했던 말이고요.

두 사람의 리더십이 어떻게 다른지 잘 보여주는 명언들이 아닐 수 없습니다. 조조는 필요한 사람을 얻기 위해선 정성을 다하지만 자신에게 해가 될 거라고 생각되면 망설임 없이 버리기도 했죠. 승리라는 목표를 이루기 위해서 온갖 방법을 써서 결국 이기고야 마는 사람이었어요. 굉장한 카리스마와 뛰어난 능력으로 사람들을 이끌었죠. 그리고 정말 똑똑한 사람이었어요. 삼국지의 대표적인 지장입니다.

반면 유비는 조조에 비해 능력은 다소 모자라 보일 수 있지만, 진정성과 의리로 똘똘 뭉친 사람이었어요. 사람들의 마음을 이해하고 공감하여 그들이 죽음까지 불사하며 충성하도록 만들어내는 사람이었습니다. 의심의 여지없이 덕장이지요.

그렇다면 강동의 손권은 어떤 리더였을까요? 한마디로 그는, 현명한 사람이었습니다. 형 손책이 병으로 세상을 뜬 뒤, 손책의 유지에 따라 손권이 왕위에 올랐습니다. 그때 그의 나이 불과 만 17세였답니다. 유비와는 스물 한 살, 조조와는 스물 일곱 살이나 차이 났네요. 하지만 손권은 결코 미숙한 리더가 아니었습니다. 어릴 때부터 그가 한마디씩 툭툭 던질 때마다 어른들이 깜짝 놀랄 만큼 어른스러운 데가 있어, 별명이 애어른이었거든요. 그만큼 상황 판단이 빠르고 현명했답니다.

손권의 리더십을 살펴보면, 유비와 조조의 장점을 합쳐 놓은 듯해요. 상황에 따라 유비처럼 혹은 조조처럼 다른 모습을 보이는 유연함이 있거든요. 솔직히 유비는 융통성이 없잖아요. 덕을 좇다가 가끔 주변 사람들이 고구마를 먹은 듯한 답답함을 느끼게 하죠. 조조는 때론 너무 매정하다고 느껴지기도 하고요. 하지만 손권은 중도를 지키며 현명하게, 강동 지역을 지켜 나갑니다. 어린 나이에 왕위에 올랐음에도 나이 많은 신료들의 존경을 받을 수 있었던 것도 바로 이런 이유 때문이랍니다. 대표적인 일화 하나를 소개할게요.

둘째 아들 손권이 강동의 주인 자리에 오르자, 가장 걱정이 컸던 사람은 어머니 태부인이었다. 태부인은 남편인 손견이 죽은 후부터 강동의 국모

역할을 해왔다. 정치에 직접 개입하지는 않았지만, 첫째 아들인 손책이 국사를 의논할 때 제일 먼저 찾은 이가 바로 그녀였던 것이다. 둘째 아들이 어린 나이에 왕이 되었을 때 태부인이 가장 경계한 인물은 주유 장군이었다.

'주유를 따로 불러 타이를까?'

태부인은 이런 생각을 하기도 했다. 하지만 어린 아들을 치마폭에 감싸 안는 꼴이 될 게 뻔했다. 뾰족한 방도가 없어 근심이 깊어가던 차에 주유가 그녀를 찾아왔다.

주유가 누구냐고요? 강동의 명장으로, 오늘날로 치면, 육군·해군·공군 작전을 총 지휘하는 합동 참모 의장 같은 존재였어요. 만일 그가 권력욕을 품었다면, 손권이 왕위에 올랐을 때 쿠데타를 일으킬 수도 있었던 거지요. 사실 주유가 그런 쿠데타를 일으킨다면 그를 따를 사람들도 많았을 거예요. 왜냐면 주유는 젊은 나이에 세상을 떠나 버린 손책과 어렸을 때부터의 친구로, 개국공신처럼 지금의 강동이 자리잡는 데에 큰 힘을 보탰거든요. 손책과 주유를 믿고 따르던 수많은 강동의 영웅들은 아직 어린 손권에 대해서는 확신이 없었구요. '차라리 주유가 이어받았다면 더 좋았을 것을.' 하고 내심 생각하는 사람들도 있었을 겁니다. 그런데 주유가 태부인 앞에서 손권에 대한 충성을 맹세합니다. 과연 무슨 일이 있었던 걸까요? 주유가 태부인을 찾아가기 며칠 전으로 잠시 돌아가 봅시다.

강동 내 여론을 아는지 모르는지, 주군의 자리에 오른 손권은 지체 없이 국경 지역을 지키고 있던 주유를 강동의 수도격인 시상으로 불러들였다. 그러더니 진심 어린 눈빛으로 이렇게 말하는 것이 아닌가.

"장군, 형님이 세상을 떴는데, 아무래도 제가 강동 지역을 끌어안기에는 어리고 미숙합니다. 주군의 자리를 장군께 드리고 싶으니, 부디 제 뜻을 받아 주세요."

뜻밖의 제안에 주유가 깜짝 놀라 대답했다.

"주공, 무슨 말씀이십니까? 손책 주공의 유지를 받드셔야지요."

"아닙니다. 사방에서 분명 우리 강동을 넘볼 텐데, 그걸 막아내기엔 제 힘이 너무 약합니다. 부디 깊이 생각하시고 답을 주십시오."

어안이 벙벙해진 주유는 고민에 잠겼다. 가장 친한 친구이자 주공이었던 손책의 죽음에 대한 애도가 채 다 끝나기도 전에, 손권의 리더십에 대한 우려들을 곳곳에서 듣던 그였다. 그러나 그 어떤 말도 쉽게 할 수 없었다. 자칫 잘못하다 역적으로 몰릴 수도 있었다. 그런데, 손권의 눈빛이 워낙 진지한 걸 보면 정말 그렇게 해달라는 뜻 같기도 했다.

이래저래 혼란스럽던 와중에, 시상에 와 나라의 어르신에게 인사를 드리는 것은 당연한 예인지라 태부인을 방문하게 된 것이다. 마치 또 다른 아들과 같이 오랫동안 주유를 봐온 태부인은 그의 표정이 심상치 않다는 것을 바로 알아보았다. 무슨 일이냐고 묻자, 주유는 망설이면서도 숨김없이 이야기하였다. 주유의 말을 들은 태부인은 속으로 흠칫 놀랐지만 애써 태연한 척 그에게 물었다.

"주유 장군은 내 아들 권이가 어떤 맘으로 그런 제안을 한 거라 생각하시오?"

"제 마음을 떠보려는 것인지, 다른 뜻이 있는지, 사실 잘 모르겠습니다."

"나는 우리 아들 권이를 잘 알지요. 결코 계략이나 꼼수가 아닙니다. 권이는 진심을 담아 주유 장군에게 간청한 것이오. 어떤 사람이 리더가 되어야 강동과 백성을 지킬 수 있을지 권이는 오직 그 고민만 했을 겁니다. 결국 자기보다 주유 장군이 제격이라고 생각해 그런 제안을 한 것이지요."

이 말을 들은 주유가 무릎을 꿇고 뜨거운 눈물을 흘렸다. 사실 주유도 코흘리개 때부터 봐온 손권이 잘 해낼 수 있을지 걱정되었던 것이 사실이었다. 그러나 강동의 백성을 위해 자신의 기득권을 기꺼이 내려놓을 수 있는 인물이라면, 나이가 어떻든지 간에 얼마든지 목숨 바쳐 모실 수 있었다. 게다가 그 주공이 자신을 이렇게 믿어 주는데, 잠시라도 불순한 생각을 품었던 게 부끄러워 견딜 수 없었다.

"저 주유, 하늘에 계신 손견, 손책 주공, 그리고 모든 천지신명께 맹세합니다. 죽는 그날까지 태부인과 손권 주공께 충심을 다 바치겠습니다."

사실 손권 역시 주유가 두려웠겠죠. 하지만 칼이 아닌 진심으로 내부의 적을 끌어안은 것입니다. 역사적으로 리더들이 내부 세력을 정리할 때 여러 방법을 썼는데요. 조선의 제 3대 왕인 태종 이방원의 경우는 칼로 피를 뿌렸지요. 고려 말 문신이던 정몽주부터 조선 건국에 혁혁한 공을 세운 정도전까지 모조리 없앴습니다. 난을 일으킨 친형 방간 역시 귀양 보냈고요. 자신과 뜻이 다르거나, 반대 세력을 키우려는 자들은 모조리 내치면서 왕권을 강화시킨 겁니다.

반대로 고려를 건국한 태조 왕건은 적을 끌어안는 리더십을 보입니다. 자신의 왕권을 위협하는 지방의 호족들에게 왕 씨 성을 하사하는 사성정책으로 포용하거나, 그들의 딸들과 정략혼인을 맺기도 했죠. 그리고 고려를 세운 공신들에게 역할에 따라 토지를 나누어 주는 역분전을 시행하는 등 포용의 리더십을 보였어요.

손권은 마치 우리 고려의 왕건처럼 진정성으로 충심을 이끌어낸 리더였지요. 내부의 적을 끌어안음으로써 진짜 내 사람으로 만들 줄 아는 리더, 그가 바로 손권이랍니다. 그가 강동 지역의 신하들뿐 아니라 백성들까지 잘 안정시켜 마치 나라와 같은 형태를 띠게 되자, 사람들은 손권이 다스리는 지역과 그 세력을 '동오'라고 부르게 됐습니다.

조조의 전성시대,
공공의 적이 되다

강동 지역은 지금의 상하이 쪽이에요. 중국의 경제 중심지지요. 예부터 땅이 비옥한데다 장강을 끼고 있어, 먹고 살기 좋은 풍요로운 곳이랍니다. 사실 이 지역의 호족 출신인 손 씨 일가는 강동만 사수해도 태평하게 지낼 수 있었답니다. 그래서인지 손권은 공격적으로 다른 지역을 침범하기보다는 강동을 지키는 것에 집중했습니다.

그런데 그런 손 씨 일가가 차지하려고 호시탐탐 틈을 노리던 지역이 있었으니, 바로 방금까지 유비가 머물고 있던 형주입니다. 왜일까요? 강동의 1대 주인, 손견이 전쟁 중에 목숨을 잃었다는 것 기억하시나요? 그런데 그 전쟁이 바로 형주의 유표와의 전쟁이었습니다. 손견이 낙양에서 옥새를 발견한 것 기억하지요? 그 옥새를 놓고 싸우다 최후를 맞이한 거지요. 그 뒤부터 강동의 철천지원수는 형주였답니다. 형주만큼은 반드시 발아래 두겠다며 별러왔던 거지요. 우리가 6.25전쟁 이후 반공 교육을 받았듯, 강동 사람들도 어릴 때부터 형주 탈환 교육을 받아 왔답니다.

근데 현재 형주를 차지한 이가 누구지요? 바로 조조입니다. 당시 조조는 형주까지 세력을 뻗어 100만 군대를 이끌 만큼 전성기를 누리고 있었어요. 일생일대 최고의 때를 맞이한 조조는 어떤 마음이었을까요? 천하를 얻은 듯 기고만장했을 겁니다. 마치 전성기 시절의 원소처럼 말이죠. 오랫동안 비단옷을 입고 기름진 음식만 먹다 보니, 조조 특유의 날카로움이 무뎌진 상태였답니다.

조조는 지략이 뛰어나고 전세 판단이 빠른 리더였지요. 의심도 많았고요. 의심 많은 성향이 꼭 좋은 건 아니지만 전쟁 중에는 장점으로 작용하지요. 그런데 이런 면모들이 점점 사라져 간 겁니다. 대신 욕망만 커져 갔지요. 중국은 전통적으로 지금의 베이징이 있는 황하강 지역이 권력의 중심인 국가입니다. 베이징을 떡하니 차지하고 있던 조조 입장에서 상하이가 탐이 났을 거예요.

강동 지역만 차지하고 나면 천하 통일을 거의 이루는 조조는, 어린 손권 정도는 쉽게 좌지우지할 수 있으리라 생각이 들었습니다. 그래서 손권에게 편지를 하나 보내지요.

조조의 편지 내용은 간략했다.

"항복하시오. 그러면 죽을 때까지 편히 살게는 해 줄게."

하지만 손권은 우습게 볼 상대가 아니었다. 아무리 조조가 지금 강대하다지만, 아버지와 형이 목숨 바쳐 세우고 지켜낸 땅과 백성을 쉽게 넘길

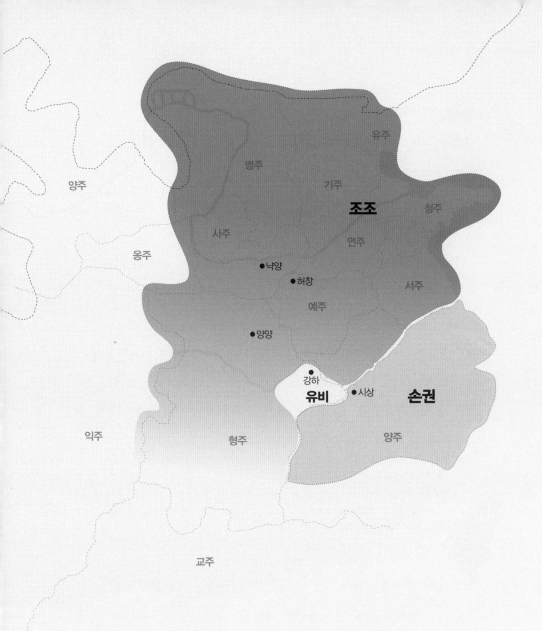

수 없었다. 그 피값으로 지켜낸 땅을 이렇게 가볍게 넘볼 뿐 아니라 손권
자신을 얕잡아 본 조조의 서신에 손권은 분노가 일었다. 하지만 애써 침착
함을 유지하며 옆에 서 있던 주유에게 서신을 넘겼다.

"이런 서신이 왔습니다만, 어떻게 생각하시오, 장군?"

서신을 읽은 주유가 파르르 떨며 손권에게 청했다.

"주공, 사신을 참수하도록 허락해 주십시오. 그냥 보내면 우리 동오를 얕볼 겁니다."

손권도 같은 입장이었다.

"주유 장군에게 맡기겠소."

결국 손권은 사신의 목과 함께 서신을 다시 조조에게 보내 버렸다. 이에 조조 역시 크게 분노해 동오를 집어삼키려 대군을 일으키기로 했다.

한편 유비는 여전히 어려움에 처한 형세였어요. 강하에 도착해서 유기와 지내며 급한 불은 껐지만, 언제 조조가 들이칠지 모르는 상태였죠. 하지만 일찍이 제갈공명은 조조의 마음을 읽고 있었습니다. 그를 이용해 기회를 포착해야겠다고 생각했지요.

"주공. 큰 적이 하나면, 약자끼리 손을 잡는 법입니다. 손권과 동맹을 맺어 조조를 치셔야 합니다."

유비가 난색을 표했다.

"그의 아버지 손견과는 안면이 있지만, 손권과는 그러질 못합니다. 그 옛날 반동탁 세력 결성 당시 손권은 어린아이였으니 저를 기억이나 하겠습니까? 게다가 지금 세력도 보잘 것 없는데 저들이 우리와 손잡으려 할지 의문입니다."

그러자 제갈공명이 느긋하게 부채질하며 말했다.

"주공, 걱정 마십시오. 그쪽에서 먼저 손을 내밀 겁니다."

그때, 병사 한 명이 달려와 말했다.

"주공, 동오에서 사신이 왔습니다."

"아니 어떻게?"

유비가 두 눈을 크게 뜨고 제갈공명을 바라봤다. 공명은 이미 예견한 일인 듯 태연한 모습이었다.

'선생은 필시 신령이 아닌가?'

그의 속마음을 읽었는지 제갈공명이 빙긋 웃으며 말했다.

"저는 그냥 사람입니다, 주공. 어서 사신을 들게 하시지요."

사신이 들어와 인사를 올렸다.

"손권 주공의 명을 받고 유 황숙을 뵈러 온 노숙이라 하옵니다."

노숙은 강동의 제갈공명이라고 할 수 있어요. 손권이 가장 믿고 의지하는 책사지요. 손권의 무장이 주유라면 문을 담당하는 이가 바로 노숙이랍니다. 앞으로 제갈공명과 노숙, 이 두 책사의 케미를 기대해 봐도 좋습니다.

유비가 정중하게 그를 맞았다.

"노숙 선생, 명성을 익히 들어왔소. 이 누추한 곳에 어찌 나를 보러 오셨소?"

"아시다시피 조조 군이 세를 키우고 있습니다. 그런데 저희 힘만으로는 그를 막아내기 어렵습니다. 조조 군과 여러 번 전투를 치러본 유 황숙의 지혜가 필요합니다. 동오에는 잘 훈련된 군대와 넉넉한 군량이 있고, 유 황숙께서는 전투 경력과 적에 대한 정보가 있질 않습니까? 우리가 힘을 합하면 한나라 황실을 다시 부흥시킬 수 있을 거라 믿습니다."

유비가 어찌해야 할지 몰라 제갈공명을 바라봤다. 제갈공명이 노숙에게 말했다.

"잠시 산책하며 성을 둘러보시는 건 어떨지요?"

자리를 피해 달라는 의미인 걸 알아차린 노숙이 제갈공명에게 간절한 눈빛을 보내며 밖으로 나갔다.

"주공, 이번 일만 잘 풀리면 저희는 어부지리 격으로 이득을 볼 수 있습니다. 제가 바로 강동에 가서 손권을 설득해 조조와 손권의 군사들이 서로 싸우게 만들겠습니다. 만약 손권이 이기면 함께 조조를 물리쳐 형주를 차지하고, 반대로 조조가 승세를 잡는다면 그 틈에 손권의 동오를 공격하여 얻으면 됩니다."

유비가 차마 '그거 참 좋은 계략이오.'란 말을 못하고, 어렵게 입을 열었다.

"우리가 명장과 책사를 모두 갖추었는데, 아직까지 터전을 마련하지 못하고 있으니 한스러울 뿐입니다. 하늘이 내려주시는 곳이 있다면 어디든 감사히 받아야지요. 이 모든 일을 공명 선생께 맡기겠습니다."

"주공께선 군마를 정비하여 준비하고 계십시오. 제가 좋은 소식을 가져오도록 하겠습니다."

제갈공명이 노숙을 따라 동오로 향하는 배에 몸을 실었다. 사실 노숙의 목표는 유비를 이용해 조조를 막아내는 것이었다. 조조가 악감정을 가진 건 유비지, 손권은 아니란 걸 노숙은 잘 알고 있었다. 유비 군이 가진 정보와 제갈공명의 지략을 최대한 활용하는 한편, 유비와 조조가 다투는 형세를 만든 후, 동오를 사수하고 형주 탈환까지 할 꿍꿍이였다.

반면 제갈공명은 손권과 조조를 싸움 붙인 다음, 강 건너 불구경을 할 셈이었다. 조조가 이기면 틈을 타 강동을 차지하고, 손권이 이기면 승세를 몰아 형주를 차지할 수 있으니, 그야말로 손 안 대고 코 푸는 격 아니겠는가.

동상이몽이라는 말이 있지요? 같은 침상에서 서로 다른 꿈을 꾼다는 뜻으로, 겉으로는 같은 행동을 하면서 속으로는 다른 생각을 가진다는 말이잖아요? 바로 이 두 사람이 딱 그 짝이네요. 그럼에도 불구하고 이 둘 사이에 전우애가 싹트는데요, 아까도 말했듯 케미가 상당히 재미있으니 지켜봐주세요.

노숙이 배 안에서 제갈공명에게 진지하게 말했다.

"사실 솔직히 말해, 죽기보다 싫은 게, 조조에게 항복하는 거요. 지금 동오는 '투항하자.'와 '맞서 싸우자.'로 국론이 양분화되어 있소. 근데 죽으면 죽었지 어찌 역적 조조에게 무릎을 꿇는단 말이오. 우리 주공께서 명민하기 이를 데 없으시나, 아직 나이가 어리고 전쟁 경험이 없으니 조조의 전력을 물으시거든 별거 아닌 것처럼 얘기해 주시오. 꼭 그래줘야 하오."

"걱정은 접어 두셔도 됩니다. 당부하시지 않더라도 손권 장군께 딱 맞는 말씀만 올리겠습니다."

"공명 선생만 믿겠소."

그러면서 천하의 일들을 논하다 보니 어느새 배가 동오에 도착했다. 손권과 제갈공명이 처음으로 만나, 서로 예의를 갖추니 분위기가 사뭇 화기

애애했다. 제갈공명이 손권의 면모를 살피니 푸른 눈은 마치 옥구슬 같아 당당한 기품이 서려 있고, 눈, 코, 입이 선명한 얼굴엔 강직한 인품이 담겨져 있는 듯했다. 제갈공명은 속으로 생각했다.

'역시 소문대로구나. 적당한 말로 설득하려 해서는 통하지 않겠다.'

제갈공명이 웃으며 말을 건넸다.

"동오의 주인인 손견, 손책 공의 명성을 이어받은 동쪽의 영웅, 흠모하던 명공을 이렇게 뵈옵니다."

이에 화답하여 손권도 그를 방방 띄워 주었다.

"화공과 수공을 번갈아 자유자재로 쓰며, 적은 수의 병력으로 두 번이나 대승을 이끌었다는 공명 선생을 만나니, 천하를 얻은 것처럼 든든하오."

칭찬을 주거니 받거니 하는 동안 술상이 거하게 차려졌다. 술을 마시며 분위기가 무르익자, 손권이 물었다.

"조조 군과 여러 차례 전투를 벌이셨는데, 그들의 군사는 몇이나 되오?"

일체의 머뭇거림 없이 제갈공명이 대답했다.

"못해도 100만은 됩니다."

옆에 앉아 있던 노숙이 깜짝 놀라 움찔하며 눈짓으로 신호를 주었다. 하지만 제갈공명은 짐짓 못 본 체하며 한 술 더 뜨는 게 아닌가.

"그런데 그건 최저치고 사실 150만 정도로 봐야 합니다."

기분이 살짝 상한 손권이 다시 물었다.

"너무 과대평가하는 거 아니시오?"

"있는 사실 그대로 말씀드릴 뿐입니다. 본래 병력이 100만이었는데, 이번에 형주를 차지하면서 150만이 된 것이옵니다."

손권이 술잔을 '탁'하고 소리 나게 내려놓으며 물었다.

"조조가 거짓으로 인원을 불려서 하는 말이 아니겠소?"

"아닙니다. 조조가 연주에서 세력을 키울 때, 이미 군사가 20여 만이었습니다. 관도대전 이후에 원소를 평정하면서 50~60만을 얻은데다가, 중원에서 모집한 병사가 50~60만입니다. 또 형주를 차지하면서 30만이 더해졌으니, 이를 다 더해 보십시오. 어림잡아 150만이 넘습니다. 제가 100만이라 말씀드린 것은 명공께서 놀라실까 걱정해서였습니다."

노숙이 놀란 나머지 술잔을 떨어뜨렸으나, 제갈공명은 태평하게 고기한 점을 입에 넣고 우물거렸다.

표정이 굳어진 손권이 다시 물었다.

"장수들은 얼마나 됩니까?"

"지모와 무공을 두루 갖춘 장수들만 1,000명이 넘습니다."

더이상 참을 수 없던 노숙이 발끈했다.

"대체 무슨 근거로 그런 말을 하는 거요?"

제갈공명은 끝까지 평정심을 잃지 않고 말했다.

"저는 진실만 이야기합니다."

손권이 또 물었다.

"위세를 떨치고 있는 조조의 다음 계획은 뭐라고 생각하시오?"

"강을 따라 진영을 세우겠지요. 지금 군사를 재정비하여 형주 쪽과 북쪽 모두에서 이동시키고 있으니, 필시 강동을 차지하려는 계책이 아니겠습니까?"

손권이 마른 침을 꿀걱 삼키며 애써 침착하게 물었다.

"그럼 우리가 싸워야 한다고 생각하는지, 화친해야 한다고 생각하는지 의견을 주시오."

"명공께서 동오의 군사를 헤아려 힘에 맞게 처신하시면 됩니다. 만약 동오의 군사로 조조 군과 힘을 겨루실 수 있겠거든, 조조와 싸우십시오. 그렇지 못하다면 군사를 거두고 조조에게 무릎 꿇고 큰절을 올려 섬기는 것이 옳은 줄로 압니다."

술잔을 든 손권의 손이 덜덜 떨렸다. 평소 화를 안 내는 성정의 손권이 이 대목에서 평정심을 잃은 것이다. 술잔을 내려 놓고 그가 물었다.

"화친하라는 말씀이오?"

"말이 화친이고 투항이지, 본질은 뭐가 다르겠습니까?"

제갈공명이 계속해서 속을 긁자, 손권은 다른 쪽으로 질문을 돌려 보았다.

"날더러 무릎을 꿇으란 얘기인데, 선생의 주군인 유 황숙 같으면 어떤 선택을 하실 것 같소?"

"저희 주공께서는 황실의 후예로, 온 세상이 그의 비상하신 재주를 알고 모든 이들이 존경하며 따르기를 원하고 있습니다. 싸우다 죽는다면 하늘의 뜻으로 알고 담대히 받아들일 뿐이지, 어찌 고개를 숙여 한나라를 기만하는 역적의 지배를 받을 수 있겠습니까? 절대 항복이나 화친을 하시지 않을 겁니다."

손권의 얼굴이 벌겋게 달아올랐다.

"술을 좀 많이 한 것 같소, 잠시 실례하겠소."

손권이 방밖으로 나가자, 노숙이 제갈공명을 째리면서 발을 동동 굴렀다. 그리고 손권을 뒤따라갔다.

"저런 싸가지 없는 천하의 잡놈은 내 평생 처음 보오. 저놈이 나를 업신여기는 것이 아니오? 당장 참수하라 명하고 싶지만, 동오의 예라는 게 있으니 참아야지 어쩌겠소. 얼른 저 자를 쫓아내시오."

노숙은 손권이 욕설을 내뱉는 걸 처음 들었다. 그 어떤 상황에서도 예를 갖춰 조곤조곤 말하던 그였기 때문이다. 하지만 노숙은 동오가 조조에게 항복하지 않고 싸우려면, 실전 경험이 반드시 필요하다는 것을 알고 있었다. 그 역시 지금 제갈공명의 언사가 불쾌했지만, 감정을 꾹 누르고 손권의 두 손을 잡으며 간언했다.

"주공, 신도 공명의 말이 지나치다 생각하나, 그는 반드시 뜻이 있어 그리 말한 걸 겁니다. 화를 다스리시고, 다시 한 번 그에게 조조를 물리칠 방법을 물어 보시는 게 좋을 것 같습니다."

흥분하던 손권이 잠시 생각하더니 입을 열었다.

"그렇지. 내가 동맹을 맺을 결연한 의지를 갖고 있는지 떠보는 것일 수 있으니, 다시 이야기를 나눠 보겠소."

방에 다시 들어온 손권이 표정 관리를 하며 제갈공명에게 술을 한 잔 권했다.

"공명 선생, 나 역시 유 황숙과 같은 뜻이오. 무릎을 꿇느니 싸워 죽기를 택할 것이오. 그러니 의심을 거두고 적을 물리칠 계책을 소상히 알려주시오."

제갈공명도 고개를 살짝 숙이고, 손권이 권해준 술을 두 손으로 받아 마셨다.

"조금 전의 무례를 용서하십시오. 조조 군을 깨칠 계략이야 당연히 있으나, 명공께서 싸우실 뜻이 분명하신지 확인한 후에야 알려드릴 수 있었습니다."

그러더니 제갈공명은 여유로운 표정으로 소매 속에서 부채를 꺼내들었다.

"사실, 조조 군이 대단한 것 같아도 속 빈 강정이나 다름없습니다. 첫째, 군사 대부분이 북방 출신인지라 남쪽의 기후와 풍토에 적응하지 못해 병자가 늘고 있습니다. 사실상 조조 군대의 3할은 환자인 셈이지요. 둘째, 저희 주공과의 전투로 병사들의 피로감이 상당합니다. 병력의 2할은 별 힘도 못 쓰는 상태입니다. 셋째, 조조와 장수들은 교만이 하늘을 찌르고 있으니, 지략과 판단력이 떨어졌을 겁니다. 넷째, 병력의 2할은 형주에서 잡혀온 포로들로 조조에게 충성심이 없습니다. 실상 조조 군사라고 보기 힘들다는 뜻이지요. 그리고 결정적으로 다섯째, 조조 군은 대부분 북방 출신이라 육전에는 강하나 수전에는 약합니다. 배 위에서 우리를 향해 활을 조준하기는커녕 멀미를 참느라 똑바로 서 있기도 힘들 것입니다. 이래저래 힘을 쓸 수 있는 병력은 많지 않을 것입니다.

반면 저희 주공께서는 이번에 패하셨지만, 강하에서 재정비하고 충원한 병사가 2만은 능히 넘습니다. 병력은 비록 2만이지만 끊임없는 실전에서 살아남은 최고의 전사 중의 전사들입니다. 그리고 우리 주공과 저는 여러 차례 조조 군을 상대했기 때문에 그들의 약점과 전략을 손바닥 보듯 꿰고 있습니다. 따라서 우리의 병력은 2만이나, 전략은 20만 이상이라 셈할 수 있겠습니다. 거기에 지형지물에 밝고 수전에 능한 동오의 군사들이 있으니 우리가 연합한다면 두려울 게 무엇입니까? 이번 전쟁에서 조조를 이긴다면 명공의 기세가 천하를 뒤덮을 것은 당연지사인데 어찌 고민하고 계십니까?"

제갈공명의 말에 손권의 얼굴이 환해지며 무릎을 탁 쳤다.

"그대의 말에 속이 뻥 뚫리는 듯하오. 그렇다면 이번에 조조와 맞서 대승을 이뤄 봅시다."

옛날 배는 움직임이 격렬해 멀미가 심했답니다. 배 안에서 활 쏘고 싸우는 것은 둘째 치고, 제대로 서 있기도 힘들었다는 뜻이지요. 그러니 육지에서만 전쟁을 치러본 북방의 병사들은 수전에 불리할 수밖에요. 제갈공명은 이렇게 화려한 언변으로 결국 손권과 조조가 싸우게 만들었습니다.

유비를 적당히 이용해 전면전은 피하려던 노숙도 제갈공명의 말에 설득되어 조조를 완전히 깨뜨리겠다고 마음먹게 되었네요. 과연 제갈공명의 생각대로 손유 연합군이 조조 군을 이길 수 있을까요?

　손권은 문무 신료들을 다 모았다. 이미 그는 결정을 내린 후였지만, 신하들의 뜻을 묻기 위함이었다. 신료들은 전쟁을 주장하는 주전파와 화친하자는 주화파로 팽팽하게 나뉘어 있었다. 주전파는 주로 무신들로 이뤄져 있었고 주화파의 대부분은 문신들이었다. 주화파에선 장소라는 책사가 대표였다.

　"주공, 아무리 조조 군이 여러 번의 전투로 지친 상태라 하지만 실전 경험이 대단합니다. 반면 우리 동오는 전투 경험이 부족한데, 어찌 그들을 대적할 수 있겠습니까? 싸우면 반드시 패할 것이고, 항복하면 화를 면할 것입니다. 조조와 화친을 맺고, 동오의 평화를 지키소서."

　반면 주전파의 대표는 단연 주유 장군이었다.

　"주공, 그렇지 않습니다. 조조는 지금 경솔히 덤비는 겁니다. 저들은 북방 출신이라 풍토와 기후에 적응하지 못해 병자들이 속출하고 있습니다. 게다가 육전 경험만 많지 수전에는 약합니다. 조조의 군사가 교만하여 이렇듯 생각을 깊이 하지 않고 출정했으니, 장강에서 우리와 대적한다면 조조는 반드시 패할 것입니다."

　주유의 논리에 손권이 속으로 흠칫 놀랐다. 어제 제갈공명이 한 말과 똑같았기 때문이다. 손권은 주유의 뜻이 자신과 같다는 걸 확인하고 안심이 되었다. 하지만 한쪽에서 주화파들은 계속해서 화친을 권했고, 다른 한쪽에서 주전파들도 주장을 멈추지 않았다. 손권은 입을 꾹 다물고 생각을 하더니 갑자기 자리에서 벌떡 일어나 칼을 뽑아 들었다. 그러더니 칼로 탁자의 모서리를 힘껏 내리치는 게 아닌가. 모서리는 단번에 잘려 바닥으로 떨어졌다. 평소와 다른 살벌한 모습에 신료들이 입을 다물지 못했다.

"동오의 백성들과 하늘에 계신 아버지 손견, 형님 손책의 이름을 걸고 맹세하겠소. 나 손권, 조조에게 굴복하느니 싸우다 죽는 걸 선택할 것이오. 조조가 천자를 모신 후로 오직 자신의 사욕에 눈이 멀어, 한나라의 사직이 무너지고 있는 걸 모두 알지 않소? 어찌 내가 조정을 기만한 조조 놈과 화합하여 살 수 있겠소? 주유 장군의 말이 맞소. 우리 동오가 하나되어 그들과 맞서면 이기지 못할 이유가 없소. 지금부터 항복을 입에 담는 자는 이 탁자와 같이 될 것이니 명심하시오."

"명을 받들겠습니다."

주공이 확고하게 결정을 내린 것을 깨닫고, 신료들이 고개를 숙이며 한 목소리로 외쳤다.

"지금부터 주유 장군을 대도독으로 임명하니, 명을 받드시오."

손권이 그에게 검을 내리자 주유가 왼 무릎을 꿇고 칼을 받들며 말했다.

"주공의 명을 받들겠습니다."

대도독은 군대를 통솔하고 지휘하는 벼슬이랍니다. 지금으로 치면 총사령관이지요. 이때 전쟁을 반대한 신료들은 어떤 표정을 지어야 할지 몰라 난감했겠지요? 어쩌면 내쳐질지도 모른다는 위기의식을 느꼈을 겁니다. 하지만 이때 손권은 머릿속에 어젯밤 태부인과 나눈 대화를 계속 떠올리고 있었어요.

"권아, 형이 죽기 전에 뭐라고 했더냐? 나라를 다스리며 혼자 결정 못할 일이 생기면, 안의 일은 장소에게 묻고, 바깥일은 주유와 상의하라 하질 않았더냐?"

"어머니, 잘 알고 있습니다."

"근데 무얼 걱정하는 것이냐?"

"어머니 제가 두려운 건 조조 군과의 대전이 아닙니다. 내분이지요. 우리끼리 서로 단결이 안 되는데, 어찌 외부의 적을 물리칠 수 있겠습니까?"

태부인이 손권을 대견한 듯 바라보며 말했죠.

"네가 생각이 깊은 줄은 알고 있었지만, 기대 이상이구나. 요 며칠 통 잠을 이룰 수 없었는데 오늘밤은 편히 잘 수 있겠다."

그렇게 내부 단결을 위해 고민하다가 일단 단호하게 의견은 통일시킨 것이죠. 그러나 손권은 이 정도에서 만족하지 않았습니다.

주유에게 검을 내린 후, 손권이 장소 쪽으로 걸어가더니 그의 손을 잡았다.

"이번 전쟁에 필요한 군량과 보급의 모든 권한을 경에게 맡길 것이오. 부디 동오 대군을 위해 힘써 주시오."

장소가 고개를 조아리며 말을 더듬었다.

"주공, 저, 저는⋯⋯."

"항복을 권한 걸 말씀하시는 겁니까?"

장소가 말을 잇지 못한 채 쩔쩔맸다.

"어떤 주장을 했던 간에 다 근간은 충심 아니었겠소. 우리 동오의 흥왕을 위한 마음은 여기 있는 이들 모두 똑같다는 걸 잘 아오. 경만큼 동오의 재정에 능한 자가 누가 있겠소. 경의 보좌가 아니었다면 형님이 동오의 기틀을 잡지 못했을 것이며, 오늘의 번영도 없었을 것이오. 내 이리 부탁하니 경이 부디 동오를 지켜 주시오."

급기야는 눈시울이 붉어진 손권이 장소를 향해 90도로 허리를 굽혔다. 이에 장소가 눈물을 펑펑 쏟으며 큰절을 올렸다.

"주공!"

손권이 그를 일으켰다. 그리고 함에 든 동오 인장을 가져와 그에게 건네며 말했다.

"이 인장은 아버지와 형님의 명령과도 같소. 장소는 명을 들어라. 그대를 동오의 수도인 시상 수호와 전방 부대 지원에 대한 총책임자로 임명하니, 동오의 대군을 지원하라."

"주공! 명을 받잡고 충심을 바치겠습니다."

손권의 부드러운 카리스마 덕에 문무신의 마음이 하나로 단결되었네요. 지난번 주유를 품을 때와는 또 다른 방식을 썼지요? 처음에는 마치 조조처럼 무시무시한 위엄을 내보였잖아요. 칼을 빼들어 탁자 모서리를 내리칠 만큼요. 하지만 이후엔 어땠나요? 유비처럼 눈물로 호소하며 사람을 품었습니다. 조조와 유비의 장점을 겸비한 리더가 손권이라는 말에 공감이 되는 대목이지요?

위기의 공명, 미션 임파서블

'장강의 도도한 흐름을 어떻게 막으랴?' 라는 표현이 있습니다. 지금은 양쯔강이라 불리는 바로 이 장강이 강동 지역을 북방 세력으로부터 지켜 주고 있었어요. 말이 강이지 거의 바다 수준이거든요. 밀물과 썰물이 오가 는데다 성난 파도도 치는 엄청난 강입니다. 조조는 형주를 얻으면서 장강 이남에도 세를 뻗치게 되긴 했지만 아직 형주 남쪽은 안정이 되지 않았었 어요. 게다가 가장 중요한 군량미와 지원 부대가 있으니 조조는 결국 장강 을 끼고 전쟁을 하게 됩니다.

장강이 지나는 광대한 땅 중에 한 지역 이름이 적벽인데요. 적벽대전은 많이 들어봤을 거예요. 조조 군과 손유 연합군이 적벽에서 벌인 대규모 전 쟁이지요. 삼국지의 꽃이라 해도 과언이 아닐 만큼 흥미진진하답니다. 덕 분에 이를 모티브로 한 영화나 연극 등의 문화 콘텐츠도 상당히 많고요.

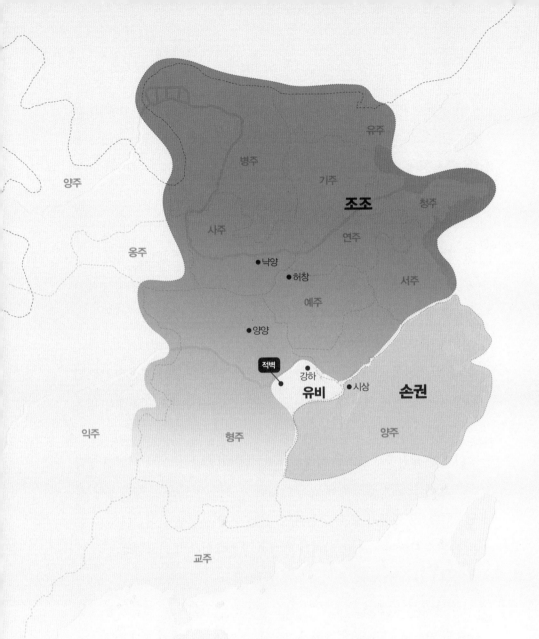

적벽대전의 관전 포인트는 양측의 치밀한 심리전이지요. 심장을 두근두근
하게 하고, 손에 땀을 쥐게 만들거든요. 서로 속고 속이는 흥미진진한 적
벽대전 이야기 속으로 들어가 볼까요?

조조 군은 이미 100만 명의 대군을 이끌고 동오로 향하고 있었다. 100만 명이 강으로 이동하기 위해 무려 약 8,000척의 배를 만들어 적벽에 진을 쳤다. 육전에는 강하나 수전 경험은 미비했던 조조는 대체 어떤 배짱이었을까?

다행히 형주를 점령하면서 수전 경험이 있는 장군들이 수하에 몇 생겼던 것이다. 그들이 바로 채모와 장윤이란 자였다. 이중 채모는 유표의 둘째 부인 채부인의 동생으로, 형주에서 군을 다스린 지 오래였다. 조조가 이들을 불러 물었다.

"어떻게 해야 우리가 이길 수 있겠나?"

"승상, 전함을 만드는 건 어렵지 않습니다. 하지만 군사 훈련은 녹록치 않습니다. 강 위에 영채를 지은 다음 노젓기부터 배 위에서 전투하는 법까지 훈련할 시간이 꽤 많이 필요합니다."

이 말을 새겨들은 조조는 장강 위에 영채를 지었다. 물 위에 세워진 영채의 모습은 드넓은 장강을 뒤덮은 거대한 수중 도시 같았고, 장관 중에 장관이었다. 그 안에서 조조 군은 강도 높은 수전 훈련에 들어갔다. 이때부터 손유 연합군과 조조 군 사이의 팽팽한 전운이 감돌기 시작했다.

대도독으로 임명된 주유 역시 전쟁 준비에 돌입했지요. 제갈공명은 늘 노숙과 함께 작전 회의에 들어가 조조를 처부술 전략에 대해서 주유에게 조언했습니다. 주유에게 제갈공명은 어떤 존재였을까요? 대승을 이루기 위해 충분히 이용은 하되, 승리를 하고 나면 바로 없애야 할 사람이었습니다. 지금은 공동의 적 앞에서 손을 잡지만, 조조가 무너지고 나면 천하통일 목표를 위해서 언제든 적이 될 수 있다는 것을 알고 있었거든요. 그러니 주유 입장에서는 필요악 같은 존재였던 겁니다. 여기에 또 하나, 주유도 제갈공명이 대단한 책략가란 걸 잘 알고 있었어요. 명색이 총사령관인데, 제갈공명이 자기 머리 위에서 놀면 군사들 앞에서 체면이 말이 아닐 겁니다. 그러니 초장부터 기선 제압을 해야겠다고 생각했지요. 이런 이유로 조조를 치기 전부터, 이 두 사람의 기 싸움이 시작되는데요. 과연 승자는 누구일까요?

제갈공명은 손권이 특별히 마련해 준 별채에서 머물고 있었다. 어느 날 주유로부터 제갈공명을 만나고 싶다는 전갈이 왔다. 제갈공명이 오니 주유는 예를 갖추어 깍듯이 제갈공명을 대했다.

"신출귀몰한 공명 선생과 함께하니 이거 참 든든하오. 선생의 고견을 좀 듣고 싶은데. 적벽 근처에서 전투를 치르려면 어떤 공격법이 가장 유리하다고 생각하시오?"

"허허, 수전의 영웅 주유 대도독께서 제게 뭐 그런 걸 다 물어보십니까. 저보다 훨씬 더 잘 알고 계실 텐데요."

"다른 뜻은 없소. 진짜 궁금해서 여쭤보는 거요."

제갈공명이 그를 흘깃 보더니 알 수 없는 미소를 지으며 대답했다.

"넓은 강물 위에서야 화살 공격이 제격이겠지요."

주유가 기다렸다는 듯 받아치며 말했다.

"역시 선생의 생각이 나와 일치하는군요. 그런데 지금 군중에 화살이 넉넉지 않아 여간 골치 아픈 것이 아니오. 공명 선생께 부탁 하나만 드려도 되겠소? 수고스럽겠지만 화살 준비를 좀 도와주셨으면 하오. 이는 우리의 승패와 관련된 일이니 부디 들어주셨으면 하오."

"대도독께서 부탁하시는데 제가 어찌 몸을 아끼겠습니까? 언제까지, 얼마나 필요하신지요?"

주유가 입가에 미소를 흘리며 대답했다.

"100만 대군을 상대하려면 못해도 10만 개는 있어야 하지 않겠소? 제가 선생께 열흘의 시간을 드리겠소."

제갈공명 역시 미소를 머금은 채 주유의 눈을 뚫어지게 바라봤다. 본의 아니게 눈싸움을 하게 된 주유가 민망한지 시선을 피하며 헛기침을 했다. 그러자 제갈공명이 자못 심각한 표정으로 이렇게 말하는 게 아닌가.

"대도독, 전쟁이 코앞인데, 열흘이라니요. 조조의 군사가 언제 쳐들어올지 모르는 판국에, 이 공명에게 너무 많은 여유를 주십니다. 제가 사흘 만에 준비해드리지요."

주유가 눈을 치켜뜨고 제갈공명을 바라봤다.

"지금 사흘이라 하였소?"

"그렇습니다. 오늘은 날이 저물었으니, 내일부터 사흘 간 준비하도록 하지요. 사흘 뒤 오전에 군사 500명을 강기슭에 대비시켜 수거해 가십시오."

주유가 눈을 부라리며 말했다.

"전시 중에 농담은 용납이 안 되오."

제갈공명도 지지 않았다.

"저는 진지하게 말씀드린 건데, 농담으로 들렸다면 사과드리지요. 만일 약속을 어긴다면 군법에 따라 저를 처벌하셔도 좋습니다."

주유는 내심 '이놈 잘 걸렸다.' 생각하며 기뻤지만, 이를 내색하지 않고 병사에게 바로 명령했다.

"군령장을 가져와라."

큰일났습니다. 군령장이 뭔가요? 군사를 통솔하는 자로부터 명령을 받은 이가 그 명령을 이행하지 못했을 때, 처벌받겠다는 내용을 문서화한 겁니다. 참수하겠다고 쓰면 꼼짝없이 참수당해야 하는 거지요. 그런데 아무렇지 않게 제갈공명이 군령장에 사인을 하겠다고 나섰네요. 대체 이게 무슨 일이랍니까? 이 소식을 들은 노숙이 놀라 제갈공명에게 달려왔지요.

"공명 선생, 미쳤소?"

제갈공명은 웬일인지, 주유 앞에서의 당당한 모습은 간데없이 노숙을 원망하였다.

"나를 이곳에 데려온 분은 선생 아니십니까? 대체 사흘 안에 무슨 수로 화살 10만 개를 만들어 냅니까? 이제 곧 죽게 되었으니, 선생께서 절 도와주셔야겠습니다!"

"아니 선생이 화를 일으키고는 어찌 나를 탓하시오? 그리고 제가 아무리 도와준다고 한들, 화살 10만 개는 말이 안 되지 않소?"

억울해 하는 노숙에게 공명이 슬그머니 다가가 속삭였다.

"한 가지 부탁만 들어주시면 됩니다. 쾌선 20척만 빌려 주십시오. 각 배마다 병사는 30명씩이면 충분합니다. 그리고 배 위엔 천으로 장막을 만들고, 짚을 묶은 단 1,000여 개씩을 양쪽에 세워 주십시오. 3일 후 새벽 다섯 시까지 준비해 주시면, 제가 살 수 있습니다."

노숙이 어리둥절한 표정으로 물었다.

"배를 갖고 뭐하실 작정이오?"

"3일 후면 아시게 될 겁니다. 노숙 선생도 나오시지요. 저랑 차나 한 잔 하십시다."

다음날 주유는 사람을 시켜 제갈공명을 미행하게 했다.

"그래, 그 자가 뭘 하고 있더냐?"

"강기슭 정자에 앉아 부채질하고 계시던데요?"

"뭐?"

"하늘을 바라보며 알 수 없는 노래를 흥얼거리는 것 같았습니다."

"으하하하, 그놈이 필시 실성한 게 틀림없다. 활을 만들 생각은 안 하고, 멍하니 하늘이나 바라보고 있다니. 수고했다, 가 봐라."

주유는 '제갈공명 이놈, 식객으로 전락해 눈칫밥이나 먹게 해주마.' 하며 회심의 미소를 지었다.

드디어 3일 후 이른 새벽, 노숙이 약속한 대로 쾌선 20척을 가져왔다.

"서로 흩어지지 않게 배들을 모두 밧줄로 연결하라."

제갈공명이 병사들에게 이렇게 명령하고 나아갈 방향을 일러주었다. 공명이 타자마자 배가 전진하는데 온통 짙은 안개가 강물을 뒤덮어, 바로 옆에 있는 배도 보이지 않을 정도였다.

"대체 어디로 가는 거요? 저 멀리 화살 창고라도 있답니까?"

노숙이 궁금해 죽겠다는 듯 물었다.

"노를 저어 조조의 영채로 갈 예정입니다."

"뭐, 뭐, 조조의 영채? 미쳤소? 공격이라도 당하면 우리 다 죽을 텐데, 지금 한가하게 차나 마시자고 나를 끌어들인 거요?"

"허허, 걱정 붙들어 매십시오. 편히 모시겠습니다."

얼마 후 장수 한 명이 걱정스런 표정으로 제갈공명에게 와 전했다.

"공명 선생, 조조 진영에 너무 가까이 왔습니다. 물러나야 할 것 같습니다만……."

"아니다. 이제부터 있는 힘껏 함성을 지르고 북을 울려라."

이 말에 노숙뿐만 아니라 모든 병사들이 놀랐으나, 제갈공명은 혼자 평안히 차를 마셨다. 병사들이 주춤대자, 제갈공명은 다시 근엄한 표정으로 말했다.

"뭐하느냐, 명대로 하지 않고? 너희들이 하지 않으면 내가 직접 할 것이다."

동이 막 트려는 오전 여섯 시, 안개는 여전히 자욱했다. 이때 제갈공명과 노숙을 태운 배들이 조조 진영 가까이 다가가 북을 둥둥 울리고 함성을 지르니, 잠자던 조조가 벌떡 일어나 밖으로 나왔다.

"무슨 일이냐?"

"지금 동오의 배들이 몰려와 공격 태세를 갖췄습니다."

조조가 강가를 바라보니, 물안개가 자욱했다.

"배를 띄우지 마라. 안개가 이렇게 짙으니 분명 매복병을 숨겨 놓았을 것이다. 나가 싸우지 말고 화살만 쏴라. 아, 보병 군영에서 궁수 1만 명을 불러 같이 쏘도록. 이참에 고슴도치를 만들어 버리자."

"네, 승상!"

조조 군이 일제히 동오의 배들을 향해 활을 쏘니, 그야말로 화살이 비 오듯 쏟아져 내렸다. 그리고 그 화살들은 짚을 잔뜩 실은 제갈공명의 배에 고스란히 착착 꽂히기 시작했다.

"투, 투, 투툭"

배 안에서 이 소리를 듣던 노숙이 깜짝 놀라 물었다.

"비 오는 소리 아니오?"

제갈공명이 허허 웃으며 대답했다.

"화살이 내리는 소립니다."

그제야 제갈공명의 계략을 눈치챈 노숙이 손뼉을 짝짝 치며 웃었다.

"선생은 참으로 귀신이시오. 오늘 이렇게 안개가 끼어 조조가 화살을 비처럼 쏘아댈 줄 어찌 아셨오?"

"모두 하늘의 뜻이지요. 차나 한 잔 더 받으십시오."

한참을 즐겁게 두 사람이 노닥거릴 때, 장수가 다시 와 전했다.

"군사, 짚단에 더이상 화살 꽂힐 자리가 없습니다."

"그래? 그럼 뱃머리를 돌려 반대쪽으로 받아야지."

"알겠습니다."

장수가 돌아가자, 노숙이 자신의 수염을 쓸어내리며 껄껄 웃었다.

"소리로 짐작컨대, 분명 배가 고슴도치가 되었겠소."

제갈공명이 천천히 차를 음미하며 흐뭇한 미소를 지었다.

장수가 반대쪽도 화살로 꽉 찼다고 고했을 땐, 어느덧 해가 떠오르고 자욱하던 안개도 서서히 걷히고 있었다. 제갈공명이 말했다.

"이제 그만 돌아가자."

빠르게 달리기 시작한 뱃머리로 나간 제갈공명이 멀리 뭍에서 삿대질을 하는 조조를 보더니 군사들에게 말했다.

"인사는 해야지. 자, 일동 인사. 승상, 화살 감사합니다!"

"승상, 화살 감사합니다!"

모든 병사들이 일제히 외쳐 인사를 하고 박수를 짝짝 쳤다.

조조가 어떻게 된 일인지 깨닫고 추격을 시작했을 때는 이미 동오의 쾌선이 물살을 빠르게 가로질러 멀어진 뒤였다. 조조는 뒷목을 잡으며 소리를 고래고래 질렀다.

"저런, 뱀 같은 놈! 아이쿠."

다시 동오로 돌아와 배에 꽂힌 화살 수를 세어 보니, 도합 12만 개나 되네요. 약속한 10만 개보다 2만 개가 더 꽂힌 겁니다. 화살을 수거하는 병사들 사이로 주유가 나타났습니다. 제갈공명이 부채질을 하며 말했어요.

"대도독, 약속드린 10만 개에 2만 더 얹어드립니다. 이 정도면 충분하시지요?"

주유는 입이 얼어붙은 듯 아무 말도 하지 못했답니다. 식객으로 전락시킬 참이었는데, 제대로 뒤통수를 맞은 겁니다. 게다가 자기는 죽었다 깨나도 상상도 못할 일을 제갈공명이 뚝딱 해냈잖아요. 이때 주유가 무슨 생각을 했을까요?

'진짜 위험한 자는 조조가 아니라 제갈공명이다. 아니, 위험한 정도가 아니라 무서운 자다. 저자를 살려뒀다간 필시 후환이 있을 것이다. 조조를 무찌른 다음 반드시 내 손으로 제거하리.'

네, 주유는 제갈공명을 죽일 계획을 세웁니다. 근데 그건 차후의 일이고, 명색이 대도독인데 지금 모양새가 말이 아니잖아요? 자기도 뭔가 보여줘야겠다며 속으로 별렀지요.

이이제이, 적은 적으로 잡는다

다음날 주유는 쾌속선을 타고 조조 군의 영채로 갔다. 물살도 세고 바람도 거칠어진 강 위를 제집 드나들 듯 왔다갔다하며 조조를 놀렸다. 조조가 '저놈들 잡아라!' 하면 스윽 사라지길 반복한 것이다. 조조는 피가 거꾸로 솟구칠 것 같았다. 그럴수록 수전 훈련을 담당한 채모와 장윤을 채근할 수밖에.

"대체 동오를 언제 친단 말인가?"

"승상, 이럴 때일수록 더 훈련에 매진해야 합니다. 아직 전쟁을 치를 만큼 군사들이 수전에 익숙하지 못합니다."

채모와 장윤이 아뢰었다.

이들이 자꾸 시간을 끌자, 조조의 조바심이 의심으로 바뀌었습니다. 출신지가 형주인 군사들이었잖아요. 포로로 잡혀와 군사가 된 이들이니, 역심을 품을 수도 있다고 생각한 거지요. 게다가 형주가 어디인가요? 유표가 주군으로 있던 곳이잖아요? 유비와 호형호제할 정도로 가까웠던 유표 말입니다. 그러니 더욱 조조의 의심병이 커질 수밖에요. 이때 조조의 마음을 읽은 책사 장간이 나섰습니다.

"승상, 주유는 제 어릴 적 고향 친구입니다. 제가 건너가서 주유가 항복하도록 설득해 보겠습니다. 안 되면 적진의 정보라도 빼오겠습니다."

"좋은 생각이오! 수확이 있으면 내 그대에게 큰 상을 내리겠소."

그렇게 장간이 주유에게 갔습니다. 장간이 왔다는 소식을 들은 주유가 무척 기뻐했답니다. 사실 주유는 조조 군을 약 올린 정도로 제갈공명의 12만 개 화살을 이길 수 없다고 생각했어요. 뭔가 대단한 건수 하나를 잡아야 하는데, 뾰족한 수가 있어야 말이지요. 분노와 초조함으로 입술이 바짝바짝 마를 때, 장간이 찾아온 겁니다. 주유는 이거야 말로 절호의 찬스라고 생각했습니다. 적군이 온 것이 어떻게 기회가 됐을까요?

고향 친구 장간이 왔다는 소식에 주유가 맨발로 뛰쳐나갔다.

"어이, 장간. 오랜만이다. 수염은 좀 자랐냐?"

"허허, 주유 이 자식 너 출세했다. 부럽다 이놈아."

둘은 얼싸안으며 아이처럼 웃어댔다. 그런데 갑자기 주유가 장간을 밀쳐내며 정색했다.

"너 이놈 장간이, 혹여나 조조 명으로 나를 설득하려는 수작이라면 그냥 가라."

"몇십 년 만에 찾아온 고향 친구한테 그게 할 소리냐? 내가 설득한다고 네가 퍽이나 설득당하겠다. 그냥 술이나 한잔 하고 싶어 온 거다. 나 술고래인 거 너도 알잖냐? 지금 전시 중이라 술도 못 마시니 금단 현상 때문에 죽겠다."

"그래? 그럼 오늘 아주 코가 삐뚤어지도록 마셔 보자. 들어가자 친구."

주유는 술판을 크게 벌였다. 장간은 타고난 술고래였다. 아무리 말술을 마셔도 어지간해선 취하질 않았다. 짐짓 기분 좋게 술을 마음껏 마시는 척 하다가, 그는 주유가 어느 정도 술기운이 오른 것 같자 본 목적을 시작하였다.

"주유, 너는 주공 손권이 너무 어리다고 느끼지 않아? 어린 사람 밑에서 일하는 게 쉽지는 않을 텐데."

"에에? 무슨 소리야. 제 아무리 나이가 들고 세상 경험을 많이 해 봤다고 한들, 우리 주공만큼 현명할 순 없을 거라고. 나는 주공에게 목숨을 바칠 거야."

주유는 술에 취한 듯 손을 맥없이 내저었지만, 말 속에 뜻만은 분명했다. 항복을 설득하기 어려울 것 같자 장간은 군사 상황을 알아보고자 했다.

"그래 훈련은 잘 되어 가고? 너네 군사가…… 한 5만쯤 되나?"

그러자 주유는 갑자기 정색을 하며 말했다.

"아니 이놈아, 왜 자꾸 흥겨운 술자리에서 전쟁 이야기를 하는 거야? 그냥 친구로 찾아왔다고 하지 않았나?"

"아아 물론. 직업병이야, 직업병. 알잖아 너도. 더이상 군사 이야긴 하지 않을게. 표정 펴라 이놈아 사람 잡겠다."

그러자 주유는 허허 웃더니, 갑자기 칼을 뽑아들어 옆에 호위무사로 서 있던 장수에게 주며 말했다.

"누구든지 전쟁이나 군 이야기를 꺼내 이 즐거운 잔치 분위기를 망치는 사람이 있다면, 바로 이 칼로 목을 베어 버려라."

이렇게 장간의 입을 막은 주유는, 장간을 휘어잡는 다음 단계로 돌입했다. 주유는 장간이 좀처럼 취하지 않는다는 사실을 잘 알고 있었다. 또 하나 장간에 대해 어릴적부터 알고 있는 것이 있었으니, 그건 장간이 여색을 상당히 밝힌다는 사실이었다. 그래서 주유는 동오 최고의 무희들을 불러 춤을 추게 했다. 술을 마시며 무희들을 바라보는 장간은 거의 넋이 나가 있었다. 그동안 주유는 술을 마시는 척하다 몰래 버리고 물을 마셨다.

한참 후, 주유가 거짓으로 몹시 술에 취한 척 비틀거리며 말했다.

"너무 취해서 오늘은 더 못 마시겠다. 장간아, 우리 같이 잔지도 오래됐는데, 오늘밤은 어릴 때처럼 같이 자보자."

"좋지, 좋아."

주유는 장간과 어깨동무를 해서 침대까지 겨우 걸어가더니, 몸을 축 늘어뜨린 채 그대로 침대에 자지러졌다. 그리곤 바로 코를 골기 시작했다.

그렇게 둘이 한 침대에서 잠이 들었어요. 하지만 장간이 주유에게 왜 왔지요? 술 마시려고 온 건 아니잖아요. 아무 것도 얻은 게 없으니 어디 잠이 와야 말이지요. 장간이 슬쩍 고개를 돌려 주유를 살펴보니, 코를 드르렁 골며 깊은 잠에 빠진 것 같았습니다. 장간은 조심스레 일어나 탁자 쪽으로 걸어갔어요. 촛불 아래 문서들이 잔뜩 쌓여 있었거든요. 그걸 뒤지는데 목간 하나가 눈에 들어왔습니다. 뭐라고 쓰여 있었냐고요?

'채모, 장윤 삼가 드림.'

'아니 이놈들이 내통을?'

장간이 놀란 심장을 달래며 목간을 펼쳐 봤다.

"저희가 조조에게 항복한 건 벼슬이나 녹이 탐나서가 아닙니다. 지금 속임수로 조조의 군사를 강물의 영채 안에 가둬 놨으니, 기회를 봐 역적 조조의 머리를 베어 장군께 바치겠습니다. 조만간 사람을 보내 소식을 전할 테니 의심치 마소서."

장간이 파르르 떨며 목간을 다시 둘둘 말아 소매 안쪽에 넣었다.

'아니 이들이 주유와 내응하고 있었던 것인가! 역시 승상께서 미심쩍어 하신 대로 훈련이 늦어지는 것이 이상했다.'

장간은 혹여 또 다른 문서가 나올까 싶어 문서들을 뒤적이는데, 밖에서 인기척이 들려 화들짝 놀라 등불을 껐다. 그리고 다시 침대로 올라와 자는 척했다. 한 병사가 주유를 찾아온 것이었다.

"대도독, 보고 드릴 일이 있습니다."

소리를 들은 주유가 술이 덜 깼는지 비척비척 일어났다.

"아니 내 침대에 있는 이 자는 누구인가?"

"장군, 기억 안 나십니까? 옛 친구가 찾아왔다 하시면서 같이 주무시겠다고 하셨습니다."

"이런, 이래서 내가 술을 조심해 왔건만. 어제 실수를 했나 보군."

"저기, 대도독…… 답신이 왔습니다."

용의 발현, 주사위는 던져졌다

"쉿! 목소리를 낮추게. 나가서 얘기합세."

주유가 병사를 데리고 밖으로 나가자, 장간은 귀를 쫑긋 세워 그들 목소리에 집중했다. 하지만 어찌나 작게 속삭이는지 잘 들리지 않았다. 유일하게 그가 들은 소리는 "장…채모…" 정도였다. 그 말만 들어도 대충 무슨 이야기가 오가는지 짐작이 갔다. 잠시 후 주유가 들어와 장간에게 말했다.

"장간, 자는가?"

장간이 일부러 숨소리를 내며 곤히 잠든 척하자, 주유는 안심한 듯 다시 누워 잠에 들었다.

장간은 간담이 서늘해졌다. 한 번 깼으니, 다시 깨어서 문서 정리라도 시작했다가 서신 하나가 없어진 걸 발견하면 자신은 끝난 목숨이었다. 장간은 어서 빨리 도망치고 싶었지만, 주유가 깊이 잠들 때까지 기다려야 할 것 같아 두 시간 정도 더 누워 있었다. 등에서 어찌나 땀이 나는지, 이부자리가 흥건히 젖을 정도였다. 주유가 코를 골자, 장간이 스윽 일어나 방안을 빠져나왔다. 강가로 허겁지겁 달려가는데 병사가 그를 잡았다.

"무슨 일이십니까?"

"아, 그게 지금 전시 중 아닌가. 승상이 나를 찾는데 부재중이면 곤란할 것 같아 그러네. 주유에게 인사도 못하고 가 미안하다고 좀 전해주게."

그리고 배를 타고 나는 듯 자신의 영채로 돌아갔다. 급히 도망가는 그 모습을 뒷짐지고 지켜보는 이가 있었으니, 바로 주유였다. 씨익 미소까지 머금은 채.

네, 주유는 조조가 염탐꾼을 보내올 거란 걸 짐작하고, 미리 가짜 서신을 써놓은 거랍니다. 장간이 그 꾀에 넘어갔으니, 이제 조조 진영에서 무슨 일이 벌어질까요?

헐레벌떡 달려온 장간이 조조에게 전했다.

"승상, 이걸 가져왔습니다."

조조가 목간을 읽더니 눈을 부라리며 채모와 장윤, 두 사람을 당장 오라 명했다.

"채모, 장윤 그대들은 오늘 즉각 출병 준비를 하게."

"승상, 아직 훈련이 미흡합니다. 조금만 더 시간을 주십시오."

그 말을 들은 조조가 소리를 버럭 지르며 말했다.

"훈련이 충분해지면 네놈들이 내 머리를 주유 놈에게 바치겠구나! 이 역적 놈들을 당장 참수하라."

"승상! 무슨 소리십니까! 억울합니다!!"

영문도 모른 채 끌려가는 채모와 장윤이 외쳤지만 조조는 꿈쩍도 하지 않았다. 몇 분 되지 않아, 병사들이 두 사람의 머리를 들고 조조에게 왔다. 그 머리들을 본 순간 감정이 차가워진 조조는 그제야 아차 싶었다.

'계략이다, 멍청하게 걸려들다니.'

하지만 자신이 속았다는 걸 수하 장수들에게 들킬 수는 없는 일. 조조는 더욱 역정을 냈다.

"이 두 놈이 그간 쓴 일지를 가져와라."

일지와 목간의 서체를 비교해 본 조조는 속으로 망연자실했다. 혹시나 했는데 역시나였던 것이다. 글씨체가 달라도 너무 달랐다. 후들대는 다리에 힘을 바짝 주고 부르르 떨며 외쳤다.

"두 사람이 반란을 꾀하였기에 군법에 따라 엄히 다스렸다! 더러운 역적 놈들이 남긴 문서들은 내가 직접 불태우겠다. 그리고 이놈들은 적과 내통한 간첩이니 시체를 저잣거리에 내다 버려라."

"네, 승상."

조조의 천성인 남을 의심하는 버릇은 분명 자신을 이 자리까지 오르게 하는데 장점으로 작용했었다. 하지만, 오만해지고 욕망이 앞선 조조의 의심병은 수하 장수들에게 화를 입히는 날카로운 송곳으로 변질되어 가고 있었던 것이다. 증거까지 인멸한 조조가 남몰래 자책을 하고 있었는데, 한 장수가 들어와 물었다.

"승상, 채모와 장윤이 죽었으니, 다음 수군 훈련 총책임자는 누구로 세우시겠습니까?"

조조는 다시 한 번 뼈저리게 자신의 방만함을 질책할 수밖에 없었다. 채모와 장윤 이외에는 수전에 능한 장수가 한 명도 없었다. 결국 어쩔 수 없이 육지전에 능한 장수들을 수군 사령관으로 임명해야 했으니, 조조의 마음이 오죽 답답했을까?

채모와 장윤이 얼마나 중요한 군사였는지 조조도 잘 알고 있었습니다. 수전에서 승리하려면 이들이 꼭 필요했거든요. 원전은 적벽대전이 시작되기 전, 훈련하는 조조의 군사들을 이렇게 표현합니다.

"조조의 군사는 수전에 익숙하지 못해 흔들리는 강물 위의 배에선 서 있는 것조차 힘들어했다. 하지만 훈련이 진행되며 강가에 24개의 수문이 만들어졌고, 큰 배는 밖을 둘러싸 성곽 역할을 했다. 그 안에는 작은 배들이 자유롭게 오갔다. 배마다 등불이 달려 있어 어두운 밤에도 온 강물을 붉고 환하게 비추었다."

또한 조조 군을 염탐하러 갔던 주유도 '수군의 진법을 아는 자의 솜씨구나.'라고 놀랐다고 하니 채모와 장윤은 그 정도로 진두지휘를 훌륭히 해낸 사령관들이었던 거지요. 한순간의 실수로 인재들을 참수했으니, 조조의 자괴감이 오죽했겠어요.

하지만 조조는 실수를 인정하되, 밖으로 드러내지는 않지요. 자신의 위신이 떨어지는 것뿐 아니라 군사들 사이에서 불만의 목소리가 들리는 걸 원치 않았으니까요. 조조는 실수를 만회하기 위한 작전을 짭니다. 제갈공명과 주유에게 두 번이나 당했다는 걸 생각하면 자다가도 벌떡 일어날 만큼 화가 치밀었거든요.

조조가 절치부심하여 계략을 생각하기 시작했으니 손유 연합군도 긴장을 해야겠죠. 적벽대전의 클라이맥스는 이제부터 시작됩니다. 과연 삼국지는 어떻게 흘러갈지, 유비, 조조, 손권은 꿈을 이룰 수 있을지 2권에서 계속 만나보도록 하죠!

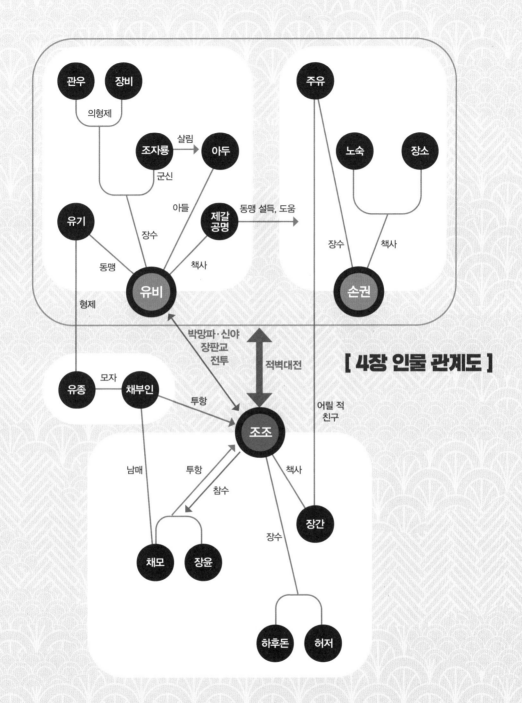

[4장 인물 관계도]

[삼국지 자세히 들여다보기]

안녕하십니까, 삼국지를 사랑하게 되신 독자 여러분, 설민석입니다.

『설민석의 삼국지』는 모든 독자분들이 삼국지에 관심을 가지고 삼국지를 사랑하게 만드는 입문서 역할을 하고자 집필되었습니다. 나관중의 소설 〈삼국지연의〉를 바탕으로 하여 서술되었지만, 원전의 방대한 내용, 복잡한 전개 과정, 많은 인물들과 생소한 지명까지 쉽게 풀어내려 노력했습니다. 삼국지를 더 쉽게 풀어 쓰고자 했던 취지에 맞게 반복되는 부분은 과감히 삭제하고, 살려야 할 부분은 강하게 어필하고, 개연성이 없는 부분은 상상력을 동원해서 채워 넣었지요. 또한, 영화, 드라마, 책 등 여러 명작들은 참고해 기술하기도 했어요. 그래서 원전과 다르게 서술되는 부분이 종종 등장합니다.

예를 들어 여포와 유비 삼 형제가 격돌한 장면을 기억하시나요? 본 책에서는 화웅의 목을 베었던 관우가 먼저 나와서 여포와 합을 겨루지요. 그리고 지켜보던 장비와 유비가 순서대로 등장합니다. 하지만 나관중의 〈삼국지연의〉에선 화웅의 패배를 알게 된 여포가 진군하는 과정에서도 여러 상황들이 묘사되어요. 여포와 맞서 싸우는 것도 장비, 관우, 유비의 순서대로 등장합니다.

이런 변경뿐만 아니라, 조조, 원소, 손권의 수많은 책사들을 한 명으로 통일해서 지칭하거나, 생략한 부분도 있습니다. 기존 삼국지에 애정을 가지고 계시던 분들은 책을 읽으며 달라진 전개에 아쉬움을 품으셨을 수도 있겠지요. 하지만 삼국지 입문자들이 복잡 미묘한 전개에 혼란스러워서, 또는 등장하는 인물들의 이름을 읽다가 그 수에 질려서 책을 덮지 않으셨으면 하는 바람으로 과감히 축소해서 서술했습니다. 수정은 원전의 큰 흐름을 벗어나지 않는 선에서, 본연의 매력들을 최대한 담아내는 방향으로 했으니, 아무쪼록 삼국지를 모든 사람과 공유할 수 있다는 기대감으로 너그러이 봐주셨으면 합니다.

원전과 다른 부분들을 궁금해 하시는 독자분들을 위해, 삼국지를 자세히 들여다보는 부록을 마련했습니다. 본 책에서 〈삼국지연의〉와 다르게 서술된 이야기를 담아낸 거죠. 다르거나 생략된 이야기 전부를 풀어내지는 못했지만, 삼국지 원전의 모습을 충분히 확인하실 수 있게 구성해 보았어요. 더불어 실제 삼국지 인물들의 행적이 담겨있는 진수의 역사서, 정사 삼국지 이야기도 곳곳에 곁들였습니다.

『설민석의 삼국지』를 즐겁게 읽으신 분들께는 책 내용을 한 번 더 되새기는 시간이 될 것이고, 원전과 다른 내용에 아쉬움을 품으신 분들께도 잠깐이나마 원래 알고 계시던 삼국지를 만나는 시간이 될 것이라 기대합니다. 이 시간, 더 깊고 풍성한 삼국지를 만나시기를 바랍니다.

아래와 같은 부분들은 이곳에서 따로 구체적으로 다루지 않았습니다. 『설민석의 삼국지』를 통해 흐름을 파악하셨고, 더 나아가 아래 내용도 궁금하신 분들은 다양한 형태로 나와 있는 삼국지 콘텐츠들을 찾아보세요! 또 다른 재미가 있으실 거라 생각됩니다.

1. 원전에서 본 책으로 옮겨지면서 통째로 생략된 사건이나 인물
2. 개연성이나 입체적인 그림을 위해서 상상력을 발휘한 장면이나 대사
3. 여러 인물을 '책사' '장수' 등으로 통일시킨 부분

첫 번째, 인물들부터 시작해 볼까요?

원전에서 등장한 주요 진영의 인물들은 이렇게 다양합니다. 잠깐 나왔다가 다시 나오지 않는 인물은 뺐는데도 이 정도랍니다.

	유비	조조	손권	원소
인물				
장수	관우 장비 조자룡	하후돈 하후연 조홍 조인 우금 전위 이전 악진 서황 허저 장료	주유 황개 정보 한당 장흠 여몽 감녕 동습 능통 주태 태사자	안량 문추 장합 고람 순우경
책사	미축 손건 간옹 제갈공명	순욱 정욱 순유 곽가	장소 노숙	허유 전풍 저수 심배 곽도 순심 봉기 신평
그외	부인: 감부인, 미부인 아들: 아두(유선)	아버지: 조숭 아들: 조앙 조비 조창 조식 조웅	아버지: 손견 형: 손책 어머니: 태부인	사촌: 원술 아들: 원담 원희 원상

두 번째, 주요 사건과 인물들의 이야기 중 새롭게 태어난 것들이 있어요. 원전에서는 어떻게 나오는지 궁금하시다면, 여기서 한 번 다뤄 볼게요.

1. 나라를 구한 초선, 그녀는 누구인가?

아무래도 삼국지 초반에 독자들을 사로잡아 삼국지의 매력에 흠뻑 빠지게 하는 부분은 초선의 등장이 아닐까 싶습니다. 저에겐 그랬는데, 독자 여러분들은 어땠나요? 어쨌든 흥미로운 이 부분을 최대한 살리기 위해 『설민석의 삼국지』는 초선 이야기를 원전의 서술과는 다른 방향으로 묘사했습니다. 초선의 입장도 입체적으로 그려 내면서 여포와 초선의 사랑 이야기를 담았지요. 그리고 동탁을 죽이고 난 다음 사라진 초선과 여포의 사랑 이야기에도 감히 마침표를 찍어 보았습니다. 하지만 수많은 삼국지 독자 분들에게 열광을 불러일으켰던 초선 이야기는 원전의 내용 또한 굉장히 흥미로운데요. 간략하게나마 함께 살펴보겠습니다.

동탁이 장안으로 막 수도를 옮기고, 동탁에 맞서기 위해 모인 원소, 손견, 조조는 서로 다른 생각을 가지고 뿔뿔이 흩어진 바로 그 무렵, 초선이 첫 등장을 알립니다. 동탁의 횡포로 인해 왕윤이 한밤중 수심에 잠긴 모습을 보고 초선이 먼저 자신이 도울 수 있는 게 없느냐고 물어요. 초선은 식구는 아니었지만 왕윤 집에서 노래와 춤으로 손님 대접을 하던 가기(歌妓)였어요. 재주와 미모가 뛰어나 왕윤이 특별히 아끼는 소녀였죠. 왕윤은 뭐든 돕겠다는 초선에게 영감을 받아 동탁과 여포를 이간질하기로 합니다.

왕윤은 먼저 여포를 집으로 불러 초선을 소개시켜줍니다. 왕윤은 초선에게 첫눈에 반한 여포에게 초선을 시집보내겠노라 약조한 후, 동탁을 불러 초선을 부인으로 맞이해달라고 청하지요. 동탁은 왕윤의 아첨에 크게 기뻐하며 초선을 데리고 갑니다. 이 소식을 들은 여포가 다급히 왕윤에게 달려가 자초지종을 물었지요. 왕윤은 짐짓 모르는 척, 동탁이 먼저 와서 초선을 여포와 짝지어 주겠다며 데려간 것이라 말합니다. 그러나 여러분도 다 아시다시피 초선은 동탁의 첩이 되고 말았죠.

그때부터 초선은 양쪽으로 여우주연급 연기를 선보입니다. 여포와 눈이 마주칠 때마다는 눈물을 훔치고, 동탁 앞에서는 지고지순한 부인 역할을 하며 신임을 얻게 되지요. 그 후에 여포가 왕윤과 손을 잡고 동탁을 죽이는 이야기는 『설민석의 삼국지』에 담겨진 내용과 동일합니다. 원전에선 그 후 한참 동안 초선이 등장하지 않다가, 서주에서 여포가 유비·조조 연합군에게 포위당했을 때 함께 성안에 있었다고 기록됩니다.

사실 초선은 실존했던 인물이 아닙니다. 나관중이 빚어낸 허구의 인물이지요. 그렇다면 실제 역사 속에서 여포는 왜 동탁을 죽인 걸까요? 비밀은 동탁의 성품에 있습니다. 정사 〈여포전〉을 살펴보면 여포와 동탁의 관계가 드러납니다. 동탁의 성품이 얄팍하고 변덕스럽기 그지없어서 여포가 자신의 기분을 거스르는 일을 조금이라도 하면 그 즉시 창을 던졌다고 합니다. 그때마다 여포는 목숨을 구하며 사죄했고, 동탁의 분노는 금방 사그라졌지만 여포의 마음에는 앙심이 쌓여 갔지요. 동탁은 여포에게 집안의 내실을 지키게 했는데, 여포는 동탁 몰래 시녀와 내통했어요. 동탁의 성품을 아는 여포는 시녀와 즐겁게 지내면서도, 마음 한편으로 큰 화를 입을까 걱정이 가득했습니다.

왕윤은 여포가 자신의 고향인 병주에서 벼슬했음을 알고 친하게 지내고 있었는데요. 어느 날 여포가 왕윤을 찾아와 동탁이 자신에게 창을 던져 죽을 뻔했던 상황을 이야기하자 왕윤은 옳다구나 하고 동탁을 죽이자고 합니다. 어찌 아버지를 죽이냐는 여포의 질문에 왕윤은 "너는 동 씨가 아니라 여 씨가 아니냐! 언제 죽을지 몰라 두려워하면서 무슨 아버지라고 하느냐?"고 소리치며 꾸짖었습니다. 그동안의 앙심이 왕윤의 말 한마디에 타오른 걸까요. 큰 결단을 내린 여포는 결국 동탁을 찔러 죽였지요.

가장 가까운 사람에게 당한 동탁의 처참한 죽음은 자신을 섬기는 사람을 하대하고, 귀히 여기지 않았던 스스로가 자초한 것일지도 모릅니다. 나관중은 초선을 통해 이런 동탁의 포악함을 여실히 드러내고 싶었던 것은 아닐까요.

2. 유비가 무공의 완성을 이루기까지

유비 삼 형제를 애정하는 독자들에겐 그들이 흩어졌다가 다시 만나는 장면이 인상 깊었을 거예요. 그 어떤 것도 뛰어넘는 그들의 우정이 돋보이는 장면이죠. 『설민석의 삼국지』에서는 삼 형제가 재회하고, 때마침 공손찬의 유언을 이루기 위해 조자룡이 찾아오는 전개로 진행되었는데요. 원전에서 조자룡과 유비의 만남에는 조금 다른 이야기가 담겨져 있습니다.

두 사람이 공손찬을 통해 처음 만난 것은 맞습니다. 반동탁 연합이 각자의 욕심 때문에 흩어지고 나서, 원소와 공손찬은 기름진 땅인 기주를 차지하기 위해서 한 바탕 전쟁을 벌입니다. 반씩 차지하자며 먼저 기주 협동 공격을 제안한 원소가 공손찬의 뒤통수를 치고 기주를 혼자 차지했거든요. 그러나 이 전쟁에서 공손찬은 원소에게 밀리고, 원소의 장수 문추에게 죽을 뻔하는데, 그때 조자룡이 처음 등장합니다. 어디선가 번개처럼 나타나 문추를 도망가게 만들죠. 그 뒤에 공손찬을 도와주러 또 나타난 장수들이 있었는데, 그게 바로 유비 삼 형제입니다. 조자룡은 공손찬 밑으로 들어가지만 곧 그가 기대한 만큼의 그릇이 아니었음을 깨닫고, 유비야말로 자기가 섬기고 싶었던 주군임을 알게 되죠. 그러나 이미 공손찬에게 섬김을 약속했으니, 유비와 훗날 언젠가 함께하기로 약속하며 눈물로 헤어집니다.

그리고 조자룡은 의외의 곳에서 다시 등장합니다. 사실 삼 형제가 재회한 곳은 형주가 아니라 여남 지역 쪽이었어요. 유비는 유표에게 지원군을 요청하겠다며 떠나고, (허유와 나눈 대화는 원전에는 없습니다.) 그런 유비를 관우가 마중나왔습니다. 혹시나 유비에게 나쁜 일이 생길까 하여, 장비에게 두 형수님을 맡기고 왔던 관우는 원소 진영의 경계에서 유비와 눈물의 재회를 하죠. 그리고 그들은 장비가 있던 성, 고성으로 다시 돌아가던 중에 산채를 하나 만납니다. 그 산채를 차지한 장수가 풍채가 좋고, 위풍이 당당하다는 말을 듣고 유비는 혹시 조자룡이 아닌가 생각했어요. 아니나 다를까 산길을 내려온 장수는 조자룡이었죠. 그들은 반갑게 끌어안으며 서로의 안부를 물었습니다. 유비는 이렇게 다시 만났으니 하늘이 내린 행운임을 되뇌며 감사했지요. 조자룡 또한 자신을 인정해 주는 주군을 만나 평생의 소원이 이루어졌음을 기뻐하고, 자신의 모든 것을 드리며 섬길 것을 맹세했습니다. 그 후에 원전 속 그들은 형주의 유표에게 바로 간 것이 아니라, 여남성으로 갔습니다. 그곳에서 세력을 재정비하다가 무슨 일이 일어났는지, 관도대전 비하인드와 함께 보시죠.

3. 관도대전 비하인드

10배 넘는 군사력의 원소를 꾀로 이긴 조조가 돋보였던 관도대전, 기억하시죠? 『설민석의 삼국지』에선 삼국지의 3대 대전 중 첫 번째인 관도대전을 더욱 극적으로 그려내기 위해서 원전에는 기록되지 않은 장면들을 삽입했어요. 조조와 원소가 전쟁터 한 가운데서 대화를 나눈 장면이나, 햇빛을 이용하여 원소 군을 대파한 내용은 원전에는 등장하지 않습니다.

원전 속 관도대전의 초반엔 조조는 꽤나 긴장해 있었던 것 같습니다. 처음에 장수끼리 맞부딪쳤다가 원소가 이겨 조조는 성안으로 들어가 지킵니다. 원소 군은 바로 50여 개의 토산을 만들었고, 그 위에서 성안으로 화살을 쏟아부어, 조조의 병사들은 방패를 뒤집어쓰고 엎드려서 다녀야 했죠. 본 책에 서술된 것처럼 발석거로 아주 혼쭐을 내주긴 했지만요. 그 후에 땅굴도 참호로 막아냈지만, 군량미나 군사력의 차이가 아무래도 걱정이었는지 허창을 지키고 있던 책사에게 조조가 상담을 해요. 후퇴하는 것이 어떻겠냐고 물은 거죠. 그러나 허창에 있던 책사 순욱은 관도를 반드시 지키셔야 한다고 단호하게 조언합니다.

　그래서 마음을 다잡은 조조와 원소가 서로의 군량미를 쟁탈하는 치열한 싸움이 벌어집니다. 전쟁이 점점 길어지고 있는 상황에서 무엇보다 보급이 중요했기 때문이에요. 조조는 먼저 원소의 진영으로 옮겨지는 수천 대의 군량미 수레를 불태웠습니다. 이에 질세라 원소는 조조가 군량미를 요청하기 위해 허창으로 보낸 전령을 사로잡았지요. 빼앗은 서신에는 군량이 바닥났다는 조조의 상황이 적혀 있었습니다. 원소의 책사 허유는 바로 지금 조조의 본거지인 허창을 쳐야 한다고 말하지만, 결단력 없던 원소는 망설었어요. 그때 원소의 본거지였던 기주로부터 서신이 왔는데, 허유의 비리가 밝혀졌단 소식이었어요. 아무리 그럴지라도 허유가 지금 낸 계책은 승리를 가져왔을 텐데, 냉철하게 분별하는 능력이 없던 원소는 허유를 크게 꾸짖고 그의 계책도 받아들이지 않아요. 이후, 여러분도 아시다시피, 허유가 조조의 진영에 투항해 원소의 군량미가 쌓여 있는 오소의 위치를 알려 주어 조조가 관도대전의 승기를 잡게 되죠. 조조는 오소를 불태웁니다. 원소는 이때 군사를 나누어 한 갈래는 오소를 구원하러, 한 갈래는 비어있을 것 같던 조조의 진영으로 보냅니다. 하지만 조조는 매복병들과 위장술로 두 군대를 모두 막아냈죠.

결국 원소는 관도에서 물러나 기주로 돌아갔습니다. 그곳에서도 조조와의 결전을 준비하지만, 승세를 타고 있는 조조의 군대에 크게 패하고 말았어요.

조조가 승리에 도취되어 있던 이때 허창에서 한 장의 서신이 날아옵니다. 조조의 출정 소식을 듣고 유비가 관우, 장비, 조자룡과 함께 군사를 이끌고 여남에서 허창으로 진군하고 있다는 소식이었어요. 하지만 조조의 장수 하후돈의 공격에 유비는 다시 도망자 신세가 되고 말았지요. 유비는 겨우 빠져나와 같은 한나라 종친, 유표에게 찾아가 몸을 의탁하였습니다.

원소는 자신의 아들 원상마저 조조에게 패했다는 소식을 듣고 피를 토하며 죽음을 맞이했고, 후계자 계승이 잘 되지 않아 원소의 아들들은 서로 싸우다가 조조에게 모두 패하여 조조는 북방을 평정합니다.

4. 삼고초려의 다른 모습

삼국지의 또 다른 묘미는 바로 제갈공명의 활약이에요. 삼국지를 읽지 않았어도 삼고초려는 들어본 사람들이 많죠. 뛰어난 인재를 얻기 위해 여러 번 헛걸음하는 것조차 아까워하지 않았던 유비의 모습은 모두의 가슴을 울리는 장면이었을 테지요. 『설민석의 삼국지』에서는 유비가 세 번 찾아갔다는 점, 당대를 꿰뚫어 보는 제갈공명의 혜안에 유비가 감탄했다는 점, 제갈공명이 천하삼분지계를 말했다는 점 등 원전에 나온 주요 사건을 큰 갈래로 잡고 다른 부분은 축약해서 서술했습니다. 또한 장비와 관우가 두 번이나 바람맞힌 제갈공명이 괘씸한 나머지, 장작을 찾아와서 집에 불을 낸 장면은 원전에는 없는 창작이었어요.

원전에서는 유비가 첫 번째, 두 번째 찾아갔을 때 여러 사람들을 만나서 이야기를 나누고요, 그리고 마지막엔 제갈공명이 유비의 책사 초청을 여러 번 거절합니다. 그러나 눈물로 호소하는 유비의 정성에 결국 감동하여 함께 산을 내려가죠.

이렇게 원전에 서술된 삼고초려는 정사 삼국지 〈제갈량전〉에 기록된 "유비가 제갈량을 찾아갔는데, 세 차례나 찾아간 뒤에 만날 수 있었다"라는 한 구절을 나관중의 상상력으로 재창조한 것입니다. 자신의 이름을 알리기 위해, 자신을 알아봐 줄 사람을 만나기 위해 애쓰고 있는 수많은 사람들이 있죠. 그렇기에 인의의 주군이 몸소 몸을 굽히며 세 번이나 찾아왔다는 이야기는 폭발적인 호응을 받을 수밖에 없는 것 같습니다.

5. 적벽대전, 주유와 제갈공명의 이야기

삼국지에서 가장 흥미로운 관계 중 하나가 바로 주유와 제갈공명의 관계가 아닌가 싶습니다. 서로를 너무 잘 이해하기에 아군이었다면 가장 좋은 친구가 됐을지도 몰라요. 그러나 각자 다른 주군을 섬겼기에 엎치락뒤치락 할 수밖에 없는 운명이었죠.『설민석의 삼국지』1권에는 주유와 제갈공명의 신경전이 살짝 등장하는데요. 원전을 보면 적벽대전이 시작하기도 전부터 둘의 라이벌전은 시작됩니다.

원전에선 주유가 처음부터 조조를 상대로 전쟁을 하자고 주장하지는 않았어요. 이때 제갈공명이 등장합니다. 그리고 주유에게 싸울 필요가 없고, 그저 두 사람만 조조 진영에 보내면 된다고 합니다. 이유를 묻는 주유에게 제갈공명은 조조의 아들, 조식이 지은 〈동작대부〉를 읊어주지요. 이때 제갈공명은 교묘하게 시를 바꿔 시 속에 두 다리를 의미하는 '이교(二橋)'를 두 교녀 '이교(二喬)'로 바꾸어 말하지요. 이 시를 근거로 들며 조조의 목표는 강동의 두 미녀 대교와 소교와 함께 만년을 즐기는 것이니, 이 두 사람만 보내주면 전쟁을 하지 않아도 된다고 짐짓 가볍게 말해요. 제갈공명의 말을 듣고 난 주유는 분노에 가득 차 조조를 향해 소리를 지릅니다! 제갈공명이 모른 체하며 화를 내는 연유를 묻자 주유는 사실 대교는 손책의 부인이고, 소교는 자신의 부인이라 말해주며 당장 조조를 쳐 죽이리라 결단하지요. 손권이 바깥일을 상의하는 주유가 이토록 굳게 마음을 먹었으니, 그 이후론 일사천리로 전쟁 준비가 시작된 것입니다.

원전의 주유가 처음에 제갈공명의 콧대를 꺾어 보려고 시도했던 방법은 화살 10만 개 사건이 아니라 조조의 군량 기지를 털어달라고 부탁한 거였어요. 오소를 공격해서 원소를 이겼던 조조가 자신이 쓴 꾀를 남에게 당할 리가 없잖아요. 그 지역을 엄청 삼엄하게 경비하고 있다는 걸 주유도 알고 있었죠. 제갈공명이 이길 수 없다는 것을 알면서도 요구한 거에요. 이에 제갈공명은 "동오의 군사들은 수전에나 강하지 육지전에는 약하다고 하니 어쩔 수 없죠. 제가 해내겠습니다."라고 말하며 주유를 도발합니다. 주유는 이 도발에 꼼짝없이 넘어가 자신이 직접 치겠다고 하지만, 제갈공명이 말리며 서로 견제하지 말고 뜻을 합하자고 말해요. 그 후에 장간이 찾아오는데, 주유가 장간을 이용한 그 계책 아시죠? 주유가 아무 말도 하지 않았는데 돌아가는 상황만 보고 제갈공명은 주유의 작전을 눈치챕니다. 그런 제갈공명에게 위협을 느낀 주유는 또다시 화살 10만 개로 제갈공명을 시험합니다. 그리고 그걸 제갈공명이 어떻게 해결했는지는 우리 모두 알고 있죠?

2권에서도 제갈공명과 주유, 이 두 천재들의 팽팽한 신경전은 계속됩니다!

세 번째, 여러분들의 쉽고 재밌는 삼국지 입문을 위해 원전과는 다르게 묘사된 소소한 부분들도 있어요. 원전에서는 어떤지, 이 부분들은 빠르고 간략하게 소개해드리겠습니다.

1. 용의 눈물, 무너지는 한나라

37 페이지 본 책에서는 재미를 위하여 장비가 군자금을 모두 다 잔치에 써 버렸다고 했습니다. 하지만 원전에서는 장비가 댄 군자금으로 병사들의 군기를 마련했지요.

51 페이지 유비는 황건적의 난 때 공을 세운 이후로 한동안 벼슬을 얻지 못하고 마냥 기다리는 시간을 보냈습니다. 그런 유비의 상황을 알게 된 장균이란 관리가 그 당시 황제인 영제에게 십상시가 뇌물을 받아야만 벼슬을 내리는 폐단에 대해서 고했어요. 그러자 십상시는 불만들을 입막음하기 위하여 황건적의 난 때 공을 세우고 뇌물을 바치지 않은 사람들에게 작은 벼슬들을 내렸습니다. 이때 유비가 현위가 된 거죠.

59 페이지 원전에서 동탁을 부르자는 아이디어는 원소에게서 나왔습니다. 원소는 사방의 군사들에게 십상시 토벌 서신을 보내자고 했고, 하진은 찬성했죠. 그래서 사방에 서신을 보냈으나, 응한 것은 평소에 야심이 있던 동탁뿐이었습니다.

63 페이지 십상시의 난 때 궁궐 밖으로 납치되어 나온 소제와 진류왕은 건초더미 위에서 잠이 들었다가 그 민가의 주인인 최의에게 먼저 발견됩니다. 최의는 소제와 진류왕을 말에 태워 궁궐로 모시려고 하고, 가는 길에 왕윤, 원소 등의 일행을 만납니다. 그리고 조금 더 지나 동탁의 군대를 마주쳐, 그들의 호위를 받으며 궁으로 들어갑니다.

97 페이지 여백사는 조조의 아버지와 의형제 사이였습니다.

107 페이지 사수관으로 먼저 진격했던 것은 손견입니다. 그러나 손견이 공을 세우는 것을 시기한 포신과 그 동생 포충이 지름길로 가서 화웅을 먼저 맞닥뜨렸죠. 하지만 포충은 화웅과 싸우다 죽었고, 그 후에 손견이 화웅과 싸우게 되었습니다. 하지만 손견이 선봉장으로 공을 크게 세우는 것을 질투한 원술이 보급을 끊어 힘이 없어진 손견의 군은 패하였고, 손견을 살리고자 손견으로 가장한 장수 조무가 화웅에게 죽었어요. 그 다음엔 연합체에서 유섭, 반봉이 나가 죽고, 관우가 마지막에 나선 것입니다.

109 페이지 유비 삼 형제가 반동탁 연합군에 합류하게 된 계기는 공손찬이었습니다. 반동탁 연합군으로 초대 받은 제후 중 한 명이었던 공손찬이 연합군으로 가던 중 유비 삼 형제를 만나 같이 가자고 청했고, 그들은 공손찬의 장수들로서 연합군에 참여하게 된 것이죠. 즉, 유비 삼 형제를 연합군의 성문 안으로 들어오게 한 것은 조조가 아니라 공손찬이었어요.

2. 용의 출정, 아군도 적군도 없다

121 페이지 손견, 조조, 원소는 합의 하에 움직인 것이 아니에요. 계속 선봉장을 하고 있던 손견이 먼저 낙양으로 진격해서 들어갔죠. 그 뒤를 이어 낙양에 들어온 제후들은, 다 같이 동탁을 뒤쫓아야 한다는 조조의 말에 반대했어요. 지금은 경솔히 움직일 때가 아니라는 핑계를 댄 것이죠. 답답했던 조조는 결국 혼자서 1만 명의 군사를 이끌고 동탁을 추격합니다. 동탁의 매복병에 패하고 돌아온 조조는 제후들에게 한바탕 화를 내고 떠나고요, 공손찬은 원소가 무능해서 안 되겠다며 유비 삼 형제를 데리고 떠납니다. 원전에서 원소가 군량미를 끊은 적은 없고요, 원술이 한 번 손견의 군량미를 끊은 적은 있

답니다. 손견의 아들 손책, 손권은 연합군에 함께하지 않습니다.

131 페이지 미오성으로 떠나는 초선을 여포가 호위하지는 않았어요. 언덕 위에서 지켜보고 있었죠.

138 페이지 이각과 곽사는 미오성의 군대라기보다는, 동탁의 출신지인 서량의 군인들을 끌고 갔습니다. 그들이 장안에 쳐들어왔을 때 여포는 왕윤도 구출해서 나가려고 했었습니다. 하지만 왕윤이 나라를 위해서 기꺼이 죽겠다면서 여포를 끝까지 따르지 않죠. 결국 여포는 혼자 도망쳤어요.

144 페이지 서주 자사 도겸이 조조의 공격을 받아 도와달라고 유비에게 청했을 때 유비는 평원이 아니라 북해라는 지역에 있었습니다. 북해 지역에 황건적 잔당 토벌을 도와주러 가 있었거든요. 북해 태수 공융에게 도겸이 구원 요청을 보낸 것을 보고 유비가 도겸을 도와주러 가게 됩니다.

149 페이지 조조가 헌제를 구출한 곳은 장안이 아니라 낙양 근처입니다. 이간질을 당해 서로 싸우던 이각과 곽사가 흐트러진 틈을 타 헌제가 탈출했었거든요. 이각과 곽사는 도망쳤다가 후에 잡혀 참수당했습니다.

161 페이지 여포가 유비를 배신하고 서주성을 차지하고 난 후, 유비는 순순히 소패성으로 들어갔습니다. 여포가 식솔들을 보호해준 것이 일단 고마웠던 것이죠. 그러나 여포가 미웠던 장비가 여포의 말들을 훔치고, 이에 분노한 여포가 소패성을 치자, 유비는 도망하여 조조에게 갑니다.

166 페이지 원술을 치는 연합체에는 손책도 있었습니다. 이때 원술은 죽지는 않았고 도망쳤죠. 조조는 이 전쟁 후에 연합군들이 흩어질 때, 알맞은 때를 기다리라며 유비에게 소패에 가 있으라고 말합니다. 그리고 얼마 후 서신을 보내서 같이 여포를 치자고 하죠. 그런데 오고가던 서신이 진궁에게 뺏겨, 유비와 조조의 계획을 알게 된 여포는 유비의 소패성을 공격해요. 유비 삼 형제

는 쫓겨가다가 조조의 대군과 합류해, 여포를 공격합니다. 여포는 외부의 적에게 공격당했을 뿐 아니라 자기 진영에 있던 간첩에게 속아 서주성과 소패성을 뺏기고 하비성까지 물러납니다. 포위당한 여포는 살길을 찾아 원술에게 동맹 요청을 해요. 하지만 동맹 요청을 하러 가는 길이 유비 삼 형제에 의해 막히죠. 이후 여포의 부인(사실 여포는 초선 외에 부인이 있었답니다!)과 초선이 나가 싸우지 말라고 울면서 말려, 여포는 주색을 즐기다가 부하 장수들에게 잡혀 조조에게 끌려갑니다.

186 페이지 헌제의 밀서를 본 이후, 유비는 때를 기다립니다. 조조에게 의심을 받지 않으려고 농사를 지으며 시간을 보냈죠. 그러다가 공손찬을 물리친 원소가 원술과 세력을 합하려고 한다는 소식을 들어요. 이것이 조조의 감시망과 손아귀에서 벗어날 기회라고 여긴 유비는 원술을 치러 가겠다고 자원합니다. 조조는 자신의 부하들 몇 명과 함께 유비를 보내고, 유비는 원술을 이긴 후에 부하들만 돌려보내고 자신은 서주로 갑니다. 이때 유비에게 패한 원술은 꿀물을 찾다가 피를 토하고 죽습니다.

189 페이지 동승이 앓아누웠을 때 헌제가 길평을 보냈고, 꿈결에 역적 조조라고 외친 바람에 길평과 뜻을 나누게 됩니다. 독살 실패 이유는 동승의 하인 때문이었습니다. 동승이 자신의 첩과 정을 통하고 있는 하인을 발견해 그를 매우 때렸고, 앙심을 품은 하인이 조조에게 가서 길평과 동승이 무언가 모의하는 것 같다고 말했거든요.

191 페이지 조조가 헌제의 밀서에 서명한 사람들 명단을 발견한 후 유비를 치러 갔을 때, 유비가 서주에 데리고 있다고 했던 2만 군사는 임의의 숫자입니다. 그만큼 조조 군에 비해서 보잘것없는 수의 군을 데리고 있었다는 것이죠.

193 페이지 원전에서도 장료가 관우에게 세 가지 이유를 대며 항복을 권하

지만, 그는 관우의 어릴 적 친구는 아닙니다. 사실 장료는 원래 여포 밑에 있던 장수였어요. 그러나 관우는 처음부터 장료가 충직한 사람이란 걸 알아봅니다. 그렇게 장료와 관우는 서로의 가치를 인정하고 사람으로선 좋아했지만, 결국 늘 적이었던 사이였습니다.

205 페이지 관우가 적토마를 받은 건 사냥터에서가 아니라 잔치 후였어요.

217 페이지 관우가 문추와 싸우고 있을 때 유비는 먼 발치에서 관우의 깃발을 보았어요. 한수정후 관운장이라고 써 있었죠.

223 페이지 조조의 혼잣말은 드라마 명대사를 차용했습니다. 그리고 유비 아내들의 마차를 끄는 소수의 병력들이 있었습니다. 조조가 자신을 배웅 나왔을 때 관우는 형수님들의 마차를 먼저 보내 놓습니다. 그리고 조조의 책사가 관우를 뒤쫓아가 죽이라고 말한 것이 아니라, 조조가 관우를 보내준 것을 몰랐던 장수가 통행증을 요구했어요. 관우가 아무리 조조가 허락했다고 말을 해도 믿지 않고, 관우를 억류하려고 하자 결국 관우는 그 장수를 베죠. 아군을 죽였다는 소문이 그 다음 관문들을 지키는 장수들에게도 전해져, 그들은 관우를 잡거나 죽이려고 여러 가지 작전을 펼칩니다. 하지만 관우의 무공, 또는 주위 사람의 도움으로 관우는 결국 여섯 장수의 목을 베며 다섯 관문을 통과합니다. 마지막엔 장료가 달려와, 여섯 장수를 죽인 관우를 용서하고 그냥 보내라고 했다는 조조의 명을 전해, 관우는 무사히 조조 영토를 벗어납니다.

3. 용의 지혜, 지략에 속고 꾀에 울고

233 페이지 관우는 유비가 여남에 있다는 소식을 듣고 가고 있던 길에 장비를 만났습니다. 장비는, 관우가 여남에 있던 다른 세력을 제거하러 가고 있던 조조의 장수, 채양을 베고 나서야 관우의 충심을 믿었죠.

247 페이지 원소의 어릴 적 성격에 대해선 알려진 바가 별로 없습니다. 조조와의 관계를 더 입체적으로 그려내기 위해서 상상으로 성격을 그려냈죠. 이와 비슷하게, 여포, 조자룡의 생김새, 손권의 어릴 적도 상상이 더해져 있습니다.

249 페이지 관도대전 때 원소에게 군사를 일으키지 말라고 조언하고, 장기전을 해야 승리할 수 있다고 간언한 책사는 전풍과 저수였습니다.

287 페이지 유표는 유종을 세우고 싶은 마음을 유비에게 토로하기도 했습니다. 또한, 유비가 채부인의 음모로부터 탈출할 수 있었던 건 이적이라는 사람의 공이 컸습니다. 당시 이적은 유표의 책사로 잔치에 참여했었는데, 유비가 잠시 자리에서 나왔을 때 매복병이 있다고 귀띔해 주었거든요.

288 페이지 유비가 서서를 만난 곳은 호숫가가 아니라 저잣거리였습니다. 채부인의 음모로부터 도망했던 유비가 이미 신야성으로 돌아온 후였죠.

299 페이지 서서 어머니에게 선물, 편지를 보내 필체를 따낸 건 정욱입니다.

300 페이지 원전에선 유비와 서서 모두 편지가 계략인 줄 몰랐습니다.

4. 용의 발현, 주사위는 던져졌다

324 페이지 제갈공명이 유비의 군사가 되자마자 둔전을 시행했다는 말이 원전에 나오진 않습니다. 하지만 제갈공명이 군량미의 중요성을 강조했고, 그것을 확보하기 위해 노력했다는 것은 원전 곳곳에 여러 번 나오지요.

338 페이지 유종에게 항복을 강권한 것은 왕찬이라는 책사였습니다.

349 페이지 유비가 번성으로 들어간 후 조조는 서서를 보내 항복을 권했어요. 하지만 서서는 번성은 조조를 막아내기 부족하니 다른 계책을 세우라고 유비에게 조언해줬죠. 서서가 떠난 후 제갈공명이 양양으로 가자고 해서 유비는 번성을 떠납니다. 조조에게 돌아간 서서는 유비가 항복할 마음이 없다고

전했고, 조조는 유비를 쫓았죠.

373 페이지 유비가 강을 만나 진퇴양난의 상태에서 한 연설은 원전에는 없는 내용입니다. 도망을 치다가 강을 만났을 때 산비탈에서 관우가 유기의 지원병 1만 명을 끌고 나타났고, 그 이후에 유기가 더 많은 군사와 함께 남쪽에서 배를 타고 왔습니다. 제갈공명도 하구라는 곳에서 군사를 이끌고 왔죠. 관우를 보낸 후에 그가 금방 돌아오지 않자 초조해진 유비가 제갈공명까지 지원요청을 보내, 조조가 닥쳐왔을 때 제갈공명은 이미 곁에 없었거든요.

380, 398 페이지 손권이 주유에게 동오의 주인 자리를 권한 이야기나, 장소에게 군량 담당을 맡기며 운 이야기는 손권의 리더십을 보여주기 위한 상상물입니다. 드라마에서 이런 전개들을 통해 손권을 잘 나타냈기에 참고했습니다. 원전에선 손책이 죽기 전에 주유에게 손권을 잘 보필해달라고 부탁하고, 주유는 그 말을 받들어 손권에게 충성을 맹세합니다.

383 페이지 유표와 손견의 첫 싸움은 손견이 옥새를 들고 반동탁 연합군을 나와서 강동으로 돌아갈 때였습니다. 원소는 유표에게 서신을 보내 손견이 옥새를 가지고 도망가고 있으니 그를 막으라고 합니다. 이때 유표에게서 겨우 벗어난 후 손견은 앙심을 품고 있었어요. 그래서 그 후에 원술이 유표를 치자고 했을 때 군말 없이 나서서 유표와 싸웠지요. 이때의 싸움은 사실 옥새와는 상관이 없었고, 예전에 당한 것을 복수하기 위함이었죠. 초반엔 손견이 승세를 탔으나, 방심하고 있다가 한밤중에 매복병에게 당해 전사했습니다.

384 페이지 사실 조조가 손권에게 항복을 권한 서신은 노숙이 강하로 출발한 후에 도착했어요. 제갈공명과 함께 돌아왔을 때 신하들은 이 서신에 대해서 논하고 있었고, 노숙은 전쟁할 것을 주장합니다. 손권은 노숙의 말에 동의하고, 그 다음 제갈공명을 만나게 된 것이 원전에 나온 내용이랍니다.

설민석의 삼국지 1 (전 2권)

초판 1쇄 발행 2019년 7월 17일
초판 8쇄 발행 2020년 11월 23일

지은이 설민석
펴낸이 최윤혁
부대표 최동혁

책임편집 유진영
기획편집 강훈·심설아
마케팅팀 김영훈·남아라·백진주
디자인팀 유지혜·김진희
컨텐츠팀 강현지·박정호·김예진
전략영업 최후신·김두홍
경영지원 차규락
외부 스태프 디자인 design co∗kkiri 일러스트 유용우 구성·자료 성주은

펴낸곳 (주)세계사 컨텐츠 그룹
주소 06071 서울시 강남구 도산대로 542 우산빌딩 8, 9층
이메일 plan@segyesa.co.kr
홈페이지 www.segyesa.co.kr
출판등록 1988년 12월 7일(제406-2004-003호)
인쇄·제본 현문

ISBN 978-89-338-7079-2
ISBN 978-89-338-7078-5(세트)